国家理性文丛

# 论承认与法权的关系

亓同惠 著

法律出版社
LAW PRESS · CHINA

**亓同惠**

中国海洋大学法学院研究员，日本东北多文化学院研究员。

# 目　录

# 导　论

依照一个不太严肃的比较，较之张文显教授1989年提出的“权利本位论”，[①]中国大陆摇滚乐的启蒙者崔健在1986年，就已经在哈贝马斯(Habermas)意义的“公共领域”中动用了新鲜的“权利话语”表达方式：一个具有极为严肃且具有叛逆特质的词——“我”，反复的以某种“主体性”的姿态在一首名为《一无所有》的歌中被提及。[②] 崔健这种或许还不太自觉地对主体性存在的想象，其背后隐藏的实际上是自黑格尔(Hegel)以来一直悬而未解的困境，那就是“我”的“特殊性”与这个世界的“普遍性”在何种程度上能够实现一致。这种统一的状态在黑格尔语境中被定义为获得“承认”，其中隐藏的是一段足以推动历史前行的故事，一段有关生死斗争的故事。

黑格尔关于承认的论述却越过了哲学的门墙对法学，尤其是法权学说产生了意义非凡的影响。此种影响最为杰出的推动者首推亚历山大·科耶夫(Alexandre Kojève)，其当代的代表人物至少包含了德语世界和英语世界之内的，如阿克塞尔·霍耐特(Axel Honneth)，查尔斯·泰勒(Charles Taylor)以及罗伯特·威廉姆斯(Robert R. Williams)等学者。如果要给出一个有关何谓承认的定义并不容易，或许罗伯特·威廉姆斯所提及的针对黑格尔承认理论的概括可以视为一种基础性的共识：承认本身就是一种历史上自然产生的伦理化—社会化的规范(Ethical-Social norm)，而不仅仅是与历史和文化有关。[③]

---

① 参见张文显、张光博：《以权利和义务为基本范畴重构法学理论》，载《求是》1989年第10期。

② 1986年5月9日在北京工人体育馆举行的“百名歌星演唱会”上，被誉为中国摇滚乐之父的崔健第一次唱出《一无所有》。

③ Robert R. Williams, “The Concept of recognition in Hegel's Jena Philosophy: A Review of Ludwig Siep's anerkennung als prinzip der praktiechen”, *Philosophy Social Criticism*, 1982(9), p. 100.

就承认理论本身的缘起而言，费希特（Fichte）在《自然法权基础》中对承认首先做出的论述却被忽视了。同时，对接续费希特的承认概念并创造性的开拓出生死斗争意义上的承认理论的黑格尔，也存在某些忽视，这种忽视是对其在耶拿时期著述中有关承认研究的忽视。

除了阿克塞尔·霍耐特在《为承认而斗争》中引用的黑格尔耶拿时期的相关论述外，汉语法学界对此未作深究。霍耐特引用的主要是一部在1913年才被发现的，黑格尔在1802年或1803年完成的手稿，《伦理体系》（*System der Sittlichkeit*）。[①] 黑格尔的《伦理体系》与费希特的《自然法权基础》（1796年初版），写作时间极为接近，因此如果从承认的缘起阶段研究法权的产生，并在此基础上理解法权的发展阶段，这两部著作都无法回避。同时，我们不难发现费希特与黑格尔在承认这一语境预设下的论述方式有着某种相似性，费希特以《全部知识学的基础》的原则去演绎《自然法权基础》的诸多论述，黑格尔以《伦理体系》所萌芽的主奴生死斗争演绎《精神现象学》中的诸多论述。这种相似性为比较提供了机会，这种从承认理论的原点做出梳理和分析的尝试，对于理解当下承认与法权的关系也颇具积极意义。

如果黑格尔耶拿时期的论证主线可以被归结为主奴的生死斗争，那么在其开始写作《精神现象学》的时候，兴趣已经发生了转变，如霍耐特所讲，"在黑格尔结束耶拿时期所成的《精神现象学》中，'为承认而斗争'的理论模式就已经失去了核心地位"。[②] 这也成为霍耐特的学术研究从权力批判到承认理论转向的契机，他所要完成的是黑格尔从一开始就定下基调的一桩伟业——对好生活的诉求。而所谓好生活，黑格尔的理解是体系化的，好生活是由存在于大量的伦理习惯中的良善构成的：它们包括爱、荣誉和服务。在这些习惯中，人的精神找到了自我实现之现实性的可能，找到了一种对总体化的良善精神的参与。[③] 这些对承认的理解成为霍

---

① 英译本题为 *System of Ethical Life*，参见 G. W. F Hegel，*System of Ethical life*（1802/3）*and First Philosophy of Spirit*（*Part* Ⅲ *of the System of Speculative Philosophy* 1803/4），Edited and translated by H. S. Harris and T. M. Knox，Albany：State University of New York Press，1979。

② ［德］阿克塞尔·霍耐特：《为承认而斗争》，胡继华译，上海人民出版社2005年版，第10页。

③ Joshuad Goldstein，*Hegel's Idea of the Good Life*：*From Virtue to Freedom*，*Early Writings and Mature Political Philosophy*，Netherland：Springer，2006，p. xxii.

耐特追求为承认而斗争的理论基础。但是承认与再分配之争的最终结果,可能仍然需要在法权关系的层面予以确定。

基于承认与法权关系的历史背景和现实语境,本文主要涉及以下四个问题:第一,法权本身何以成为可能,法权的可欲性与承认有着怎样的功能性联系;第二,如果法权要谋求一种独立性,是承认为法权提供了双向度的运转背景,同时为法权在自我与他者的互动中提供了这种平衡的独立性;第三,法权本身的合法性需要由其自身以外的更高的标准予以评判,承认承担起此种功能是因为承认是传统权威的现在替代;第四,法权的有效性至少包含了三种,维持并规范法权关系的规则是有效的,法权关系运作依凭的事实是有效的,法权的有效性同时是一种具有区分度的有效性,一旦这种关系或局面出现,那么就可以分辨孰是孰非,为了实现法权的这些有效性,承认在其中将发挥重要的作用。

法权的产生,无论是在初始阶段还是在日臻成熟的阶段,它逐渐具有了一种独立性,一种由于法治国的诞生而具有的有效自洽性。法权关系的法典化和法治本身的不断完善,使人们的利益诉求模式更多的导向一种程序主义主导的模式,诸多个人、群体的权利虽然从承认的视角已经具有了相当的合理性,但仍然需要法权出场予以确认。同时,不容忽视的是很多错误地承认,例如主体错误、客体错误以及方式错误,在引发权利状态变化的参数上,并不确定,比如存在没有受害者的错误承认:被错误承认者必须能够承认,他们自身处于这些无主体话语(subjectless disclosures)之中,通过这些话语他们能够弄懂自己的苦楚。[①] 这就牵扯有关承认自身的主观感受和客观标准的问题,这一问题将对承认的规范性提出严峻的挑战。按照这种思路,应该存在某种可被称为承认规范的东西,它可以为承认与再分配之争提供评判标准,并在法权关系中占据位置。但是这种对承认规范的追求如同对承认的追求一样,并不具有终局性,或者说,套用墨菲(Chantal Mouffe)的"竞技性民主",[②]现实中的承认始终是一种"竞技性承认",在其中自我意识确认的检验机制演变为一种过程。

---

① Nikolas Kompridis, "Struggling over the Meaning of Recognition", edited by Kevin Olson, *Adding insult to injury: Nancy Fraser debates her critics*, London & New York: Verso, 2008, p. 299.

② 参见 Chantal Mouffe, "Deliberative Democracy or Agonistic Pluralism?", *Social Research*, Vol. 66, No. 3 (Fall, 1999), pp. 745 – 757。

在讨论承认与法权的关系之前，首先要讨论什么是法权，以及什么是承认。

## 什么是法权

如果把法权解释为“法律上的权利”，似乎有些简单，也似乎有些冗赘，更似乎与中国既有论述的语境不符。

法权在很多时候被理解为权利。比如在康德的著作中，“Recht”在汉语法学界被称为“权利”，同样的情况出现在英文译本中则多以“rights”或“Justice”去呼应“Recht”，而德文“Recht”则包含“法、权利、正义等含义”。[①] 将法权定义为权利，康德的定义是“可以理解权利为全部条件，根据这些条件，任何人的有意识的行为，按照一条普遍的自由法则，确实能够和其他人的有意识的行为相协调”。[②] 康德的这种法权定义很含蓄，他把法权的构成要素置换为条件，这样的定义显示出自由主义者康德并没有陷入一种先验的自我立法的窠臼。相反，他在《法的形而上学——权利的科学》中提到“权利是与资格相结合的或者与强制的权威相结合的”，[③]是“这样一种可能性：根据普遍法则，普遍的相互的强制，能够与所有人的自由相协调”，[④]法权在此显现为条件化的资格，并与强制、权威建立起某种平衡和妥协。康德关注了主体性的自觉，也关注到了平等个体间按照普遍原则共处的必要，但较之费希特与黑格尔，他的法权概念更接近于一种条件说。如果与承认理论关联，康德的定义还是隔了一层，这一层是自柏拉图（Plato）和亚里士多德（Aristotle）以降的为承认而展开的斗争，在黑格尔那里是主奴的生死斗争，在费希特那里是为德国的生死存亡斗争。

---

① ［德］康德：《法的形而上学原理——权利的科学》，沈叔平译，商务印书馆1991年版，第i页。此版本是依据1887年W. Hastie的“The Science of Right”译出，译者序言中沈叔平先生提到“1887年，黑斯蒂把此书译为《权利科学》；1965年，拉迪译为《正义的形而上学原理》，还有人译为《法律哲学》”，第ii页，由此或许可见各国学者是在按照各自的理解去对应“Recht”一词。

② ［德］康德：《法的形而上学原理——权利的科学》，第40页。

③ ［德］康德：《法的形而上学原理——权利的科学》，第41页。

④ ［德］康德：《法的形而上学原理——权利的科学》，第42页。

与康德的条件说不同，费希特关注法权是从一系列原理的阐述开始的。[①]其中的逻辑极为清晰，先规定自己的自由有效性再肯定他者的自由有效性，并且要将这两者归摄于确定的关系——法权。这种关系是一种互动的、双向的关系，它与承认密不可分："自由的存在者之间的相互关系就是通过理智力量和自由进行的相互作用。如果双方不互相承认，就没有一方会承认对方；如果双方不是这样相互看待，就没有一方会把对方作为自由存在者加以看待。"[②]费希特的上述论述绝非仅仅是知识论意义上的论述，道德规律无涉的同时，他要求建立法权关系的基础是有限理性者也即普通的个人能够在感性世界中身体力行，要以此为指针去行动。费希特的法权是将两个具有独立性的权利拥有者的理性共识和感性实践用规则予以确定，确立起一种超越个体的形式关系，"每个理性存在者都必须在自己用另一理性存在者的自由限制自己的自由的条件下，用那个关于另一理性存在者的自由的可能性的概念，来限制自己的自由；这关系叫作法权关系"。[③] 在现实中，尤其是涉及物的归属时，只有至少两个以上的主体都对同一东西感兴趣才涉及法权的产生，否则与法权无关。黑格尔有关法权的论述更多涉及法权的本质，这些论述主要集中在《精神现象学》和《法哲学原理》，其对法权的现象学意义的描述重点在于法权的实在性及其自我否定：

> 法权的形式（Formalisus），按其概念来说，也没有自己的特殊内容，它是把它所遇到的一种样态繁复的现成存在物，或者说财产，像怀疑主义那样给添上使之被称为所有权的一种抽象普遍性，如此而已。然而如果说在怀疑主义中像这样的规定现实曾被一般地称为假象，因而只有否定的价值，那么它在法权中则具有肯定的价值……后者之所以有肯定的价值，是因为这里现实的东西是一种得到承认的

---

① 参见［德］费希特：《自然法权基础》，谢地坤、程志民译，商务印书馆2004年版，第17～55页。费希特归结为三条原理：原理一，首先是存在一个有限理性的存在者，他认为自身有一种自由的有效性；原理二，此有限理性存在者必须承认存在其他有限理性存在者，并认识到其他有限理性存在者的自由有效性，否则他将无法认清自身在感性世界的自由的有效性；原理三，此有限理性存在者要将自身设定为能与其他有限理性存在者共存于一种确定的关系中，此种关系，即为法权关系。

② ［德］费希特：《自然法权基础》，第45页。

③ ［德］费希特：《自然法权基础》，第54页。

> 实实在在的效准,是用范畴来表示“我的”(Mein)……因此,法权意识就在它自己被承认为有实际效准时,反而认识到它自己的实在性的丧失,认识到它是完全没有本质的东西,并且,把一个个体称为个人,实际上是一种轻蔑的表示。①

黑格尔对法权的分析集中于《法哲学原理》,重点在于法权的实在性及其自我否定性。主要体现在他对法权实证性所要面对的两个相对的层面,即以标榜市民社会中的自由以成文法(实定法)为表现的人的权利,和追随伦理演进以国家涵盖个人、家庭而整体化的国家权力,法权的实质意义即在于统合公民权利与国家权力的关系。究其根本,却在黑格尔孜孜以求的自由,“法的基地一般说来是精神的东西,它的确定的地位和出发点是意志。意志是自由的,所以自由就构成法的实体和规定性”,②自由是对法权概念的自洽性提供的最为有力的支撑。或者说要正确理解黑格尔的自由,就必须超越自由主义的既有认知,将自由视为是有关平衡公民权利与国家权力的一种资质和能力,需要不断学习、实践。

从康德、费希特再到黑格尔,法权的概念是在条件、关系或实质的意义上被阐释,致力于解释黑格尔的亚历山大·科耶夫另辟蹊径,将法权的定义放置在“关系”与“现象”的框架内并赋予其“行为主义者”(behaviorist)和“描述性”(descriptive)的特质。科耶夫认为法权产生于以下三种情况:

> 首先,可将所有的法律状态分作三种组群。此时人可被称为处于一种法律状态或是处于一种法权关系(*relation of droit*):1)当其拥有此法权时;2)当其未拥有此法权时,以及3)当其有义务(在法律责任的意义上)去做或略去某事时。③

为了说明上述三种状态,科耶夫运用了一种“否定式的列举”去解释哪些状态或行为不具有法权意义:“具体的欲望和有效的意志完全可以不

---

① [德]黑格尔:《精神现象学》(下卷),贺麟、王玖兴译,商务印书馆1981年版,第35页。

② [德]黑格尔:《法哲学原理》,范扬、张企泰译,商务印书馆1961年版,第12页。

③ Alexandre Kojève, *Outline of A Phenomenology of Right*, translated by Bryan-Paul Frost and Robert Howse, Lanham: Rowman & Littlefield Publishers, Inc., 2007, p. 35.

予考虑。而且此种法律状态与在给定状态下做或不做某事的具体的、自然的可能性无关……只是在大体上未被察觉的作为且未能成为任何人意志的对象,将无力导致一种法律状态。"①而之所以成为一种"行为主义"的定义,在于科耶夫如下的解释:

> 为了能够毫无怀疑的处于一种法律状态,行为必须具有一种客观的效果。它必须创制或是改变某些其主体之外的东西,或是创制或改变其主体自身,但是这样做必须为外界所明察。这就是为什么,为了申明这些条件,最好不是仅仅说"行为"而是说"有效的行为"。②

此为"行为主义"的法权定义。而所谓"描述性"的法权定义,科耶夫在列举了诸多例证之后给出如下定义:"'法权'现象(在其'行为主义者'的方面)是一位无偏见且无利害关联之人士的介入,此介入必然的发生于 A 与 B 两位人士互动之际,且此介入宣告 B 对 A 之行为的反映无效。"③认真体会科耶夫描述性定义中的几个关键词,如人、互动、介入、第三方、无偏见且无利害关联、宣告无效、法律规则、主观法权、法权关系、法权客

---

① Alexandre Kojève, *Outline of A Phenomenology of Right*, p. 35.

② Alexandre Kojève, *Outline of A Phenomenology of Right*, p. 35.

③ Alexandre Kojève, Outline of A Phenomenology of Right, p. 35. 科耶夫自己认为上述定义,描述性的法权定义似乎有些模糊,又做了进一步的说明:

1)让我们假定 A 与 B 二人的互动必然引发一种无偏见且无利害关联的 C 的介入,此介入宣告着 B 对 A 之行为反应的无效。

2)在此情形下,且仅在此情形下,我们将能做如下表述:

a)A 有如其作为而行为的法权;其行为及其行为的效果构成其主体性权利,且其自身即为此法权的主体,因此也是普遍法权的一个主体(或是一个法人,无论在物质上还是道德上);其行为是一种法律行为而且其与 B 的互动是一种法权关系(在技术层面的意义上,术语"法律行为"表明的是特殊的行为,即 A 以引发 C 之介入为目的而行为)。

b)A 的行为,或更为准确地说是效果或是行为的目的,即为法权的客体。

c)必然引发对 A 与 B 间互动之 C 的介入的因素,可以被明确为一个命题(presentation);此命题(当有人知道此种互动时,它可使人预见到此种介入)被称为法律规则(它既可只被或含蓄或明确的思考,又可口耳相传或是记载成文);"法律规则"是此情形的基本法律因素:对应于"法律规则",每一互动即为一种"法权关系"每一此种互动的代理者即为一个"法权主体",而每一此种互动的客体(或目标)即为一个"法权客体";作为"主观权利"之对立面,"法律规则"构成了"客观法"(objective law),而"主观法权"则对应于"规则"的规定。

d)诸多"法律规则"可以逻辑的联结,所以当其形成一个体系时可被称为一种法律教义/学说[théorie juridique]。(例如,关于婚姻或保险的法律学说)

体等,我们会发现他给出的法权定义:显现的、有确定效果的、有规则可依据的人与人的关系。

以上有关法权的论述颇显琐细,其初衷在于从思想史的层面梳理法权概念,以求摆脱意识形态,减少误读曲解。事实上,法权不仅仅指权利,至少在 20 世纪 60 年代和当下的中国法言法语中,它有更深和更广的涵盖。例如,中国学者童之伟认为法权事实上包含着权力,法权是法律权利与法律权力的总和或统一体。支撑这一说法的原因是在最广泛的意义上,权利包含着权力,庞德(Pound)提及的六种权利要素包含着权力,以及可能更重要的是在第二种要素中权利指的不仅是利益,还要加上保护它的工具。同时令庞德遗憾的是,并不存在一个在利益加保护工具的层面准确概括此种表达的词语,童之伟教授认为法权可以胜任此种功能。[①] 也因此,童之伟教授将法权定义为"法权是反映在法学上的,由法律承认和保护的社会的全部利益,具体表现为各种形式的法定之权",并将法权的本质特征归结为以财产存在为现实基础、是社会经济过程的产物、其演变的根本动力是物质资料的生产活动以及整体性的法权只能被理性的触角所感知。[②] 这对于将权利与权力放在一个同源而异构的建制化层面讨论其关系,意义重大。本书赞同童之伟教授将权力与权利统纳于法权的定义,但对其将此种定义和分析的本质特征归于财产存在异议,理由在于如此分析事实上误解了法权的本质并忽视了法权的独立性。或者说将法权的基础建立在物质财富之上是危险的,这会在法权的现实化过程中为权利和权力的"物化"和单一"他者化"埋下隐患,下文论及法权的独立性时将有进一步分析。

上述的梳理,其意义可能在于找到了有关法权的一些问题,而这些问题隐含着什么是法权:法权要面对和解决的问题不仅是权利问题,还包括权力问题;法权所要运转和发展的前提,不仅是自觉的主体,还包括同样资质的他者以及他们之间存在的关系;法权论述和分析的背景,也不仅仅是自由主义的个体独立性背景,还包含共和主义尤其是古典共和主义的群体公共性背景。

---

① 参见童之伟:《法权与宪政》,山东人民出版社 2001 年版,第 18 ~ 20 页。

② 参见童之伟:《法权与宪政》,山东人民出版社 2001 年版,第 23 ~ 26 页。

## 什么是承认

事实上,承认理论的肇始者尚存争论,究竟是费希特、黑格尔,还是卢梭(Rousseau)? 如查尔斯·泰勒所认为,“从卢梭开始彻底思考平等尊重的重要性,并真实的视之为自由之不可或缺因素”。[①] 但较明显的是,费希特与黑格尔的分别,是主体性和主体间性的分别。费希特的承认是一种“前预设”的理论,强调如果有城邦那么必定是由人填充的城邦,存在一个被承认的人则意味着所有人必将被承认;费希特的承认也是一种在自由与规制之间寻求平衡的承认,人之主体性的确立、人之自由的成就其前提是为了其他人同样达致如此状态而必须自我限制。归结为一点,费希特的承认是主体性的社会现实化,是权利和伦理的存在论的且有超越性的基础。[②]

黑格尔的承认以主奴关系为阐发基础,而其所有论述的背景是“自在自为”的自我意识间的关系如何实在化,其寻求的结果是“自然的肯定”与“自然的否定”,即肯定的独立性与绝对的否定性之间的统一,在这种统一中“承认”获得其意义。其路径可表述为:自在自为→生死斗争→主奴关系确立→承认,其首尾两端都含有承认的因素,只是自在自为的未经过生死斗争的自我意识与主奴关系确立后的自我意识,对自由和生命之意义的感知已大相径庭。初始的承认因子不过是一种拟制的先决条件,“自我意识是自在自为的,这由于、并且也就因为它是为另一个自在自为的自我意识而存在的;这就是说,它所以存在只是由于被对方承认”。[③] 同时,这种自我意识是一种具有双重意义的自我意识,即“第一,它丧失了它自身,因为它发现它自身是另外一个东西;第二,它因而扬弃了那另外的东西,因为它也看见对方没有真实的存在,反而在对方中看见它自己本身”。[④] 而以主奴生死斗争为表现的过程是独立性与否定性博弈并融合

---

① Charles Taylor, *Multiculturalism: Examining the Politics of Recognition*, Edited and Introduced by Amy Gutmann, Princeton: Princeton University Press, 1994, p. 44.

② Robert R. Williams, *Hegel's Ethics of Recognition*, Berkeley: University of California Press, 1997, p. 2.

③ [德]黑格尔:《精神现象学》(上卷),贺麟、王玖兴译,商务印书馆 1981 年版,第 122 页。

④ [德]黑格尔:《精神现象学》(上卷),第 123 页。

的过程：

> 但是这种通过生死的斗争来证明自身存在的过程既扬弃了由此获得的真理，也因而又扬弃了对它自身一般的确信；因为正如生命是意识之自然的肯定，有独立性而没有绝对的否定性，同样死亡就是意识之自然的否定，有否定性而没有独立性，因而这种独立性就没有得到承认所应有的意义。通过生死的斗争无疑地获得了这样的确定性，即双方都曾经拼过命，对于自己的性命以及对于对方的性命都不很重视；不过对于那亲身经历这场生死斗争的人说来却没有这样的确定性。它们扬弃了这种在异己的存在中，亦即在自然的存在中建立起来的它们的意识，换句话说，它们扬弃了它们自己，并且提高到各自寻求其自为存在的两个极端。[①]

黑格尔上述的分析论证得出的结论是意识分为了两种：一种是独立的意识，其本质是自为存在；另一种是依赖的意识，它的本质是为对方而生活或为对方而存在。前者是主人，后者是奴隶。[②] 科耶夫对黑格尔晦涩的理论给出了一个相对明了的解释：所谓主人是为了尊严甚至是莫须有的尊严就毅然决定以命相搏以换取承认的人，奴隶是怕死且为了生命的延续而不争取承认并为主人服务的人。此处黑格尔的预设和分析完全是理论化、场景化的，并极为辩证：世界最初的两人都渴望承认，都以性命相搏，其结果不过是一死一生。问题就此产生，死者已无所谓承认，而生者也是孑孓一人，已经没有人去承担承认其声名与操守的功能，生死斗争变得没有意义。所以生死斗争只是理论意义上的生死斗争，或者说是"只有不怕死的人才配活着"意义上的斗争，为承认而展开的斗争必须使在场者至少有两人以上存续，至少有一个人去见证胜利者的荣光。[③] 此种生死斗争的承认方式在某种程度上被科耶夫所夸大，但科耶夫也是在"照着讲"的框架内阐述自己的理解，或者说黑格尔对于承认的原始文本本身就提

---

① [德]黑格尔：《精神现象学》（上卷），第126～127页。

② [德]黑格尔：《精神现象学》（上卷），第127页。

③ 参见 Alexandre Kojève, "Desire and work in the Master and Slave", in John O' Nell (eds.), *Hegel' s Dialectic of Desire and Recognition*, Albany: State University of New York Press, 1996, pp. 49－66。

供了多方位解读的潜在可能。无论是黑格尔还是科耶夫,对于承认的认知始终处于一种超越主体性(subjectivity)的主体间性(intersubjectivity)层面,尤其对于黑格尔而言承认是对自由的自我觉悟的确认,而这种确认是在对他者和自我的双重扬弃之后获得的。因此,相互承认是黑格尔伦理世界的基座,罗伯特·R. 威廉姆斯称为:

> 与康德沉思的方法论意义上的个人主义和道德性相比,承认使得黑格尔有可能重返柏拉图和亚里士多德反相对主义(antirelativist)的古典政治理论及其主体间性自由形态的转化……并在今世,将古典政治结构转化为一种历史的、社会的有关自由实在化的存在论。承认是媒介,在其中黑格尔使康德与柏拉图、亚里士多德重归于好。①

如果说科耶夫是"照着讲",还有"接着讲"的两种承认理论:阿克塞尔·霍耐特的"为承认而斗争"和查尔斯·泰勒的"承认政治"。霍耐特的承认理论立足于青年黑格尔在耶拿时期的著作,从包括《伦理体系》、《耶拿实在哲学》和《思辨哲学体系》等前《精神现象学》著作中发掘黑格尔的承认理论资源,此种由边缘切入中心的进路使霍耐特发现了黑格尔承认理论的问题:黑格尔只是在规范上和本体论的意义上构筑出承认理论的雏形,经验意义上的和方法论意义上的资源仍显单薄。于是霍耐特以乔治·赫伯特·米德(George Herbert Mead)的社会心理学(米德认为通过在我自己身上产生对他者行为的反应,我才能意识到我的姿态对他者的意义,这种对在他者身上产生的反应行为的自我解释能力连接着一种新型的人类交往前提,相互承认②)去补救黑格尔,"在黑格尔原始洞见与我们的思想处境之间搭起桥梁的理论,可能是米德的社会心理学。因为,他的理论可以把黑格尔的主体间性理论转化为后形而上学的理论语言"。③ 米德将"我"分为"客我"和"主我",深入的洞察到作为社会产物的自我的主体间性模式,把自我对象化的主体自我模式和你—我之间的

---

① Robert R. Williams, *Hegel's Ethics of Recognition*, p. 3.

② 参见 George Herbert Mead, *Mind, Self, and Society: From the Standpoint of a Social Behaviorist*, Chicago: The University of Chicago Press, 1934, pp. 135 – 192。

③ [德]阿克塞尔·霍耐特:《为承认而斗争》,第 74 页。

对称关系作为批判的关键，使“客我普遍化”与“普遍化他者”变得具有了承认意义上的方法论功能。凭借黑格尔理论的本体论、米德经验的方法论以及文尼克特(Donald W. Winncott)的精神分析所提供的“原始主体间性”，①霍耐特整合出承认理论最为完整的表述：主体间的承认有爱、法律和团结三种模式，其自我实践的方式分别为自信、自尊和自豪；蔑视，包括不承认或错误承认的形式包括强暴、剥夺权利和侮辱，其威胁的人格构成分别是肉体完整、社会完善和尊严；人对蔑视的抗争成为社会进步的道德动机。②

查尔斯·泰勒在政治语境中论述承认理论，论述从认同政治向承认政治的转向中，主体自觉如何必然向“意义非凡的他者”(significant others)③致以尊重，内向度的自我认同依靠与他者的对话联系而使承认具有建制化的意义。泰勒的分析主要立足古代社会，或者说是等级社会向现代自由社会更迭中自我在群体中价值的表现方式的变化，从荣誉到尊严的转向中，阐释卢梭意义上“我们的道德救赎来自于与我们自身唇齿相依的真正道德的复原”，④阐释赫尔德(Herder)提出的“每个人有他或她自己的尺度”⑤也必须有一个复数化的转型，即仍在赫尔德的框架内每个人需要被置换为一个群体或是民族。在泰勒看来，这是现代社会的“真实性”(authenticity)对于单向度生存的校正，无论在场还是长逝，记忆中或当下的对话者将永远是自我满足、自我认同的意义非凡的他者。真实性在个体主义的两个维度(个体自由和社会模式目标)⑥所提供的是一种道德准则，个人主义必须要具有与他者共处的视野。⑦ 而对于族群、国家，承认既是意味着多元性的政治共存，也蕴含着经由对话而形成互补，从认同政治到承认政治是在族群、国家层面实现的从主体性到主体间性的转变。由此，泰勒的承认可表述为：认同来自对自我独特性的自觉，承认来自意义非凡的他者与自我对话，承认在私人和公共两个层面都意味着差异与

① [德]阿克塞尔·霍耐特：《为承认而斗争》，第106页。

② 参见[德]阿克塞尔·霍耐特：《为承认而斗争》，第100~147页。

③ Charles Taylor, *Multiculturalism: Examining the Politics of Recognition*, p. 8.

④ Charles Taylor, *Multiculturalism: Examining the Politics of Recognition*, p. 29.

⑤ Charles Taylor, *Multiculturalism: Examining the Politics of Recognition*, p. 30.

⑥ Charles Taylor, *The Ethics of Authenticity*, Cambridge: Harvard University Press, 1991, p. 44.

⑦ Charles Taylor, *The Ethics of Authenticity*, p. 45.

共识的同时存在,承认是普遍性对特殊性的基本要求。

通过以上有关承认理论的罗列和梳理,并呼应前文有关法权的论述,如果要给出一个本书所主张的承认的定义,那么它至少要在以下三个方面做出描述:第一,承认是自我借助他者并与他者共同分享的前社会性的生存论意义上的经验;第二,承认注重主体间性而不放弃主体性,凡有效的承认必为双向承认;第三,承认具有双重评判功能,既规范权利层面的主体诉求,也规范权力层面的规则治理,并且此种机制必须处于权利与权力体系之外。

## 内容结构

为论述承认与法权的关系,本书以下内容分作四章。

第一章论及承认与法权之关系的历史背景,主要讨论承认语境中的费希特与黑格尔。"承认"一词首先出现在费希特的《自然法权基础》之中,黑格尔借用了这一概念,并推演出主奴生死斗争意义上人的自我意识的发展路线,在费希特与黑格尔的著述中,流变的法权关成为描述和分析承认的叙事背景。相对于费希特的主体间性的我,以及我是我、我是非我,黑格尔自始就在一个群体化的层面定位自我,即我是我们,我们是我,我是他们,他们是我。承认是费希特法权理论缘起的基石,但这种基础在强制法权阶段戛然而止并导向契约论;对于黑格尔,承认以及获得承认是人的一种欲望,他从伦理性的城邦崩溃到伦理性的国家重建,始终影响着法权建设的走向。费希特与黑格尔的法权均缘起于承认,终结为国家,但其中存在显见的不同。这些不同是两种法权追求的分野,即自由的契约式共和与伦理性的良善生活的分野。

第二章涉及如何理解承认,主要讨论承认与再分配之争。承认与再分配之争的实质在于承认意味着什么,以及承认能用来做些什么。弗雷泽认为承认意味着一种文化上的认同,承认和再分配应该分别镇守在文化和经济两个不可通约的独立领域,可以彼此互相介入、帮助,但不能取代彼此的位置;霍耐特认为承认意味着某种道德语法的正确,承认的作用在于为人在其社会化存在的成长中提供一个有关美好和幸福的指示标,没有一个好生活的概念,人们的正义观念和对不公正、伤害的体验就根本无从谈起。对承认本质的不同理解成为两者争论的实质,这可能会导致从为“承认”而斗争向为“承认规范”而斗争转向。基于承认与再分配之争的实质，本书将描述、分析有关的批评和再批评。

第三章讨论承认的意义。对于法权来说，承认的作用从可欲性、独立性、合法性和有效性几个方面体现。承认赋予法权可欲性，试图论证在社会契约的理论预设下，存在一个“社会契约时刻”，在其前和其后，是承认赋予签约者以权利能力和行为能力；承认赋予法权独立性，试图论证仅仅有“意义非凡的他者”的认同不足以成就独立性，是承认维持了权利的主体自觉，是承认先于分权理论界定了权力的运转空间和机制；承认赋予法权合法性，试图论证权利与权力并非不证自明，且无法从其自身获得合法性，承认的功能类似于阿伦特(Arendt)意义上的权威，并在权威消失以后承担起合法性提供者的角色。

有关承认提供的有效性将从规则和事实两个方面展开。关于规则的有效性，将以实证主义法学对规则遵守的相关论述为切入点，说明无论是奥斯汀(Austin)的“命令说”，还是凯尔森(Kelsen)的“基础规范”说，以及哈特(Hart)的承认规则都有一种对规则本身终极有效性来源的渴求，都尝试在最本初的阶段和层面找到由规则本身之外的、为人所认同的特质所带来的融贯性，这最终归结为哈特的承认规则；关于事实的有效性，主要以杰罗姆·弗兰克(Jerome Frank)的事实怀疑论法学为讨论对象，说明事实怀疑论者对具有终局性的法权关系有效性的接纳，是对事实的共识性承认。

第四章讨论平衡性法权和承认的区分性。基于平衡性法权和德沃金(Dworkin)的资源平等主义，选取“残障”与“昂贵偏好”两种资源分配中可能遇到的情形，分析承认为平等而有效率的获取和占有资源提供了有效的区分。

最后是结语。本书认为，在争取并为获得承认而博弈、斗争之后，将实现一种入局性的法权间的彼此承认。同时提出两个对承认的期待：从制度上说，承认要提供一种“留白”式的竞技空间，使得黑格尔元初意义的主奴生死斗争产生内容上的转变，虽依然维持一种斗争，却已超越生死，其目的在于消除任何霸权并实践一种法权间的竞技；从个体来说，承认要提供一种“共和自由主义”，使黑格尔元初意义上的主奴生死斗争产生博弈模式上的转变，使共和的伦理性与自由的法权再次融合。

# 第一章　法权的缘起与归宿

## 一、缘起

如导论已论述，法权的定义与法权一词的表述一样，存在多种方式。就法权一词的表述而言，德语表述为 Recht，法语为 Droit，英语则为 Rights 或是 Legal Rights。汉语法学界所用法权一词可以分为三种表述：1950 年代至 1970 年代的表述常与资产阶级连用，称为“资产阶级法权”，其出处在马克思的《哥达纲领批判》，而围绕法权概念，曾经在 1950 年代展开的所谓反对“资产阶级法权”的斗争已经远非法权本身的能指与所指；1978 年之后多表明一种由法律所承认和保护的利益；最为新近的表述为“法权是反映在法学上的，由法律承认和保护的社会的全部利益，具体表现为各种形式的法定之权”。[1] 这些法权的定义描述了法权在不同方面的性质和特征，但对于其产生的缘起并未作深查。

法权的缘起在费希特和黑格尔的论述中有着截然不同的命运，对于前者，法权的产生是理性自由的知识学必然；对于后者，法权的产生是伦理世界沦陷后的无奈。

### （一）我是我 vs. 我是我们，我们是我

1. 我是我

众说纷纭的当下表述，与费希特的原初定义颇有关联，但却无法体味原初时期的种种潜在的意蕴了。比如我们当下在法权的层面提及权利与自由应是自然而然的事情，而在费希特的时代却要做一个“知识考古学”式的倒叙：在法国大革命的影响下，费希特无法再仅仅停留在中世纪政治、哲学和法学从业者们从神权领地中抢占的人权领地，为了迎接革命支持资产阶级工商业发展，必须要从自然法权入手，所谓倒叙就是要人的理

---

① 童之伟：《法权与宪政》，第 21 页。

性这一被深埋的断层着手,去论证现存的对与错,并由此证明封建体制的非理性、反自然。

此种倒叙的展开,要求费希特首先找到一个在他看来无懈可击的绝对原则,他称为“事实行动”(Tathandlung)。所谓事实行动不是,也不可能是我们意识的诸多经验规定之一,而毋宁说是一切意识的基础,是一切意识所唯一赖以成为可能的那种东西。[①] 费希特的逻辑不复杂,他给出的预设是一旦我们找到诸多任何人都毫无异议的命题中距离我最近的那一个,理论的基础就建立了。按照层进的关系,距离最近的点费希特选定的是人对自身自由有效性的确认,一个有限理性存在者不认为自身有一种自由的有效性,就不能设定自身。[②] 换言之,一旦认为自身有一种自由的有效性,就可以设定自身,而所谓设定自身就是在知识学意义上本初地确定自我的存在。费希特把这个基础视为全部知识学同时也是自然法权能够演绎的基础:我直截了当地是我所是的那个东西。[③] “我是我”即为费希特设定的无懈可击的绝对原则,这个原则的成立需从证明普遍性稍低的“A 是 A”开始。

A 是 A 确定无疑,但“A 是”与“A 是 A”具有不同的含义,“A 是 A”可以在“如果……则”这样的框架下表现出一种必然的关联,而“A 是”则无法确证此种必然关联。其原因在于“A”与“我”的不同,就 A 而言,在什么条件下才有 A 首先成为了一个问题。“A”与“我”本质的不同在于“如果……则”的必然关联是由“我”的判断建立的,“A”面临的是如何被设定到自我之中的问题。而事实是“如果……则”的必然关联与“A”也有关联,那么“A”就已经被设定在自我中了。[④] 因此费希特的“我是我”所展示的品性,是“直截了当地设定的、以自己本身为根据的东西,就是人类精神的某一行动(整个知识学将表明,是一切行动)的根据,从而是行动的纯粹品性;抽去其特殊经验条件的自在活动的纯粹品性”。[⑤] 这种品性在承认的语境下,我们可以认为那是一种最初的自我承认。此种自我承认是联合了对自我,和对自我的存在状态的承认,自我的存在状态在知识学

---

① [德]费希特:《全部知识学的基础》,王玖兴译,商务印书馆 1986 年版,第 6 页。
② [德]费希特:《自然法权基础》,谢地坤、程志民译,商务印书馆 2004 年版,第 17 页。
③ [德]费希特:《全部知识学的基础》,第 14 页。
④ 参见[德]费希特:《全部知识学的基础》,第 7 ~ 10 页。
⑤ [德]费希特:《全部知识学的基础》,第 11 页。

的拟制下是理性操控之下的自由。

2. 我是我们,我们是我

与费希特的承认萌芽于理性不同,黑格尔的承认开始于著名的主人与奴隶间的生死斗争。首先要明确的是,主奴的生死斗争在两个层面有所指,其一是自我意识的反动物性尝试和追求自我确认的尝试,是想象中的斗争;其二是指希腊城邦时期贵族政治建构的特质,是现实中的斗争。其经典表述出现在《精神现象学》,①而其本初的表述出现在《伦理生活体系》。对生命的承认,对他者作为绝对概念即作为自由存在的承认,不过是对就特殊的个性而言对那些与自我相对立的可能性的承认。但这种承认的自由被预设为不承认和不自由,这源自自我与其自我对立的可能性。② 在这种情况下,企图获得普遍性的自我意识遭遇到特殊性的自我意识,在此,黑格尔引入主奴斗争:

> 在此层面上,一个活着的个体面对了另一个活着的个体,但是他们生命的力量[潜能(*Potenz*)]并不相等,一个的能力或力量在另一个之上。一个是普遍性,而对方是(确定的)特殊性,所以前者作为原因与后者关联;普遍化其自身是后者的生命和灵魂或精神,力量的强者或弱者不是别的,而是这样一个事实:他们中的一个以某种固定而确定的方式陷入特殊性而另一个没有,因而这另一个就是自由的。普遍化的一方不自由地是他的内在存在,他的外在存在没有变的明确而消除其特殊性。然而他一定有此种普遍性,这是他隐藏的内在生命并因此而把它直觉为对立——作为某种外在的东西,同一性是相对的,而非一种绝对或和谐(内在和外在)。普遍性和自由有权支配特殊性的关系,即为主人和奴隶的关系。③

上述关系在伊波利特(Jean Hyppolite)看来,归属于一种"历史性的生活范畴",即在人类历史中,为承认而斗争不是一种特殊的可量化的指

---

① 参见[德]黑格尔:《精神现象学》(上卷),第 138 ~ 149 页。

② 参见 G. W. F Hegel, *System of Ethical life*(1802/3) *and First Philosophy of Spirit*(*Part* Ⅲ *of the System of Speculative Philosophy* 1803/4), pp. 124 – 125。

③ G. W. F Hegel, *System of Ethical life*(1802/3) *and First Philosophy of Spirit*(*Part* Ⅲ *of the System of Speculative Philosophy* 1803/4), p. 125.

定时刻,抑或史前史(prehistory),它是一种人类经验的条件。①

针对黑格尔原始意义上的主奴斗争,我们可以解读出如下几条信息:首先,人与人在人类学意义上的遭遇是无可避免的;其次,个体间才智、力量的差距,是无可避免的;再次,普遍化对特殊性的支配,是无可避免的;最后,代表着普遍性的主人与代表着特殊性的奴隶的斗争,是无可避免的。这些无可避免的缘起就在于欲望,或者更为确切地说是缘起于欲望对另一个欲望的欲望。② 于是出现了两个问题:自我意识为什么有欲望?为什么是对另一个欲望的欲望?

自我意识之所以是欲望,是因为自我意识本身的反思性,即经过了感性的和知觉的存在,从他物回归了自身。自我意识要与自身建立一种统一,这种统一拥有双重对象:一个是直接的感觉和知觉的对象,另一个是意识自身。意识自身与其对象间的对立一旦被扬弃,那么统一性就可以建立了,而这种统一性的本质就是欲望一般。③ 欲望一般事实上"一揽子"地回答了这两种疑问。就第一个问题,有欲望是为了扬弃意识自身与对象的对立,而且这种欲望科耶夫认为"只能在动物性的智人类中的一员身上才能出现",④也就是说这是人的欲望;就第二个问题,如果自我意识一旦被视为欲望,那么它按照欲望一般的要求就会对它遭遇的对象予以否定,因为对象如果同样的返回自身并以生命的形式昭示其欲望的存在,这种自我意识肯定能发现并意识到的独立性就成为了"一般"的敌人,因为以欲望为表现的生命的本质就在于消除并融合差别,亦即欲望一般。

回到黑格尔设定的两个个体,或者说是两个生命,生命或意识生命在黑格尔的理论中是一种统一或类的存在,⑤其中的任何一条生命在物理上是鲜活的,但在意识自身的意义上却还拿不准,因为彼此都背负着欲望一般的重任而无法对自己的"处境"作出判断。此时唯有他者可以在自我之外给出评价或证明。但是身处同样境地的他者有着同样的要求,他也需要从对方那里获得自我意识的证据。或许更为重要的是两条生命都是独

---

① Jean Hyppolite, *Genesis and Structure of Hegel's Phenomenology of Spirit*, translated by Samuel Cherniak and John Heckman, Evanston: Northwestern University Press, 1974, p. 170.

② [法]科耶夫:《法权现象学纲要》,邱立波译,华东师范大学出版社2011年版,第255页。

③ 参见[德]黑格尔:《精神现象学》(上卷),第131~142页。

④ [法]科耶夫:《法权现象学纲要》,第255页。

⑤ [德]黑格尔:《精神现象学》(上卷),第136页。

立的，因此如果能从这种独立而鲜活的生命中得到证明将是最为可信也最为确定的证明，于是一旦两个生命有了从对方的反应那里获得证据而不惜一战之时，这一战注定是生死之战。

通过以上分析，我们暂且可以得出一个结论：所谓承认，在一开始是想着如何被承认。被承认的受动者其实是一个主动者，是他主动地要满足自己获取确定性证明的欲望及其一般化，推动着事态的发展。欲望一般与否定其他自我意识的独立性所需要的平台，就不再是费希特提供的“我是我”式的，而是需要一个相互存在差异、相互对立并且自由的主体维度，也就是一个一开始就是以“个体群落”存在的亚里士多德式的维度，黑格尔将之表述为“我是我们，我们是我”。①

**（二）我是非我 vs. 我是他们，他们是我**

1. 我是非我

回顾前文提及的“一个有限理性存在者不认为自身有一种自由的有效性，就不能设定自身”，如果一个理性存在者成功地设定了自身，那么自身的自由有效性又会是一种什么状态呢？或者说自身在确定自身的主体性存在之后，还有没有其他的期待呢？自身能否以及如何察觉到自身的客体性存在呢？理性的存在者以现实的行动实现其自由的有效性是单向的还是交互的？这三个疑问引出的是在解决了“我是我”的问题之后，我与非我的关系问题，亦即自我与他者的关系问题。费希特的论证依然秉持其知识学原理的论证方式，论证如下。

相对于“我是我”的第一定理，这些问题在《自然法权基础》中被归结为第二定理：一个有限理性存在者不认为其他理性存在者有一种自由的有效性，因而也不假定在自身之外有其他理性存在者，就不能认为自身在感性世界中的自由有效性，②在《全部知识学的基础》中被归结为“$-A \neq A$”。③对此定理的证明费希特颇费周折，在他看来，“$-A \neq A$”并不能从“$A = A$”推导出来，因为“$-A \neq A$”与“$-A = -A$”是一个命题，而“$A = A$”与“$-A = -A$”从主体理性的设立规则来说是相同的，因此他认为虽然反设定（Gegensetzen）无法包含于设定（Setzen）的形式之内，因为两者形式对

① ［德］黑格尔：《精神现象学》（上卷），第30页。

② ［德］费希特：《自然法权基础》，第30页。

③ ［德］费希特：《全部知识学的基础》，第17页。

立,但对设(Entgegensetzen)却是一种全然可能、无须任何条件、不以任何更高的根据为基础的行为。而所谓对设的可行性在于在“A = A”中,(直截了当地被设定的)A =(被反思的)A,被反思的 A 的对面,由一种绝对的行动对设起来的一个 – A 出现了,它同时与直截了当地被设定的 A 对立、相反,这源自自我设定与自我反思的同一性。

此外一个重要的前提是,在两种行动,即设定与反思中行动着的自我与对这两种行动判断者的自我,是同一个自我。如果设定的自我与反思的自我可以对立、相反,那么 – A ≠ A 就会成立。① 尽管自我与非我所处的领域都在于一个绝对的自我,但这些分析仍然为他者化的非我的出现制造了机会。同时,这些纯粹的逻辑分析在《自然法权基础》中得到了更为现实的呼应,在此,费希特把 A 和 – A 都置换为人,并指出其群体性存在的实质:“人(所有真正的有限存在着)只有在人群中间才成为人……如果确实应当存在着人,就必定存在着许多人……因此,人的概念绝不是个人概念,因为个人概念是不可想象的,相反地,人的概念是类概念。”②自我与他者在类概念之内共存,此种表述是对他者的承认。

2. 我是他们,他们是我

与费希特我是非我的动机,即寻找一个自我设定与自我反思的共同点不同,黑格尔通过斗争对他者定位。这种斗争的目的是要直观到我是他们,他们是我。此种斗争的实际展开并不复杂,类似一个缺项的、不固定局数的“囚徒困境”博弈,从中我们或许可以预见法权会在何时,以及如何产生。但相对于费希特依据知识学的原理推演出的自然法权,黑格尔的法权产生要远为曲折:欲望对另一欲望的承认要求构建的是伦理世界,这里没有法权,或者只存在潜在的法权,法权的产生是伦理世界陷落之后的事情。

博弈规则如此规定:一方斗争,另一方顺从,不怕死者成为主人得 5 分,顺从者成为奴隶得 0 分;双方都怕死,各得 3 分,没有人成为主人或奴隶;双方都战斗,各得 1 分,都战死或一方战死另一方存活(意义一样)。有甲乙两位初民参与此次生死斗争,甲乙对彼此的博弈策略一无所知。可列表如下:

---

① 参见[德]费希特:《全部知识学的基础》,第 18 ~ 19 页。
② [德]费希特:《自然法权基础》,第 40 页。

| | 甲顺从 | 甲斗争 |
|---|---|---|
| 乙顺从 | 3,3<br>(在黑格尔看来不存在) | 0,5 |
| 乙斗争 | 5,0 | 1,1<br>(在黑格尔看来不存在) |

按照囚徒困境的理论模型,即没有“在黑格尔看来不存在”的限制,按照理性人的不定局博弈策略,应该是在纳什均衡与帕累托最优的冲突之下选择都参加斗争,即最差的博弈结果。但黑格尔的条件限制了次种博弈结果的出现,如同限制最优博弈的甲乙都顺从的博弈结果出现一样。但我们仍然可以从中有所收获:甲乙均参加斗争的时代是丛林时代,人类已经度过了;甲斗争乙顺从或乙斗争甲顺从的时代是伦理时代,在那时人还不是“理性的”,尽管他们是自由的;甲乙都顺从的时代是一个相互承认的时代,亦即法权时代,可那还需要时间去演进和发展。因此,预设的理性人作出的不理性选择可被总结为纳什均衡与帕累托最优不可兼得。但此种非理性却没有作出最糟糕的选择,即选择得分总和最低的甲乙都投入斗争,非理性的本源也还在于对自我、自我意识乃至自我欲望的真实性的不确定。主体间通过(只是一种假设,不会真实发生)一场生死斗争把信息公开化,并至少造成两种关联的结果:自为存在的独立意识通过不怕死而从对方获得自我真实性的确认,从而成为主人;怕死而无法从对方获得自我真实性确认的是一种依赖意识,从而成为奴隶。

所谓确认不过是一种信息不对称状态的重组:隐藏着的甲乙二人在投入战斗前的真实情况(例如,体能、力量、智力等因素)本应该随着战斗的开始而具有可见性,但战斗在即将开始的一瞬间戛然而止,因而这些因素就变得不再有意义。无论体能、力量、智力如何强势的临阵脱逃者,他们的信息都变得无足轻重,于是不怕死者取得的胜利就再次陷入一种不确定,这一仗打得真那么精彩吗?在以一种虚拟的“机会成本”姿态出现的测试面前,当一方甚至连这种永远不会现实化的机会成本也不想去考虑和承担的态势下,这种测试又有什么实在意义和价值呢?因此,确认的实质在科耶夫看来不过是一个欲望对另一个欲望的欲望,是一个欲望对另一个欲望的享受,或者更为本质地说是一个欲望对另一个欲望的消费。这种消费被冠以一劳永逸的品质,但却是一宗低值易耗品,因为主人获得承认来自一些极为低端的生产者。因此说重组,指的是主人的独立性和普遍性只是其欲望中的风险偏好帮他在博弈中侥幸胜出,其竞争对手的信息因为价值极低而被再次屏蔽甚至删除,主人的独立性与普遍性重新回到一种孤芳自赏的虚空,而欲望对欲望的消费本身就是从虚空到虚空。①

但从自我意识能够以群体模式存在的意义上,这种虚空意义非凡。这种虚空地获取他者承认的欲望,产生了一种平等正义的法权雏形,或说潜在的法权状态。因为与黑格尔认为的真正的法权状态有质的不同(真正的法权状态是一种伦理世界堕落后精神异化的状态),这种法权状态实际是一种伦理状态。也就是说,获取承认的欲望推动下的主奴生死斗争首先提供的是一个伦理世界,②构成这个伦理世界的有两个因素,分别是古希腊的家庭与城邦。对于家庭,就应该是黑格尔在《伦理生活体系》中提到的是父权制(Patriarch)家庭:

> 主人与奴隶关系的此种普遍化,是一种在其中个性与生命抽象是绝对且相同的同一性,然而这种仅仅是作为显现而外在东西的关系,是[父权制(Patriarch)]家庭。在其中,自然的整体性和先前所有都联合了。先前全部的特殊性在家庭中转化为普遍性,家庭即为同一性:
>
> (α)有关外在需求;
>
> (β)有关性关系,个性自身中设定的自然差别;
>
> (γ)有关父母与孩子的关系或自然理性,或理性的实现,但作为本质存在。③

---

① [法]科耶夫:《法权现象学纲要》,第255页。

② [德]黑格尔:《精神现象学》(上卷),第263页。黑格尔对伦理世界的产生给出如下描述:如果我们把这个终极目标在它的现实里考察——这个目标是已经出现在我们面前的那种概念,亦即是取得它自己的确定性于另一个自由的自我意识中、并恰恰在这另一个自由的自我意识中取得其真理性的那个被承认了的自我意识——或者说,如果我们把这个内在而尚未外显的精神呈现为已经发展成具体存在的实体,那么我们就会看到,在这种概念里,有一个伦理世界展开了。

③ G. W. F. Hegel, *System of Ethical life*(1802/3) *and First Philosophy of Spirit*(*Part* Ⅲ *of the System of Speculative Philosophy* 1803/4), pp. 126 – 127.

自我意识的直向运动，即始终以追求和展现一种伦理为目标，是各个个体的本质在个体各自独立的现实的绝对的统一，是一个自身普遍的自我意识，因此是一种自我意识的理性的实现。此时，我们要找到它完成了的实在，就要回到一个民族的生活，[①]回到家庭和城邦。这与前文提及的黑格尔的个体资质预设的整体性产生了呼应，即“我是我们，我们是我”在自我意识直向的运动而成为理性的自我意识之际，我不仅在我自身那里直观到独立的本质，我同时也在别人那里直观到我与别人的自由的统一，我直观到的是“他们是我，我是他们”。[②] 因此家庭和城邦构成的伦理世界良性发展的结果，是自由民族的理性的真正实现。但这只是一种理想的，并且不得不立刻离开的幸运。

### （三）我与非我的限制性存在 vs. 伦理世界的陷落

1. 我与非我的限制性存在

完成对自我的承认和对他者的承认之后，费希特的法权才有了可欲性与紧迫性，亦即自我的权利和自由与他者的权利和自由在一个什么原则下共处的问题开始出现。在一个绝对自我之内，共存的自我与非我时刻矛盾重重，即 A 与 - A 的关系在费希特看来已经无法通过已有的两项原理加以解决。因此他使用一种分割性的概念，即无论是自我还是非我，都被设定为可分割的，以期实现“自我在自我之中对设一个可分割的非我以与可分割的自我相对立”。[③] 此种分割产生了一个重要的范畴，即限制性范畴[④]，所谓限制就是要限制自我与非我各自的自由，这在《自然法权基础》中被表述为第三定理，“一个理性存在者不把自身设定为能与其他有限理性存在者处于一种确定的、人们称为法权关系的关系中，就不能假定在自身之外还有其他有限理性存在者”。[⑤] 在此，法权关系第一次出现了。理性的同时是有限理性的存在者是先天自由的，他们彼此的关系在被定义为法权之前是一种潜在的、默示的制约关系，即：

---

① 参见［德］黑格尔：《精神现象学》（上卷），第 263 ~ 264 页。

② ［德］黑格尔：《精神现象学》（上卷），第 266 页。

③ ［德］费希特：《全部知识学的基础》，第 27 页。

④ ［德］费希特：《全部知识学的基础》，第ⅶ页。

⑤ ［德］费希特：《自然法权基础》，第 42 页。

> 制约一个个体对另一个个体的认识条件，是另一个体把前一个体作为自由的个体加以看待（就是说，另一个体用自己关于前一个体的自由的概念限制自己的自由）。但是，这种看待方式是由前一个体对另一个体的行为方式制约的；而这种行为方式又是由另一个体的行为方式和认识制约的；如此类推，以致无限。因此，自由存在者之间的相互关系就是通过理智力量和自由进行的相互作用。如果双方不互相承认，就没有一方会承认对方；如果双方不是这样互相看待，就没有一方会把对方作为自由存在者加以看待。[①]

费希特上述一段话的意思包含四层：第一，先把另一个视为理性存在者，才能要求对方也这么做；第二，这种承认的方式可以复制，可以传播；第三，这种承认是附条件的，条件给自我的自由一个限度；第四，这种承认是相互的。这四层意思一旦不再是默示的，亦即它们具有了一种行动的现实性和可见性，就可以保障法权关系的产生。而法权关系可以表述如此：每个理性存在者都必须在自己用另一理性存在者的自由限制自己的自由的条件下，用那个关于另一理性存在者的自由的可能性的概念，来限制自己的自由；这种关系叫作法权关系。[②] 由此法权关系得到承认。

2. 伦理世界的陷落

伦理世界的沦陷是黑格尔论证法权产生的最后阶段，再次与费希特的自我与非我的和谐不同，他此时考虑的是自我意识的一种反向运动。

如果说自我意识的直向运动导致了一个伦理目标的可欲，那么实际上还存在一个反向运动，即自我意识始终潜伏着一个纯粹自为的个别性，而此种个别的自为性不显现，是因为精神并没有因为个别意识是具有的“坚强信心”，因其直接以民族的生活为它的生存，而将自身融入抽象环节，即将个别意识与民族生活抽象的统一。个别意识迟早会发现其个别性，而一旦发现，个别意识与民族伦理共同体共在的信心就彻底丧失，亦即个体会与法律和伦常对立了。法律和伦常被视为没有绝对本质性的思想，没有现实性的抽象，个体自身乃是活着的真理。[③]

---

① ［德］费希特：《自然法权基础》，第45页。
② ［德］费希特：《自然法权基础》，第54页。
③ ［德］黑格尔：《精神现象学》（上卷），第267页。

反向运动较之直向运动具有必然性，是因为黑格尔预设的个体的伦理性即整体性存在还没有真正的现实化。之所以可以在一个短暂的时期内，在主奴斗争刚刚结束的时期内休养生息是因为没有行动，而行动不过是新一轮的欲望。希腊城邦的史实，即家庭与城邦的冲突显现了这些必然性。因此黑格尔说"由于有了行为的缘故，和谐一致就变成了悲惨命运的否定运动或永恒必然性，而这种否定运动，使神的规律、人的规律，以及两种势力以之为它们的特定存在的那两种自我意识，统统被吞没于命运的简单性的无底深渊之中"，[①]这又被索福克勒斯(Sophocles)的悲剧尤其是著名的《安提戈涅》(Antigone)所显现。一旦伦理承认了此种现实，个体性就获得了确定性，只是这确定性注定了伦理实体的消亡，而伦理意识在本质上就有直接趋向法权的冲动。[②]

法权时代在伦理世界崩溃后出现了，这是一个"所有的原子个体一律平等，都像每个个体一样，各算是一个个人(Person)"[③]的时代，是一个个体摆脱了家庭的中介和羁绊而直接现实化的时代，同时是一个返回空虚命运的必然性而重又做回自我意识的我(Ich)[④]的时代。法权时代的到来得益于两种力量，第一，斯多葛主义依据主人和奴隶模式的自我意识，把人格(产生于一切人普遍具有的统治欲和服从心)提供出来，它为法权状态的原则亦即毫无精神的独立性提供了抽象的形式，同把这种逃避现实的独立性锁定于思想而抛弃一切特定存在，使个人法权只能与自我意识结合；第二，怀疑主义提供了法权的形式，即没有自己特殊内容的把它遇到一种样态繁复的物或财产赋予其所有权的抽象普遍性。[⑤] 黑格尔的法权是"那种无精神的普遍性，承认任何自然状态的性格和存在都具有同等的合法权利"，[⑥]如果从伦理世界无懈可击的个体与群体的融合来看，它是一个后伦理时代标榜普遍性和整体性的赝品。

---

① [德]黑格尔：《精神现象学》(下卷)，贺麟、王玖兴译，商务印书馆 1979 年版，第 20 页。

② [德]黑格尔：《精神现象学》(下卷)，第 37 页。

③ [德]黑格尔：《精神现象学》(下卷)，第 33 页。

④ [德]黑格尔：《精神现象学》(下卷)，第 38 页。

⑤ 参见[德]黑格尔：《精神现象学》(下卷)，第 39 ~ 40 页。

⑥ [德]黑格尔：《精神现象学》(下卷)，第 42 页。

## 二、归宿

法权的形式变动不居,这与法权本身的特征有关。无论是费希特还是黑格尔,法权的类型和特征始终在发展变化。但它终究有个归宿,这个归宿是法权自我发展的现实的终极状态,事实上,费希特与黑格尔最后都将法权安置于国家。费希特在论证了法权产生之后,通过原始法权、强制法权和共同体/国家法权实现法权的国家化存在;黑格尔经由客观性法权、主观性法权,直至主客观融合的国家法权。对于黑格尔的法权演进,有必要稍作说明。

对于黑格尔的法权发展路线,起点在于伦理世界的陷落。究其根本,从承认的角度来看,是因为主奴斗争所获得承认不过是一种单向度的承认。这种承认没有使主人的欲望得到彻底、完美的满足,而奴隶因为战败而从此没有资格再提自我欲望。但欲望的本质是不断地消费空虚,所谓不提欲望不过是把欲望消费的对象做了转移,即奴隶把欲望的满足转移到通过劳动而改造自然、消费自然。奴隶通过劳动过渡到他直接的地位的反面,他成为迫使自己返回到自己的意识,并且转化自身到真实的独立性。[①] 而主人依靠奴隶的劳动依然以一种肯定性存在自我标榜,所以始终是在一种不自觉中失去了像奴隶一样获得独立性的机会。这就发生了主奴地位的历史性反转,这种反转的进程如果与法权的发展进程相呼应,其当代最为杰出的阐释者之一科耶夫有着独特的解释。依照科耶夫,法权的演进可依次描述为主人(贵族)的平等性法权,奴隶(资产阶级)的等价性法权,公民的平衡性法权。科耶夫的论证缜密精致,把黑格尔的主奴生死斗争辩证法提升到一个全新的层面:如果,我们仅在"内容与形式融合的伦理"(这实际上是伦理世界自我否定后的返回自身)的领域内考虑法权,那么法权是潜在存在的;而在这一自我否定后的伦理之内,先后经过的三个阶段分别是家庭、市民社会和国家,那么根据《伦理体系》中对家庭的论述,家庭可以被视为一个城邦的缩影。亦即家庭对应平等性法权,市民社会对应等价性法权,国家对应平衡性法权。因此,科耶夫的论证次序和论证方法与其另辟蹊径的论证语境瑕瑜互见,至少在伦理阶段,缜密而

---

① [德]黑格尔:《精神现象学》(上卷),第146页。

首尾相合的分析依然反映出黑格尔法权理论与时代变迁中的权利意识的紧密勾连。

但这种论证的立足点和论证模式可能从一开始就有问题,原因在于科耶夫不恰当地延展了黑格尔有关法权的论证论域,并相应地降低了论证的深度:

首先,前文论证表明了法权状态是在伦理世界败落之后,也就是希腊城邦被罗马取代之后才出现的状态,主人存在的伦理世界并非是法权世界;其次,黑格尔有关法的理论的论述是放在客观精神之内论述的,依照《法哲学原理》,身为客观精神的法经历的发展进程是从抽象法(有形式而无内容)到道德(有内容而无形式),再到伦理(内容与形式融合),这与科耶夫的论证显然不同。

因此以下有关黑格尔法权类型演进的论述,依照黑格尔的《法哲学原理》,按照客观性法权,主观性法权,以及主客观统一的法权进行分析。

### (一)原始法权 vs. 客观性法权

1. 原始法权

费希特的法权立足于理性的主体,在确认我是我之后,有限理性的自由存在者为与同等资质的他者相处和谐,或者至少在相安无事的最低层面彼此共存,法权关系必然地产生了。理性的自由者通过限定自己的自由的方式,使之不与他者的自由冲突并不侵害他者的自由,此种法权的存在方式是一种初级的方式,费希特称为原始法权。

原始法权其实是不存在的,这包括原始法权的状态和原始法权中的人的不存在。原始法权是一个假定,①是一种知识学的拟制。在罗伯特·威廉姆斯看来,在承认问题上费希特最为原创性的贡献是将他者问题从认识论转化为行动,②而这种转化的起点是自我理性的确认,依据此种自我理性最为原始的权利是一种绝对的自由和绝对的权利,费希特把它定义为原始法权:人在感性世界中只作为原因(而绝不作为结果)拥有的绝对权利,同时是一种自由,一种在质的层面上作为绝对第一因的能力、在

---

① [德]费希特:《自然法权基础》,第 116 页。

② Robert R. Williams, *Recognition: Fichte and Hegel on the Other*, Albany: State University of New York Press, 1982, p. 62.

量的层面上没有任何界限、在模态上具有确然有效性的自由。[①]

原始法权存在的领域是由人的自由确立的那个感性世界所在的领域,在那里,人的存在是先天拥有为所欲为的绝对自由的存在,这种绝对自由存在方式要先从身处自然世界的理性自我的自我理解开始。这种自我理解可以分为可控制的部分、可变通的部分和不可控制的部分。可控制的部分是主体与自然世界(而非感性世界)对事物的存在理解一致的部分,在这里,主体不希望变化因为他已经熟知掌控事物的规则,而这种维持同时是维持主体与感性世界的稳定,感性世界的整体性支持这种不变;可变通的部分是自然世界发生了变化,而主体洞悉并掌握了这种变化的规律,虽然对先前的不变提出了挑战但仍在主体控制之内;不可控制的部分是自然的变化使主体无从适应,穷尽所有手段也无法找到掌控的规律,主体预见的结局不再是实际的结局。感性世界并非完整的自然世界,它是由主体认知所构建的世界,因此在感性世界中只可能存在可控制和可变通的部分,第三种变化已经被预先排除了,于是原始法权的为所欲为变得可欲了。

可以做一个比喻:能动性的人具有知觉,这种知觉是意识主体与此外世界沟通的桥梁,经过这座桥的行进路线被视为规则,而最为经济的行进路线是意识熟知的路线,亦即主体所经验过的规则。这个规则具有经过事实验证的有效性,因此主体希望这种规则的有效性可以延伸到还没有走过的那些桥和那些路,而最为稳妥的做法是主体意识可以有机会和资格去规定这些桥和路,去定义可知觉的范围和限度,在费希特那里被称为"意识不仅包含未来,而且规定未来"。[②] 此种自我理解在费希特看来就是人的躯体与感性世界的作用,一种持续的相互作用,此种作用使原始法权具有两种权利:1. 延续躯体的绝对自由和不可侵犯的权利;2. 延续我们自由地影响这个感性世界的权利。[③]

原始法权面临的最大挑战来自有限理性自由者彼此之间,即有限理性的自由存在者在实践中难以把握彼此有的疆界和限度。承认的意义对于原始法权,主要在于给予主体一种主体间性意义上的自觉,是某种意义

---

① [德]费希特:《自然法权基础》,第117页。

② [德]费希特:《自然法权基础》,第122页。

③ [德]费希特:《自然法权基础》,第123页。

上的“权利能力”，此种权利能力的运行即行为能力还需要承认的深化，因为此时的法权面对的是客体和限制的双重或然性。依照法权规律，每个人都以他人的自由的可能性限制自己的自由，但这对于消除客体和自由限制的或然性依然意义不大，这一困境的突破实际取决于对这一问题的回答：对所有人来说，哪些自由是由法权规律决定的？①

也可以置换为：为了他者的自由，我的自由的边际在哪里，而这对于本初意义的承认来说是无能为力的。他们需要新的承认以实在的确定彼此可以和平相处的空间，这就使对已有占有物的承认和对未来不确定无主物占有的规则的承认变得极为迫切。

费希特提到，通过公布财产使得彼此对已有的占有作出认可并不困难，困难在于对于未来不确定归属的无主物的归属如何确定。每一个理性自由者都怀着同样的冲动和理由去试图占有它，问题的解决需要在占有发生的那一刻作出规定，即“被占有的客体必须在占有的时刻有很明确的规定，以致另一个人不同时认识业已发生的占用，就不能认识这个客体”。② 这就要求在占有的一瞬间必须标记财产，这种标志使得所有觊觎者不再存有企图，而一旦取消标示，则视为放弃占有。

另外尤为重要的是，他们公布财产，选定承认规则以及标示和放弃、取消占有，已经采取了契约的形式，③只是这个契约是一个没有争端解决方案的契约，即它是一个明确了双方的权利义务却没有提及救济方式的契约。提到了不可侵犯性和不可伤害性，唯独没有提到对侵犯和伤害的惩罚。因此，契约的基础是以相互忠诚和相互信任为条件的，④也就是以基于独立自我的主体间性的彼此承认为条件。此时，费希特认为承认变成了一种共存的条件。

所有旨在消除客体或然性与限制或然性的上述操作，费希特是放在契约的环境下完成的，依照法权规律的立约使得感性世界的原始法权在一种理想状态（因为此时费希特规定了根本“不可能发生法律争端”⑤）中形成了，达到了一种法权平衡。此种平衡的原始法权至少具有了两种

---

① ［德］费希特：《自然法权基础》，第125页。
② ［德］费希特：《自然法权基础》，第139页。
③ ［德］费希特：《自然法权基础》，第139页。
④ ［德］费希特：《自然法权基础》，第143页。
⑤ ［德］费希特：《自然法权基础》，第141页。

特质：

其一，以相互忠诚和相互信任为基础，是一种道德性的法权；

其二，实现了从或然性向实然性转变，成为理想性的法权，但这种理想性罔顾了“不可能发生法律争端”的不可能。

2. 客观性法权

与原始法权的知识学拟制不同，客观性法权在黑格尔那里是现实存在的。但法本身不是如同自然规律一样是被发现的，它是被发明的。发明并设定法律的人需要在一种遵从外在权威和遵从内在认知的动摇中保持平衡，人不愿意去承认那些未经思索并认同的东西，这被黑格尔称为“使人类感到光荣的一种伟大的固执”[①]：要在作为概念认识的那种理性（形式），与作为伦理现实和自然现实的实体性的本质的那种理性（内容）之间找到并实现一种自觉。这种自觉的起点是人对人的承认，以及在此基础上的对人占有的财产的承认。

人对人的承认一开始是不完整的，即是一种单向度的奴隶对主人的承认。获得这种承认的动机是人的本能欲望所要求的对自我意识的确认，亦即一种本初伦理世界主客观的统一。这种主客观统一是要付出成本的，很多人的自由立足于另外一些人的不自由之上，而这些成本由那些不自由的人承担，承担的原因是因为他们怕死。奴隶们怕死所以奴隶们要受制于不怕死的主人，这种受制从一开始就是被主人占有。依照这种理解，伦理世界不存在普遍性的法权：主人罔顾生死，奴隶看重生死，没有视域融合的规则交接地域，也不存在不偏不倚的第三方势力。

但在那时，人格，至少是主人的人格是可以得到确定的，尽管这种人格概念或许与罗马法上的不同。而到了法权时代，罗马法上的完整人格概念已经是一种黑格尔意义上的直接性的、排他性的自在存在，因此在黑格尔的论证起点上，是人格的权利能力构成了抽象的形式的法的概念，法的命令因此是“成为一个人，并尊敬他人为人”。[②] 人一旦被视为一种理念的存在，就必须给他的自由寻找并设定一个外部领域，在这个领域中当某物置于某人的外部力量支配之下的时候，构成了占有；构成占有的真实而合法的因素，构成所有权。所有权的表现形式可分为：直接占有、使用

---

① ［德］黑格尔：《法哲学原理》，第 13 页。

② ［德］黑格尔：《法哲学原理》，第 46 页。

和转让。①

如果想扩大这种主观意志对财产占有的范围，就需要一个中介，有了这个中介“我不仅可以通过实物和我的主观意志占有财产，而且同样可以通过他人的意志，也就是在共同意志的范围内占有财产”，②这一中介构成了契约。如果说所有权是对人格的承认，那么契约则是契约当事人互相的承认，并且是对所有人的承认。③

对前述两种承认也是两种权利的侵犯，亦即自由意志作为特殊意志与本身原来的意愿相违背，即为不法和犯罪。不法，就是“把自己设定为独立的东西的假象”，这包含三种形式：第一，对法来说是假象，对我来说不是假象的情形，称为无犯意的不法；第二，对法来说不是假象，是我对他人造成了假象的情形，称为欺诈；第三，我意图不法，同时不应用法的假象的情形，称为犯罪。④

抽象法阶段的三个环节基本如此，其中最重要的是所有权的确立。但抽象法为何是有形式而无内容的呢？这要从抽象法阶段中所有权的形式性进行分析，而这一分析仍需回到生死斗争之初。从主奴斗争的最初设定看，生死斗争的结果并不仅仅是奴隶对主人的承认、主人对奴隶的不承认，还存在另外一种现实，即自我意识争取自我确证地对他者的征服过程中，奴隶和其他的东西（比如财产、妇女）成为生死斗争的副产品。之所以称为副产品是因为主人不惜一死而战的初衷并不在此，也就是说，主人对这些副产品的占有只是占有，而没有消费欲望的掺杂，财产成为具象的佐证却非欲望的消费实质。但这仍然为最初的所有权的合法性的出现开启帷幕。因为财产的占有并不仅仅是决定其归属的持有，在黑格尔的理解中这是一种获得普遍性的形式：

> 主体并不仅仅被确定为一个占有者，而是占据了普遍性的形式；他是一个与他者有关的单一个体并且通过行动被称为这样的作为普遍化否定性的占有者……在这一方面占有即为财产；但是在财产中

---

① 参见［德］黑格尔：《法哲学原理》，第 54 ~ 79 页。

② ［德］黑格尔：《法哲学原理》，第 80 页。

③ ［德］黑格尔：《法哲学原理》，第 80 页。

④ ［德］黑格尔：《法哲学原理》，第 92 页。

的普遍性抽象是法权。[1]

似乎财产的占有成为自我意识得到确认的实在化，并上升到法权层面。但黑格尔在接下来的论述尤为重要：

> 将所有处于此种抽象形式下的东西视为法权是可笑的；权利是某种完全形式化的东西，
>
> (α)在其类别中有无限性，而没有整体性；
>
> (β)在其自身中没有任何内容……一种对财产的权利是一种权利的权利，财产权是外观。[2]

对此，有三点需要申明：首先，并非所有具有抽象形式的东西都可以被称为法权；其次，权利，具体说是所有权是完全形式化的，有无限性而无整体性，有形式性而无任何内容；最后，导致其形式性的原因，在于所有权仅仅是权利对权利的外观。

这就解释了为什么在抽象法阶段是只具有形式而不具有内容的法权阶段。它的不完整性意志的定在始终具象于一个外在的东西，无论是财产还是契约，意志的定在需要从内在即意志本身找到某种对自身关系的肯定，这就需要导向道德。客观性法权是黑格尔法权阶段的开始，存在我对他和他对我的承认，也就是通过权利的占有、转让和侵害所形成的彼此承认的法权关系。但这种彼此承认还不是真正完美的相互承认，因为通过物的中介无法满足主体意识的自觉需要。在费希特谋求以强制力维护并改善原始法权的时候，黑格尔想到的是道德。此后道德的出现是一种主观性法权的出现，它要解决的问题是在非主奴生死斗争意义上的我对我的承认。

**(二)强制法权 vs. 主观性法权**

1. 强制法权

强制法权在严格的意义上说不属于一种法权形态，它更应该被视为

---

① G. W. F Hegel, *System of Ethical life*(1802/3) *and First Philosophy of Spirit*( *Part* Ⅲ *of the System of Speculative Philosophy* 1803/4), p. 118.

② G. W. F Hegel, *System of Ethical life*(1802/3) *and First Philosophy of Spirit*( *Part* Ⅲ *of the System of Speculative Philosophy* 1803/4), p. 118.

一种扬弃原始法权争端的纠纷解决的方法,这是对原始法权纠纷解决机制(在遵从法权规律的前提下)阙如的补救。如果纠纷时有发生,主体的自由被无视相互信任和相互忠诚基础的行为所侵扰,相互信任和相互忠诚就变得没有任何意义,人们的关系变得极为紧张,彼此不怀好意地揣摩对方。也因此,另一理性自由存在者是否有着一颗善良的心已不再重要了,自我现在需要的是合法性对道德性的替代。假如,如费希特所描述:

> 可能做出一种以机械必然性发挥效用的安排,通过这一安排从所有违法的行为中产生出与其目的相反的结果,那么,通过这样一种安排,意志就不得不只希求合法的东西,而且通过这样一种安排,在失去相互忠诚和相互信任之后,安全又会得到恢复。①

这种安排就是强制法。强制法对善良意志的自由并不构成危害,因为后者所有的要求都是合法要求的欲望和行为,确保了它与强制法目的一致。潜在的危害在于强制法基于"损人利己"的意志,如何使那些因为漫不关心自我自由与他者自由界限,同时是没有恶意的存在者不要受到强制法的误伤。此时基于强制法,发生了一个重要的认识论转变,即从我必须限制我的自由以使得他者也有自由转变为,"我的法权在什么程度上不受他人的损害,他人的法权也恰好在同样程度上始终不受我的损害"。② 不再是追求如何限制自我,而是转向如何限制他者,执行这一任务的强制法因此具有了效用。

采取的方式还是立约,契约的内容大致是按照强制法将一种包括双方在内的力量对付他们双方中任何侵害他人的人。但这个契约自始就是矛盾的:第一,立约双方中的一方试图成为侵犯者,但考虑到会受到自己的惩罚(因为按照强制法他自己就是一股执行力量)因此放弃侵犯。这在费希特看来是自相抵牾的:谁让别人强制自己,谁就不会受到强制;谁受到了强制,谁就没有让别人强制自己。③ 第二,害人者自觉受契约束缚,受害者拿到对害人者裁决的权利,此时无法担保受害者处罚的尺度和限度,

---

① [德]费希特:《自然法权基础》,第 146 页。
② [德]费希特:《自然法权基础》,第 148 页。
③ [德]费希特:《自然法权基础》,第 151 页。

即在受害者不会再相信害人者的合法性的情况下，执法会导致新一轮的侵害和违法。

这一自相矛盾的契约只在一种情形下可以实现："受害者始终是强大的，但只强大到我们演绎的强制法所确定的界限；他在达到这一界限时就会失去所有的权力；或者按照上面提出的公式来说，每个人都应具有与法权相等的权力。"①

强制法权是一种外在法权，它是在没有相互信任和相互忠诚的基础上形成的，也可以说是在没有普世的道德要求和道德信仰的基础上形成的。它立足的基础必须不能是个体化的契约，因为缺少真正的法权监护者和执行者，并因此无法确保公正。但强制法权已经超越了原始法权的理想性和道德性，开始具有一种合法性，一种或然的合法性。构建确定的合法性是共同体/国家法权的事情。

一个不容忽视的情况出现了，在此时，费希特的承认与其法权建构的关联似乎达到了边际，原始法权确立的相互承认的原则在此也似乎也有可无了。按照西佩的说法，"按照强制法权的原则和社会契约，自保的原则取代了承认的原则……强制法权不再考虑自由的相互承认，而是关注于他们各自的安全"。② 这与原始法权阶段承认作为条件的说法也不矛盾，条件不存在了，相互承认让位于安全自保，因此在此之后，费希特的法权构建主导力量导向了契约。

2. 主观性法权

黑格尔也需要寻找一种强制，其原因与费希特恰恰相反。费希特不再信任道德和良心，而在黑格尔看来，抽象法作为客观性法权关注的是实然世界的权利状态，它还没有上升到一个自己成全自己的高度。道德的强迫性源自道德，在黑格尔看来本源就是一种法，从它的形态上看就是主观意志的法。③ 道德是行动的动机，即所有杀人放火的目的绝不可能是杀人放火本身，它必定有着行动主体的某些特殊的目的。换言之，杀人放火是普遍物，杀人放火背后的行动的特殊欲求就是意图的特殊性。因此，道

---

① ［德］费希特：《自然法权基础》，第 152 页。

② Robert R. Williams, "Recognition, Right, and Social Contract", Edited by Daniel Breazeasle and Tom Rockmore, *Rights, bodies and recognition: new essays on Fichte's Foundations of natural right*, Hampshire: Ashgate Publishing Limited, 2006, p. 31.

③ ［德］黑格尔：《法哲学原理》，第 111 页。

德有着双重含义:一种是故意中的普遍物,另一种是意图的特殊。①

故意中的普遍物与意图的特殊有着距离,这种距离需要主体的行动予以拉近。于是同时行动的主观方面与客观方面也就有着鸿沟,以至于杀人放火之行为的做出已经罔顾了客观法权的要求,也要去跨越这条鸿沟。当跨越这条鸿沟的原则由人的理性所掌握的时候,杀人放火就会被替换为实现我的自由。这是另一种类型的主奴生死斗争意义上的斗争,只不过需要确证的主体是自我,提供确证的对方也是自我,两个自我纠结于客观与主观之间。

意图是有了内容的欲望,凡在需要、倾向、热情、私见、幻想等定在中的被满足的意图就是福利。② 福利是黑格尔给抽象法和道德定位的关键词。

道德是抽象法的扬弃,但道德在黑格尔那里并不比法律更具实践性,也没有丝毫的上位性。在"康德以前的好心肠时代"里,不法行为宣扬其道德的意图竟可以打动人心,其立足点是福利——设想坏人具有好心肠,他希求自己的福利以及必要时他人的福利——这在黑格尔看来是陈腐而愚蠢的。原因在于,法是形式的法,福利是单个人的特殊福利,而普遍的福利、国家的福利不过是现实而具体精神的法。用特殊福利对抗普遍福利的法,是抽象思维常犯的错误,因此黑格尔说:"圣克利斯宾偷了皮替穷人制鞋,其行为是道德的,但毕竟是不法的,从而是不能容忍的。"③

主观性的法除去意图与福利,还包括善与良心。所谓善,就是作为意志概念和特殊意志的统一的理念,④在主观意志的法即道德的认知下,凡是应该认为有效的东西,在它看来都是善的。⑤ 从法权建构来说,这与康德理解的善存在很大的不同:

第一,就其完全被确定内容而言,康德善的观念可被视为一种人类中心主义(anthropocentric)的观念;

第二,世界的终极目标是善的理念,在康德看来具有某种意义的主观性;

---

① [德]黑格尔:《法哲学原理》,第124页。
② [德]黑格尔:《法哲学原理》,第125页。
③ 参见[德]黑格尔:《法哲学原理》,第129页。
④ [德]黑格尔:《法哲学原理》,第131页。
⑤ [德]黑格尔:《法哲学原理》,第133页。

第三，为了逃避矛盾，康德把对终极目标的实现放到了将来。[1]

与此三点呼应，黑格尔的善有不同的含义：黑格尔的善只是国家这一伦理存在的函数，即在客观性的国家中，法律责任需要摒除合法性或非法性、善或恶的主观判断，对法律的判断不以人的理性层次为标准而以法律最浅近的客观意义为标准；善是实现了的自由，是世界的绝对最终目的，它不在未来，而在伦理状态之中。[2]

善作为一般的特殊性达到了自身中被反思着的普遍性时，就达到了一种内部的绝对的自我确信（Gewissheit），这种特殊性的设定者、规定者和决定者，就是他的良心（Gewissen）。[3] 良心的获得相当于又一次主奴生死斗争，自我的对善的理解在消费一般特殊性时获得真实性的存在，以主人的姿态决定此后善恶区别的走向。良心具有强烈的自我判断力，它表示着主观自我意识绝对有权知道在自身中和根据他自身什么是权利和义务，并且除了这样认识到的善之外，对其余一切概不承认。[4]

正因良心的这种强烈的自我判断倾向，国家并不承认那些作为主观意识的良心。国家承认的良心是真实的良心，在此，黑格尔把良心分作了两种，一种是只涉及形式的良心，即作为自我意识仅仅在自身中的反思，它却要求有权能的良心；另一种是被假定为主观认识和意志跟真实的善相同一的良心，即真实的良心。道德阶段只与形式的良心有关，真实的良心包含在伦理性情绪中。[5]

道德阶段被定义为主观法权阶段的原因，很大程度上在于良心对自我的绝对确认，而这种绝对确认又不以自我所不承认的东西为参照。当然，意图与福利在与客观法的竞争中所处的不利，在黑格尔看来也不过是主观意识过于强烈而使得已被扬弃的抽象法不得不去依靠没有内容的形式去框范过多的特殊性。黑格尔的道德阶段是潜在地展示其法权思想的阶段，在此阶段他明确地为法的权威性辩护，他觉着圣克利斯宾应受制裁，因为道德、意图、福利以及善和良心在黑格尔的论证中的实在性，始终是倒果为因的，即动机（意图）的不合理是因为福利（结果）的不合理，而

---

① M. J. Inwood, *Hegel*, London: *Routledge & Kegan Paul plc*, 1983, pp. 492 – 494.

② ［德］黑格尔：《法哲学原理》，第 161 页。

③ ［德］黑格尔：《法哲学原理》，第 139 页。

④ ［德］黑格尔：《法哲学原理》，第 140 页。

⑤ ［德］黑格尔：《法哲学原理》，第 141 页。

福利的不合理是因为规定福利存在方式的主观意识不合理,凡此种种。

这可以归结为他对"只要目的正当,可以不择手段"的剖析[①]:道德身为主观性的法,内容的实在性无法掩盖其形式上的虚无性。这种虚无性与生死斗争之际的一个欲望对另一个欲望的消费的虚无性异曲同工,只是道德的拥趸远不是孤独的个体甚至可以上升到民族,但因缺乏一个可以沟通主客观的决断机制而无法自为。因此,黑格尔指出:

> 无论法的东西还是道德的东西都不能自为地存在,而必须以伦理的东西为其承担者和基础,因为法欠缺主观性的环节,而道德则仅仅具有主观性的环节,所以法和道德本身都缺乏现实性。只有无限的东西即理念,才是现实的。[②]

理念就是主客体完美结合的伦理,其最终的归宿是国家。

### (三)共同体/国家法权 vs. 伦理性法权

1. 共同体/国家法权

强制法权毕竟无法完整地实现具有合法性的确然性,因为它存在的语境是承认的主体间性基础已然松动的个体联合,这不足以成为共同体。费希特的共同体的存在方式首先需要的是共同意志的出现,而共同意志与个人意志必须一致,只有在这样的基础上强制权力才能是保障法权原则在实践中以合法性模式运转的力量。因此,费希特的国家法权首先要发现这一意志,即"发现这样一种意志,这种意志完全不可能是不同于共同意志的意志",[③]发现这一意志需要行动,这种行动就是签订国家公民契约。

---

① 黑格尔论述如下:这一说法就其本身说自始是庸俗的、毫无意义的。我们可以同样笼统地回答它:正当的目的使手段正当,至于不正当的目的就不会使手段正当。目的是正当的手段也是正当的这一句话是一种同语反复的说法,因为手段本来就是虚无的,它不过是为他物而存在,而只是在他物中即在目的中才有其规定和价值,也就是说,它如果真正是手段的话。不过上述命题不只具有这种同语反复的形式意义,而且指某种更确定的东西而言,即为了某种善良目的,把原来完全不是手段的东西用作手段,把某种本来是神圣的加以毁损,总之,把罪行当作某种善良目的的手段,以上种种都变成许可的,甚至还是人们的义务。[德]黑格尔:《法哲学原理》,第151页。

② [德]黑格尔:《法哲学原理》,第162~163页。

③ [德]费希特:《自然法权基础》,第154页。

尽管对费希特是否是一个社会契约论者存在争议,[①]对社会契约理论的认知和感情费希特与黑格尔有着一个明显的分别,费希特的原始法权可以以知识学的拟制去质疑签约者的主体资质问题,但他依然接受并拓展了卢梭在社会契约理论上的深度和广度。在构建国家法权的论证过程中,存在契约,存在不止一个类型的契约,它们分别是财产契约、保护契约、结合契约,随着这些契约的依次签订,国家法权随之确立。

一旦相当数量的理性存在者聚集在一起,他们就必须在超越个体自由和个体利益的基础上考虑他们的整体性存在问题,尽管这种考虑在费希特那里依然是自我设定自我的延伸。但基础的财产契约需要至少两个以上的私人意志并达成法权平衡的协议,却与非共同体状态时截然不同了。此时,需要的是一种普遍的法律关系,他是以每个人与所有人就契约达成一致为前提,谈判的过程是:每个人对大家说:"我要占有这件东西,我要求你们放弃对这件东西的权利要求"。但是,大家向他回答说:"只有在你放弃对所有其他东西的权利要求的条件下,我们才会放弃这个要求。"[②]

这就达成了一个肯定与否定的共存,每个人的肯定性意志只能存在于其所想占有的一面,对其他人来说其意志则是否定的,并且"每个人都应该把他的全部财产作为他不愿意损害所有其他人的财产的抵押"。[③]这已经是一个包含着"对价"的契约了,公民财产契约在狭义上费希特称为"民法"。[④]

为了不重蹈原始法权缺乏争端解决和权利得不到保护的覆辙,人们必须超脱出善良意志的束缚而找到真正的制约机制。这就需要签订保护契约。所谓保护契约是指:

> 每个人都应该对一切还被当作个人看待的人许诺说,他要用自己的力量帮助他们保护得到承认的财产,其条件是:他们也应该以同

---

① 参见 Wayne M. Martine, "Is Fichte a Social Contract Theorist?", Edited by Daniel Breazeasle and Tom Rockmore, *Rights, bodies and recognition: new essays on Fichte's Foundations of natural right*, Hampshire: Ashgate Publishing Limited, 2006, pp. 1 – 23。

② [德]费希特:《自然法权基础》,第 197 页。

③ [德]费希特:《自然法权基础》,第 198 页。

④ [德]费希特:《自然法权基础》,第 198 页。

样的方式帮助他抵御强暴，保护他的财产。[①]

这是一个要冒很大风险的决定，因为每个人已经对其他所有人的财产安全具有了保护责任，面对任何第三方的侵犯他都必须与受侵害一方站在一起。这与财产契约的本质不同在于，在财产契约中你只要不去侵犯他者的法权利益就行了，而在保护契约中你的消极性需要转变为积极地履行义务了。

这在实践费希特看重的行动上具有太多的困难：情况A，甲乙两位缔约者同时受到了侵犯，他们需要先跑到对方那里施以援手而不自救吗？情况B，甲乙丙三位缔约者彼此侵犯了他人的利益，即甲侵犯了乙，乙侵犯了丙，丙又侵犯了甲。按照保护契约的规定甲在丙受到乙侵犯的时候必须提供帮助，即甲要与丙联合对付侵害者乙，可丙又是甲的合法利益的侵害者，帮还是不帮？以此类推则完全不可能实现法权的保护。

因此费希特称孤立的保护契约是“绝对不可能有成效，而是完全空虚的”，[②]但保护契约在以下方面具有积极意义：第一，保护他者的义务概念出现了，只需要把这种义务与个体的具体性脱离，即树立一种普遍性意义的义务，就可以涵盖所有的需求；第二，受侵害对象的不确定性出现了，这种不确定性使得每个人既可能是侵害者又可能是受害者，只要把每个人角色通过一个甄别机制进行筛选，就可以得到确定的受害者与加害者；第三，个体彼此之间的保护带有强烈的个人利益和感情在内，只要建立一个足够强大的第三方执行机构，就可以实现一种公正而整体性的保护。这些意义促使了第三个契约——结合契约的出现。

结合契约是个体与一个有机体即国家的融合，面临的问题与卢梭的社会契约一样，个体如何在与国家融合中保持自己的自由与独立？全部保留还是部分保留？在此，费希特的结合契约与卢梭的社会契约论有了很大的分别。按照卢梭的主张，契约的所有条款“无疑的也可以全部归结为一句话，那就是：每个结合者及其自身的一切权利全部都让给整个集体”。[③] 在费希特的结合契约中则作出了不同的转让分类，其中与卢梭的

---

① ［德］费希特：《自然法权基础》，第199页。

② ［德］费希特：《自然法权基础》，第200页。

③ ［法］卢梭：《社会契约论》，何兆武译，商务印书馆1987年版，第23页。

不同同时也是结合法权的特质：

第一，卢梭要求每个人无条件的奉献出一切，也就是卢梭已经假定在国家契约成立之前，人们有着某种财产权，也正是基于这种财产权的拥有人们才有资格去彼此谈判。换言之，对财产的契约化的承认是每个人参与契约的初衷，只有如此个人的财产才能是国家的财产，因此，卢梭的契约始于奉献；对于费希特，在签订结合契约前尽管已经有了一种前契约化的承认（此前的财产契约），但没有实在的保护措施，因而每一个立约人都是没有财产的，即他们正等着通过国家契约去把试图占有的东西合法化，因此费希特的结合契约始于获得。

第二，与卢梭的全部奉献不同，费希特作出了更为细化的一个分类：如果从每个人的全部个人财产得到国家法权承认而言，国家会把对所有个人的一切损害看作对自己的损害，此时国家将个人的财产视为已经全部奉献出来了；如果从维护那些服从个人自由的支配的财产独立性而言，只有每个人有责任奉献给国家的才是国家的财产。

第三，与卢梭的人民整体性不同，费希特做出了自由的人与臣民的区分：立足于个人不为国家奉献的财产，个人是完全自由的，加入国家是提升道德境界的必经阶段；立足于受法律制约（依照保护契约找到了作为执行力量的第三方，法律及其运行体制），从履行义务看来个人是臣民。自由的人实际上是公共意义上的人与私人意义上的人的总和，始终是自由的；臣民则是不履行义务时的人的状态，他以作为抵押的相应财产抵罪而保留其剩余财产。[①]

2. 伦理性法权

霍耐特把家庭的爱归结为信任，把市民社会的法归结为自尊，把国家的伦理归结团结。[②] 事实上，伦理性法权在黑格尔那里看来有着更为复杂的背景与追求，并且与费希特有着一种截然相反的“反契约论”色彩。黑格尔对于规则存在的合理性与合法性，最初的立足点始终是亚里士多德主义的，即人必须先成为城邦、民族的人，才有可能是他自己。我是我们、我们是我以及我是他们、他们是我，都是在这样一个基础上的求索。尽管伟大的希腊城邦化存在以一种安提戈涅式的悲剧收场，但自我意识对于

① [德]费希特：《自然法权基础》，第208页。

② 参见[德]阿克塞尔·霍耐特：《为承认而斗争》，第100~135页。

找到一个在主观与客观都可以实现其普遍性的初衷,始终未泯。伦理世界的法权终点是国家。

伦理性的法权与费希特的国家法权的现实性相比,是一个悖论,既然讲伦理,为何还要法权?这与黑格尔的论证过程有关,亦即黑格尔的伦理性法权的成立是一个渐进而变化的过程,他给出的路线是从家庭到国家,中间经过市民社会,其实际状态是:家庭主要讲伦理,却并非不讲法权;市民社会主要讲法权,却并非不讲伦理;到了国家层面,才开始有伦理性法权。

在伦理性的初级存在方式——家庭之中,只讲伦理不讲法权,核心的概念是爱。所谓爱:

> 一般说来,就是意识到我和别一个人的统一,使我不专为自己而孤立起来;相反地,我只有抛弃我独立的存在,并且知道自己是同另一个人以及另一个人同自己之间的统一,才获得我的自我意识。①

爱表明一种非个体化的存在,同时是在自我意识的扬弃,即抛弃自我的独立而与另一自我意识统一再回到自我意识。如果不想成为孤独者,并在他者那里获得一种承认(非生死斗争意义的),②那么爱在这里被理解为一种极为原初性的存在关系。它并不强调浪漫主义的卿卿我我,毋宁说是一种在他者中存在的伦理本能:

> 性是直白的彼此间的关系,一方是普遍性,另一方是特殊性,他们并非绝对的平等……他们对各自形式的抛弃(nullification)是相互的却并非同样的;都直觉(intuits)到他/她。尽管作为一个陌生者,这就是爱。③

由爱建立的家庭与个人的权利之间在初始阶段是不分的,即城邦中

---

① [德]黑格尔:《法哲学原理》,第175页。

② 黑格尔认为,夫妻关系“是一个意识承认自己即在另一个意识之中的直接的自我认识和对这种相互认识的认识”。[德]黑格尔:《精神现象学》(下卷),第15页。

③ G. W. F Hegel, *System of Ethical life*(1802/3) *and First Philosophy of Spirit*(*Part* Ⅲ *of the System of Speculative Philosophy* 1803/4), p. 110.

的家庭的权利就是个人的权利。而权利从家庭转移到个人是个人与家庭的分立才开始的。家庭是在婚姻、家庭的财产和子女的教育三方面中完整起来的,爱扮演着重要的角色却不是全部。婚姻似乎应该是由性引发的并确定爱的民事契约,但黑格尔明确的反对这种"在康德那里也能看到的观念",在此黑格尔提出了对三种观念的反对:

第一,婚姻不是性的关系;

第二,婚姻不是契约关系;

第三,婚姻的基础不是爱。①

我们可以简单地按照黑格尔的理论基础为他辩护:婚姻不是性关系是因为婚姻是伦理关系,是普遍性与特殊性以婚姻方式为中介的自我扬弃。如果仅仅是性关系则会无可避免的导向一种单向度的消费和满足,这就罔顾了婚姻的初衷;婚姻不是契约关系是因为契约是一种交换关系,亦即一种彼此利用的关系,婚姻为了成就家庭作出的彼此的奉献而非利用;婚姻不能以爱为基础(尽管家庭以爱为基础)是因为"再说一遍,爱是感觉",②而感觉有太多的偶然性。在此,黑格尔给出的婚姻的定义是:婚姻是具有法的意义的伦理性的爱,③具有法的意义的爱似乎可以部分的消解伦理性法权的悖论性张力了。

我们在其他学者那里找到婚姻并非契约的佐证并不困难,比如按照费孝通先生的论述,男女有别的乡土中国之中,婚姻不是爱情也不是契约,也没有什么感情可讲,而是以合伙名义维持的一项致力于经济和生育的事业。④ 又比如埃里克·波斯纳(Eric A. Posner)的论述,他认为婚姻当然不是契约,恰恰相反的是契约是一种婚姻:婚姻对象的寻找与契约伙伴的寻找的相似性,婚姻誓言与签约前契约双方的信誓旦旦的相似性,以及婚姻期间的种种纠纷解决与契约履行期间实际的纠纷解决的相似性。与伦理性的爱不同,这是依照信号传递模型衍生出的洞见。⑤

婚姻造就的伦理性家庭,依靠家庭的财产养育后代,完成子女的教

---

① [德]黑格尔:《法哲学原理》,第175页。

② [德]黑格尔:《法哲学原理》,第176页。

③ [德]黑格尔:《法哲学原理》,第177页。

④ 参见费孝通:《乡土中国》,北京出版社2004年版,第60~67页。

⑤ 参见[美]埃里克·A.波斯纳:《法律与社会规范》,沈明译,中国政法大学出版社2004年版,第241~242页。

育。通过教育,子女在伦理性的状态下体验并理解到什么是爱、信任和服从;同时教育在这个基础上继续否定的教诲子女,使他们脱离原来的自然直接性,逐渐具备独立性和自由的人格。① 不容否认的是,这种由爱、信任和服从教育而成的子女们,他们有的成长为索福克勒斯的安提戈涅,即通过捍卫家庭的伦理而与城邦对垒,并最终导致城邦衰亡市民社会出场的那个悲剧性的因素。安提戈涅的诉求与城邦存在的自我期许的矛盾,是黑格尔断定市民社会必然出现的深层原因,对此梗概的描述我们可以在《法哲学原理》第 166 节的附释中找到。② 黑格尔给出的线索是:代表着神的亦即永恒的法律的安提戈涅与代表着国家法律的克瑞翁(Creon)斗争,这是家庭与城邦的斗争,是自然法与国家法的斗争。那么,什么是安提戈涅的要求,什么是黑格尔的要求?

安提戈涅的要求是体面安葬其因为叛乱而战死的兄长,因为从伦理共同体的视角出发,"死亡是个体的完成,是个体作为个体所能为共体(或社会)进行的最高劳动",③此时的死亡并非科耶夫意义上的"自由的最高展示,至少是孤立个体的那种'抽象'自由的最高展示"。④ 但是黑格尔认为,这种劳动的结果是要屈从和受制于无意识的欲望的侵扰与抽象本质力量的腐蚀,他的遗体会受到其他个体以及自然世界的影响,家庭有义务使死者免受这种屈辱性行为的支配,即家庭要安葬他使他保持其永久的天然的个体性,并把他的名字在族谱上铭记。这些义务构成了神的规律。

由此,我们可以设想为什么索福克勒斯设计的剧情是不允许安葬战死的波吕涅克斯(Polyneices)了,假设剧情变为可以由其家庭安葬波吕涅克斯,任何人都行唯独安提戈涅不行,那么安提戈涅的行为就不再具有神法所要求的义务性,那么她的悲剧也就无法代表伦理性存在的悲剧性了。

---

① [德]黑格尔:《法哲学原理》,第 188 页。

② 黑格尔的评述如下:一本非常推崇家礼的著作,即索福客俪的《安悌果尼》,说明家礼主要是妇女的法律;它是感觉的主观的实体性的法律,即尚未完全达到现实的内部生活的法律;它是古代的神即冥国鬼神的法律;它是"永恒的法律,谁也不知道它是什么时候出现的";这种法律是同公共的国家的法律相对立的。这种对立是最高的伦理性的对立,从而也是最高的、悲剧性的对立;该剧本是用女性和男性把这种对立予以个别化。[德]黑格尔:《法哲学原理》,第 182 ~ 183 页。

③ [德]黑格尔:《精神现象学》(下卷),第 10 页。

④ [法]科耶夫:《黑格尔哲学中的死亡理念》,邱立波译,载邱立波主编:《科耶夫的新拉丁帝国》,华夏出版社 2008 年版,第 99 ~ 100 页。

是神的规律要求家庭要把归属于家庭的成员的尸体安葬,这是一种伦理的义务,因此,安提戈涅的行为自始就不是道德行为,没有意图与福利,她的要求不过是履行应尽的义务,尽管这违背了人法。

黑格尔的要求在于,在人的规律与神的规律发生冲突之际我们有必要甄别个别性与普遍性的关系,有必要在一个可接受的基础上作出决断,至于这个基础是伦理性的永恒,还是国家法意义上的现实,根本就不是问题,显然是后者。原因在于伦理行为打破了家庭与城邦原本和谐的更为宏观的伦理秩序,神与人的法律冲突起来,家庭与城邦对立起来,但他们都得屈从于命运。无论是安提戈涅还是克瑞翁抑或波吕涅克斯,代表的不过是一种悲剧性的人的命运的显现。体现命运的悲剧性的人上升为现实,变成自在自为的个人。此时,只有人法才可以对体现命运的人产生效用。因此,黑格尔说:"伦理实体之注定或被规定要这样消亡,要这样过渡为另一形态,乃是由于伦理意识本质上是直接趋向着法律或法权发展的。"[①]至于其中男性和女性成为此种斗争的具象,则是黑格尔对另一种转变的注解,即在朱迪丝·巴特勒(Judith Butler)看来,黑格尔认为这是从母系氏族统治向父权制的转变,同时涉及了亲族关系的原则。[②]

站在家庭一边的安提戈涅并非不承认人法,而是在人法与她自己的神法义务冲突时,无法解脱。而对于强权者克瑞翁似乎不存在纠结的烦恼,只要固守人法就可以了。因此,两者对于共同承认的规则出现了对立意义上的不融合,而结果是安提戈涅悲剧性的死去。克瑞翁的结局同样是悲剧,他的儿子同时是安提戈涅的情人在知道安提戈涅自杀死后,他的夫人在儿子自杀之后自杀,这是强权者克瑞翁难以冲脱的命运。他自己伦理性的家庭秉持着与安提戈涅同样的神法原则,家人们以死惩罚了他。因此,在此后的市民社会中,避免悲剧重演的措施也就转向对共同承认的规则的诉求。

市民社会由需要的体系、司法以及警察和同业工会构成,需要的体系解决劳动与需求的满足,司法解决所有的保护,警察和同业工会则预防上述两者的偶然性并把特殊利益当成共同利益予以关怀。这样的布局已经

---

① [德]黑格尔:《精神现象学》(下卷),第32页。

② Judith Butler, *Antigone's Claim: Kinship Between Life and Death*, New York: Columbia University Press, 1983, p. 1.

接近相互承认的理想状态了:需求的满足是通过劳动的中介完成的,人们在劳动的过程中是一种私性化的存在,在大家都以各自的利益为自己的目的时这个目的就被普遍化了,这种称为普遍物的利益成为市民们自我规范和互相规范的标准,因此身为特殊性的个体要做的只有两件事:平等的需求和模仿。[1] 一旦有了模仿也就是有了榜样,而榜样的力量就是被人承认并效仿。个体特殊性与普遍性符合的程度和效仿质量决定了财富分配走向,并由此产生了等级,等级在黑格尔那里是必然性的东西,因为分享财富的方式和方法是任由每个人的特殊性决定的。

法在市民社会中完成了从自身的抽象性向现实性的转变,这种现实性是市民社会通过需要的满足和劳动所证实的现实性,因而,此时的法作为法律是“被普遍承认的、被认识的和被希求的东西”。[2] 因此,此时的法律应该是实定法,即以公开的被公布的法典形式存在,否认民族不具有法典编纂能力的看法在黑格尔那里被斥为“荒谬”,黑格尔对成文法的偏好源自他需要一个普遍物的法,只有把法律予以体系化、成文化,才能更有效地使普遍性在与特殊性的博弈中提高胜出概率,也才可以避免悲剧重演。因此潜在的无法现实化的习惯法和最具主观性和特殊性的道德戒律,不是制定实定法要考虑的素材。法律要为人所共知,要简单,却不必追求一劳永逸的完善,给它留出应对新的权利诉求和规范新的承认诉求的机会,这意味着将特殊性扬弃为普遍是一个过程。

我们或许可以用科耶夫对资本主义社会的整体法权特征的概括,去形容市民社会,这是一个“等价性法权”[3]的时代。当然也是梅因(Maine)的契约代替身份的时代。承认他者与被他者承认在形式的层面,并按照

---

① [德]黑格尔:《法哲学原理》,第 203 页。

② [德]黑格尔:《法哲学原理》,第 217 页。

③ 参见[法]科耶夫:《法权现象学纲要》,第 296～330 页。所谓“等价性法权”对应于“平等性法权”,前者是属于奴隶意识的、资产阶级的法权,后者是属于主人意识的、贵族的法权。依照主奴生死斗争,奴隶因为怕死并看重因怕死而获得的收益,即作为奴隶活着,他的正义观就是等价性的正义观。对于奴隶,安全的活着的收益抵销了被奴役的成本,尽管奴隶始终是一种“义务存在”,活着与受奴役是不平等的,但却是等价的。因此我们在资本主义那里看到的都是等价性的存在:工厂管理者的薪水跟工人的薪水应该是等价的尽管不平等,累进税是等价的尽管不平等,犯罪受到的惩罚与其罪行是等价的,尽管不平等。平等的惩罚方式是贵族法权的同态复仇,砍下别人一只胳膊并不能通过被判处徒刑与罚金解决,而必须是砍下伤人者的相同的一只胳膊。对此,本书在第六章有详细论述。

追求个人利益的法权原则实现了，但依然处于主体感受与客观现实未能融合的阶段。

国家虽然是市民社会的更高阶段，但却出现在市民社会之前，用黑格尔的话表述，"国家是伦理理念的现实……直接存在于风俗习惯中，而间接存在于单个人的自我意识和他的知识和活动中"以及"国家是绝对自在自为的理性东西"。[①] 我们可以从不同的方面理解黑格尔的国家。

第一，伦理经过家庭和市民社会，如果可以到达一个自我与他者的理解不再分离，承认的标准与感受不再分离的阶段，那就是国家。在此，自我意识不再是游离于亲情、私利和政治之间的东西，个人也不再是孤独的情感性存在、经济性存在和政治性存在的无法兼顾的个人。个人的自由达到顶峰，既成为国家的成员，也成了个人的最高义务，这表明了黑格尔孜孜以求的普遍性与单一性的最终统一。

第二，国家是理性的自在自为，是黑格尔自由的终极阶段，这与市民社会谋求个人私利的自由有着本质的不同。市民社会的自由是契约式的自由，建立在等价交换基础上的关系规范的是单子式的个体，因此其基础是"任性、意见和随心表达的同意"；[②]国家则具有相当的严肃性，仅靠笼络个体意识的契约无法实现个体自由、民族自由和国家自由的三位一体。

第三，国家的理念相对于家庭和市民社会而言，具有权力属性，国家的绝对性是其在普遍的利益和特殊的利益之间做出决断所显示的力量，此种力量既决定了个人的义务，也决定了个人的权利。[③]

黑格尔的王权观念，在整体性的绝对精神的意义上，可被视为其国家观念的缩影，尽管此种王权观念历来受到自由主义者的诟病。比如，"尽管黑格尔不能算是一个否定意义上的极权主义者，但不可否认的是，他为国家提出了一些过分而虚假的要求"，[④]但在黑格尔的语境当中，王权却是国家法权统治的理想性的道成肉身。所谓王权：

---

① ［德］黑格尔：《法哲学原理》，第 253 页。

② ［德］黑格尔：《法哲学原理》，第 255 页。

③ ［德］黑格尔：《法哲学原理》，第 261 页。

④ J. Plamenatz, *Man and Society*, New York: McGraw-Hill Book Co., 1963, Volume 2, p. 264. 转引自米亚迪斯：《黑格尔作为国家基础的法律》，邱立波译，载邱立波编：《黑格尔与普世秩序》，华夏出版社 2009 年版，第 137 页。

> 即作为意志最后决断的主观性的权力，它把被区分出来的各种权力集中于统一的个人，因而它就是整体即君主立宪制的顶峰和起点。①

在此不讨论君主立宪制的问题与优劣，我们要关注的是王权的决断性的合法性在黑格尔那里是如何产生的：

首先，国家的各个方面可以实现实体性的统一，是一种理想性，这种理想性的特殊职能是消融并保存各种特殊的权力，这些职能由任命的具有各种特质的官僚行使，国家特殊职能和权力构成国家的主权。② 因此主权是一切国家特殊权能的理想性。

其次，主权是理想性国家建构的普遍化，从国家的整体来说它需要一个主观意志的表达已完成与国家这个客观存在的呼应，即如同人的客观存在需要人格的呼应一样，国家需要一个人格，以便完成国家本身的自我确信，这个国家人格就是君主，其享有的权力即为王权。

最后，王权的职能是最后的决断，即在立宪的前提下产生的种种需要由国家作为一个整体予以允诺或同意的时刻，同意或否定。君主的角色是扮演与法律所组成的客观方面相对应的国家作为整体的主观方面，即在一个有良好组织的君主制国家中，唯有法律才是客观的方面，而君主只是把主观的东西“我要这样”加到法律上去。③

按照这种论证逻辑，国家人格的代表者君主所具有的王权，同时是一种理想化的主权。它是对所有经过宪法及宪政机制筛选后呈奉的一种抉择权。如果说宪法和以宪法为基础的法律已经得到承认，那么在这些承认规则基础上的对承认规则本身的承认，并使这种承认自此具有了一种人格性的伦理色彩。

## 三、分野

法权在费希特和黑格尔那里都终结于国家，所谓终结是指在他们的

① [德]黑格尔：《法哲学原理》，第287页。
② 参见[德]黑格尔：《法哲学原理》，第293~294页。
③ [德]黑格尔：《法哲学原理》，第302页。

论证框架下，法权可以被妥善的安置了。在法权找到其归宿的进程中，我们可以在相同的国家归宿下，从论证逻辑和依凭原则两个方面发现二者的不同。

从论证逻辑上看，费希特的论证进程可表述如下：先天有限理性的存在者凭借自我的理性追求自由，并先天地知道自己的资质与能力，他知道自己是现实存在的同时是自由的、理性的，“我是我”表达出一种最初层面的自我承认；绝对的自我会发现在自我之内还存在一个非我，比如有一个行动着的和一个反思的我，这种自我之内的我与非我的关系扩展到自我之外就会对他者的出现和确认提出要求，即自我设定非我的扩大化可以表述为自我设定他者，此种更进一步的承认是对他者的承认；设定并确定他者的自由与自我的自由对立同一之后，一种限制性的要求同时对自我和他者提出，为了维持彼此的自由与理性，自我会找到并设定一个自我自由的边际，通过限制自我的自由而使与他者的自由并行不悖。这种限制在本质上是自我用内在的自由去限制外在的自由，从而使他者的外在自由得以现实化。同时这种限制本身是可见的、现实的，它是一种行动。

黑格尔的论证进程可表述如下：自我意识通过主奴的生死斗争所建构的那个伦理世界，其出发点是一个伦理性的、整体性的我，于是我不仅是我，而是“我是我们，我们是我”以及“我是他们、他们是我”。承认的最初主体不具备理性，不清楚对象的所有信息，承认是一个欲望对另一个欲望的消费，是试探或检验，承认首先催生的是伦理世界。在伦理世界陷落之后，法权不过是一种主客体分离状态下的异化，即法权状态是个人取代家庭，罗马取代希腊的一种伦理意义的衰退。承认不再具有生死之争的意义，它成为市民社会权利与义务等价性法权体系的启示者和品鉴者。

从依据的原则看，费希特的法权论证依照承认原则是不连贯的，即在原始法权明确相互承认后，将之视为了条件，而到了强制法权阶段为了维持秩序则不得不从相互承认倒向各自自保。此后的论证则开始按照一种“契约论”的指导原则和试错的方式，从原始法权经过强执法权到达国家法权。承认在费希特那里是先验的，每个自由有限理性存在者的行动中已经蕴含着承认的潜质，他们通过行动的每一步尝试都在一个预先设定的基准上展开，这个基准是实现人的实在性的自由。原始法权因承认规范可以找到自我自由与他者自由的边际，却因此种承认规范的道德性而无法落实;强制法权放弃了互相信任和忠诚,开始具有了或然的合法性,但强制力量对承认挑战使得法权不得不导向国家。在国家法权中,人们通过依次的契约,即财产契约、保护契约和结合契约,逐渐完成了从人与人相互承认到对遵守契约的承认。自由的有限理性存在者成为国家的公民,那些执掌国家法权运转者在践行一种"托付使命"。

黑格尔的法权类型并不像费希特那样是一种清晰地线性发展路径,他更强调主客观统一的绝对价值。承认在黑格尔那里自始就不是一个条件,而是一种本能。同时,承认的本能性存在也没有中断,它从有形式而无内容的客观性法权,到有内容而无形式的主观性法权,再到主客观统一的伦理法权,基本上遵循的是从单向度承认向双向度承认的演进。其演进的指导原则也不是契约而是自我意识的矛盾与成长。费希特可以通过契约最终完成的国家法权在黑格尔看来只是构建了市民社会,而王权却被黑格尔描绘成终极决断的国家人格,而王权所有可以发挥的舞台被限定于宪政的框架之内。费希特所倚重的主体间性也与黑格尔一直强调的对整体化存在的追求不同,费希特成就的国家法权如果是一种使命托付,在黑格尔那里成为了包括君主在内的共同担当。

事实上,耶拿时期的黑格尔是费希特的仰慕者,但这种仰慕表现为对费希特学术造诣和品行的一种景仰。而在两者都关心的哲学体系和哲学原则上,黑格尔几乎在一开始就是反费希特的,费希特从康德那里继承而来的主客体的二分,成为与黑格尔致力于主客体绝对统一的哲学构想的本质分野。因此,为了保持与费希特的距离,黑格尔在《伦理体系》中使用费希特首先提到的承认(*Anerkennung*),似乎还有些不情愿。[①] 可此后的发展是费希特倒向契约而黑格尔一直固守承认,当然这无法取消黑格尔从费希特那里吸取的有关承认理论的所有营养,尽管立意在开局即显不同。这不同主要集中在以下三点:第一,法权产生的原因不同;第二,法权产生的次序不同;第三,承认所扮演的角色不同。同时,黑格尔在承认的框架下论述法权所涉及的因素要比费希特繁多,其中欲望、整体性以及普遍性与特殊性的关系,都成为费希特未作深究的方面;而对于费希特通过

---

① Jürgen Lawrenz, "Hegel, Recognition and Rights: 'Anerkennung' as a Gridline of the Philosophy of Rights", *Cosmos and History: The Journal of Natural and Social Philosophy*, vol. 3, nos. 2 - 3, 2007, p. 153.

知识学构建起的理性、自由,黑格尔有着截然不同的另一套讲法。

两种法权缘起与归宿的不同,是费希特与黑格尔对人类秩序缘起与归宿认识的不同,前者向往理性自由的契约式共和,后者意在伦理精神勃兴的良善生活,而且一刻未脱离曾承认的指引和关照。

# 第二章　如何理解承认:承认与再分配之争

从承认概念出现之后,对法权观念的理解经历的是一个一波三折的过程,两者之间存在一种复杂、流变的关系。在承认的语境中理解法权,首先要搞清楚费希特、黑格尔及其后继者阿克塞尔·霍耐特的“承认”有着怎样的含义和意义。

承认(*Anerkennung*)一词最早出现在费希特的《自然法权基础》之中,同时耶拿时期费希特的仰慕者青年黑格尔使用它时,似乎还不太情愿。费希特的承认是一种“前预设”的理论,强调如果有城邦那么必定是由人填充的城邦,存在一个被承认的人则意味着所有人必将被承认;费希特的承认也是一种在自由与规制之间寻求平衡的承认,人之主体性的确立、人之自由的成就其前提是为了其他人同样达致如此状态而必须自我限制。归结为一点,费希特的承认是主体性的社会现实化,是权利和伦理的存在论且有超越性的基础。黑格尔的承认以主奴关系为阐发基础,其所有论述的背景是“自在自为”的自我意识间的关系如何实在化,其寻求的结果是“自然的肯定”与“自然的否定”即肯定的独立性与绝对的否定性之间的统一,以主奴生死斗争为表现的过程是独立性与否定性博弈并融合的过程,黑格尔从此种过程中得到了两种意识:一种是独立意识,其本质是自为存在;另一种是依赖意识,它的本质是为对方而生活或为对方而存在。前者是主人,后者是奴隶。霍耐特的承认理论立足于青年黑格尔在耶拿时期的著作,辅以米德的社会心理学来补救黑格尔。凭借黑格尔理论的本体论、米德经验的方法论以及文尼克特的精神分析所提供的“原始主体间性”,霍耐特的承认理论包含着爱、法律和团结三种模式,其自我实践的方式分别为自信、自尊和自豪;蔑视形式包括强暴、剥夺权利和侮辱,其威胁的分别是肉体完整、社会完善和尊严;人对蔑视的抗争成为社会进步的道德动机。承认的含义和意义从费希特、黑格尔到霍耐特不断拓展,其拓展的疆域因为自由而把法权纳入其中。我们可以从历史和现实两个视角观察这种关系。

如果说法权与自由和资产有关,那么在黑格尔看来,承认与法权有着极为复杂的关系。在所谓城邦时代的伦理世界中,主奴生死斗争的目的是获得对自我意识的确认,并试图将自我的个体意识普遍化即获得自由。“主人”对“奴隶”的资产(包括其财物、妻妾等)只是占有,而非消费,这种占有旨在说明经过生死之战(尽管从未发生)他已经获得了承认,而占有物不过是一个副产品,一个佐证,甚至是一个添头而已。而等到所谓罗马帝国及其以降的法权世界,发生了黑格尔认为的全面的“异化”,即在马基雅维利(Machiavelli)和霍布斯(Hobbes)之后,随着古典政治哲学转变为现代社会理论,基于自我存续的动机而进行斗争的模式具有了正当性和现实性。其结果是,“只有契约才能结束一切人对一切人的战争,而这场战争实际上就是主体为了捍卫自我而发动的……为了最终实现政治的权威形式而牺牲了社会契约的自由内涵”。① 于是,承认与自由和资产的关系发生了倒转:占有的越多,就意味着获得权利和自由越多,也就意味着获得的承认越多。

在承认与法权复杂、流变的历史关系之外,两者现实的关系同样复杂。为了复兴黑格尔所反对的“把国家行为还原为目的理性的权力运用”,②“为承认而斗争”是法兰克福学派领军人物霍耐特的核心主张,是他的学术研究从权力的批判到承认理论转向的基点,他所要完成的是从黑格尔开始就定下基调的一桩伟业。而恰逢其时,当马克思主义左派阵营内部就“承认与再分配”展开论战之际,使得霍耐特回到自黑格尔以来就悬而未决的“异化”问题上:究竟是因为获得了承认而享有法权,还是因为享有了法权而夺得了承认?以及更为显白的,究竟是因为获得了承认而占有资源,还是因为占有了资源而获得了承认?除了复兴承认的古典含义,并以之作为对抗社会不正义的武器,霍耐特更为重要的理论追求是对“好生活”的基础意义的阐释,而所谓由人们通过相互承认才能过上的“好生活”,按照黑格尔的本意,是由存在于大量的伦理习惯中的良善所型构的:它们包括爱、荣誉和服务。在这些习惯中,人的精神找到了自我实

---

① [德]阿克塞尔·霍耐特:《为承认而斗争》,第14页。

② [德]阿克塞尔·霍耐特:《为承认而斗争》,第14页。

现之现实性的可能，找到了一种对总体化的良善精神的参与。① 对“好生活”的理解成为霍耐特“为承认而斗争”的理论基础，也成为“承认与再分配/补偿之争”或确切说是霍耐特与南希·弗雷泽之争的一种前见：“如果没有一个预期的好生活的概念，对任何当下不正义的恰当批判——她试图以马克思的样式，而我依照承认理论——都是不可能的。”②换言之，两方势力是在一个“好生活—承认”的范式中论战。这两种来自历史和现实的关系，尤其是霍耐特“为承认而斗争”，左右了承认语境中法权的走向。

于是承认语境中的法权，在黑格尔的意义上，是以标榜市民社会中的自由并以成文法（实定法）为表现的人们之间的法权关系；在霍耐特看来，是以一元性的承认机制作为“道德语法”而获得的对正义的理解和实践；在弗雷泽看来，是在多元性自由实践体系中因为“同等参与”而具有的“正当身份”。然而，在当下的法权结构中，霍耐特和弗雷泽对法权的理解却存在难以忽视的挑战：我们原本通过承认去理解法权，是因为自由，是因为承认尚未异化；但是在一个黑格尔意义上异化的年代里，承认自身需要重新厘清与自由的关系。

原因在于霍耐特标榜的“正义”和弗雷泽秉持的“身份”，都发生在一个奠基于罗马帝国的法权世界之上具有全球化背景的“法治国”现实之中。以及更为重要的，处于法权世界之中的“法治国”，在其中获取权利的方式随着权利关系的法典化和法治本身的不断完善，更多地导向一种程序主义③主导的模式。这种程序主义的模式需要一个规范性的秩序架构，在此规范性秩序中霍耐特的“正义”和弗雷泽的“身份”因其偏离了承认意义上对自由的本能追求而露出破绽，比如一味的要求“被承认”而去编造符合可以“被承认”的条件或理由，或是过于理想化地以为“承认”本身是一剂良药可以诊治罹患某种疾病的痛苦。

这使黑格尔后继者们之间争论的语境（基于“好生活—承认”范式）

---

① Joshuad Goldstein, *Hegel' s Idea of the Good Life*: *From Virtue to Freedom*, *Early Writings and Mature Political Philosophy*, Netherland: Springer, 2006, p. xxii.

② Nancy Fraser and Axel Honneth, *Redistribution or Recognition? A Political-Philosophical Exchange*, translated by Joel Galb. James Ingram. and Christiane Wilke, London& New York: VERSO, 2003, p. 114.

③ 参见［德］哈贝马斯：《在事实与规范之间》，童世骏译，三联书店 2003 年版，第 358 ~ 405 页。

必须做出转变。或者说,如果“好生活”是以黑格尔意义的自由为归宿的“承认”的运转空间,那么,“法治国”就是以黑格尔意义的自由为归宿的某种新范式(承认规范)的运展空间。而所谓“承认规范”,因其具有某种并非一劳永逸的可接受性,在其中自我意识确认的检验机制将从黑格尔原教旨主义的生死斗争转换为对规范的承认,并因此回归黑格尔的自由。

霍耐特和弗雷泽在“好生活—承认”范式中争论的“正义 vs. 身份”偏离了黑格尔意义上对自由的认知,因此我们可以借助“为承认规范而斗争”的新范式在法治国的预设下找回对法权的基于自由古典含义的理解。需要阐明的是,存在某种可被称为“承认规范”的东西,因其与自由的关系,它可以为“承认与再分配之争”提供评判标准,为“正义 vs. 身份”模式的转向提供构建基准,为法权领域的边际提供标示。这对于正处于法治建设攻坚阶段的当下中国,从理论依据和制度建设两个维度来说,都具有积极意义。

本章从霍耐特的“正义”与弗雷泽的“身份”之争亦即“承认与再分配/补偿之争”入手,阐释其问题实质和争论转向,并由此引出对“承认与再分配/补偿之争”的批判。

## 一、实质

同处批判理论阵营之中的阿克塞尔·霍耐特和南希·弗雷泽,对于实现社会正义的路径有着不同的认识。总体上说,弗雷泽秉持一种多元正义的价值标准评判机制,认为至少存在一个经济与文化的二维划分,在经济和文化领域存在极为不同的正义标尺。从经济上说,再分配成为正义标尺,从文化层面上说,承认成为正义标尺。当然两位学者的细致描述要远为复杂和有趣。

### (一)弗雷泽:“同等参与”

弗雷泽二维划分的基础是经济与文化的不可通约性,在她看来,再分配和承认涉及的是大相径庭的两类术语和范式,但它们首先共同的属于一个非哲学的“有关正义的民间范式”(folk paradigms of justice),所谓民间范式是指“由社会运动和政治参与者们心照不宣预设的,关于对不公正的起因和补救的一套相关联的假定”。[①] 这是一个相当大胆的预设,弗雷泽在此把承认与再分配的争论场域限定于民间范式而剥离出建制化的国家,是因为她所考虑问题的出发点接近于一种哈贝马斯提出的系统与生活世界的两分。国家的建制化系统中各自存在自由地对所谓不正义的解救方式和策略,它们呈现出的是门派隔离的独立。生活世界则要求更高的兼容性,很多解决方式通过商谈,在方式和策略上都是复合的。弗雷泽提出此种民间范式的用意,在于表明她一直坚持承认与再分配的关系并非“是或不是”样式的简单对立,而是相互交融地存在交集。但是在强调这一交集性之前,弗雷泽仍然提到了再分配与承认的诸多特质性的不同。

弗雷泽提出的再分配和承认的特质不同,从民间范式视角出发体现在四个方面:第一,承认和再分配对于不公正的概念,有着不同的理解。再分配的重心在于强调社会经济的不公正,这种不公正根植于其所处的社会经济结构;承认的重心在于把不公正理解为文化层面的遭遇。第二,两种范式对不公正提供了不同类型的救济矫正方法。再分配重在经济结构的调整,包括重新分配财富、重新组织劳动分工,改变所有权等方式。承认的救济方式多在于文化取向和符号的改变,比如重新评估被蔑视者的身份,承认并确认文化的多样性,以及转变个人的身份表达、交流和理解模式等。第三,两种范式对蒙受不公正的集体有着不同的概念指称。再分配对遭受不公正的集体称为阶级,承认对于这些群体的称谓接近于韦伯式的身份群体:这些群体得以被辨识的依据,是相对于生产关系而言次要的尊敬、尊重和名望。第四,两种范式对存在的群体差异有着不同的认知和理解。再分配认为存在的群体差异是不公正差异的显现,是不公正的政治经济的结果,因此应当尽力废除、改正这些差异而不是认同这些差异。承认对待群体差异有两种策略:其一,对于那些良性的预先存在的文化变更,不公正的阐释模式已经恶意的转化为当下的价值等级体制,因此,我们要求回到恶意转化之前;其二,群体差异不存在于等级体制之内,而是试图用此种差异来建构当下的不公正的价值等级体制,那么就需要

---

① Nancy Fraser and Axel Honneth, *Redistribution or Recognition? A Political-Philosophical Exchange*, p. 11.

解构这些差异。①

但是这些特质的不同,并不足以构成“是或不是”的两分对立格局,要么是废除阶级差异的再分配政治成为主导,要么是褒奖或解构群体差异的承认政治成为主导,这种对立在弗雷泽看来是虚假的。② 其原因在于,承认与再分配存在交集。但是,依照弗雷泽的分析,这种交集产生的原因并不相同,因为在弗雷泽的描述中,存在极端与非极端两种情形:极端形式被视作是由一个或主要是一个原因产生的,比如同性恋的问题;非极端形式是由承认和再分配两种原因联合造成的,比如性别不平等问题。

极端形式的同性恋问题,在弗雷泽看来遭受着承认和再分配的双重不公正:一方面,在异性恋成为主导价值模式的普遍社会形态中,同性恋是一种被轻视的性交往方式,常常受到辱蔑和攻讦,因而不被承认并被边缘化;另一方面,同性恋同时遭受着经济上的另一重不公正,在很多时候同性恋者得不到同等的机会获得工作、获得福利,很多工作不仅抵制同性恋者加入还会采取清除行动,而得不到福利是因为很多福利发放的对象限定于由异性组建的家庭,同性恋者组建的家庭并不在家庭的预设范围之内。前后两者的诸多不公正在同性恋者身上存在交集,但导致的原因却在于前者,即没有获得承认。③ 也就是说,一名同性恋者无论其在再分配的领域具有再多的优势,比如高水准的收入和福利,都无法消解人们对他是同性恋的消极看法,他自己也无法通过这种再分配上的优势扭转这一不利局面,解决问题的办法只有获得承认。因此,极端情形下的交集实际上是一个不真实或极为细小的交集,它的终极解决依然需要导向承认或再分配的某一方。

非极端形式的性别不平等问题不再仅仅局限于人们的性取向,即仅仅因为是“男性”就自然对“女性”具有天然的性别优势,而是在经济生产和分配的层面,女性同样遭受不平等待遇。在此,一方面,表现为女性负责从事的生产所获得的回报被约定俗成地限制于固定领域,社会分工从

---

① 参见 Nancy Fraser and Axel Honneth, *Redistribution or Recognition? A Political-Philosophical Exchange*, pp. 12 – 15。

② Nancy Fraser and Axel Honneth, *Redistribution or Recognition? A Political-Philosophical Exchange*, p. 16.

③ 参见 Nancy Fraser and Axel Honneth, *Redistribution or Recognition? A Political-Philosophical Exchange*, pp. 18 – 19。

一开始就立足于性别的不平等之上;另一方面,女性成为一种身份,成为一种在经济活动之外具有文化意味的弱者符号,评价男性如果用到"女性化"则表明极为消极、负面。因此,非极端情形下的不公正存在一个真实的交集,性别不平等的解决就需要在承认和再分配两个方面一起动手,任何单一的解决方式都不足以解决问题。①

鉴于以上承认与再分配的关系,彼此独立的双方谁也无法无条件地为对方负责,同时任何单方的解决企图很可能难得要领,对此弗雷泽提出了一个新的方案,承认的地位模式(status model):在弗雷泽的地位模式中,错误承认既不是一种精神扭曲,也不是一种对伦理的自我实现的阻碍,而是对正义的侵害并构成了一种建制化的从属关系。比如它使很多人的地位出现了由社会公共制度传导而导致的欠缺:在婚姻法上同性恋被斥为非法、堕落,在福利政策上单亲母亲被斥为在两性方面不负责任的敲诈者。这些地位欠缺还被固化为一种二元对立,异性恋—同性恋、男人当家—女人当家、白人守法—黑人危险,等等。究其根源,必须要有某种机制去消解这种人为的地位不公,需要把阻碍平等参与的文化价值模式去建制化,并用平等参与的模式取而代之。② 在地位模式中,不正义不再能够被还原为身份问题,与之相反,地位模式意味着一种政治,此种政治旨在通过将被错误承认的一方确立为完整的社会成员,从而能够与其他人同等的参与社会生活。③

立足于此种地位模式,弗雷泽提出了包含两个基本条件的、同等参与的核心正义观:其一,物质资源的分配必须保证参与者的独立性和发言权,此为同等参与的客观条件;其二,建制化的文化价值模式需要对所有

---

① 参见 Nancy Fraser and Axel Honneth, *Redistribution or Recognition? A Political-Philosophical Exchange*, pp. 20 – 22。

② 参见 Nancy Fraser and Axel Honneth, *Redistribution or Recognition? A Political-Philosophical Exchange*, pp. 29 – 30。弗雷泽在四个方面论述了此种地位模式的优点:其一,它允许人们把承认诉求证明为现代价值多元主义背景下的道德约束力(moral binding);其二,地位模式把错误承认定位于社会关系,而不是个体和人际间的心理学;其三,地位模式避免了每个人都在社会尊重上拥有平等权利的观点;其四,通过将错误承认理解为对正义的侵害,地位模式促进了承认诉求和资源、财富再分配诉求的整合。参见 Nancy Fraser and Axel Honneth, *Redistribution or Recognition? A Political-Philosophical Exchange*, pp. 30 – 33。

③ Nancy Fraser, "Rethinking Recognition: Overcoming Displacement and Reification in Cultural Politics", edited by Kevin Olson, *Adding insult to injury: Nancy Fraser debates her critics*, London & New York: Verso, 2008, p. 134.

参与者给予同等尊重,并确保获得此种尊重的同等机会,此为同等参与的主体间的条件。① 也就是说分配提供了同等参与的独立性和发言权,承认提供了机会同等尊重。弗雷泽试图表达的是一种对一元正义结构的反驳,在她看来承认与再分配实践中的存在状态是交叉的,并且是多重形态的,比如双重的不利情形(既是同性恋又是工人阶级,既是女性又是黑人)并不罕见。② 此后弗雷泽在论战中增加了一个以代表权为核心机制的政治维度,此举也可以被视为是此种多维正义中的一环。③ 因此从总体上说,弗雷泽包容承认与再分配的一揽子计划实际上是一个由地位模式和同等参与组建而成的框架,一种多维的正义观,在其中,无论是承认还是再分配都不能够彼此取代对方承担的角色。④

### (二)霍耐特:"蔑视的社会动力学"

在霍耐特的承认理论中,存在三种形式的承认,有关此三种形式承认的详尽描述集中于他的《为承认而斗争》一书。而在跟弗雷泽的承认与再分配之争中,霍耐特依然坚持这三种模式的基础地位,但强调的重点已有所针对,主要阐明一个好生活的概念预设是所有社会批判理论的原始起点,一种道德经验上的被蔑视是不被承认的原始病灶,而再分配不公的问题不过是被蔑视的内在病灶的一种外在症候而已。承认与再分配之争被弗雷泽视为一个虚假的对立,而霍耐特则视之为一个并不新鲜的既有话题。

---

① Nancy Fraser and Axel Honneth, *Redistribution or Recognition? A Political-Philosophical Exchange*, p. 36.

② Nancy Fraser, "From Redistribution to Recognition? Dilemmas of Justice in a 'Postsocialist' Age", edited by Kevin Olson, *Adding insult to injury: Nancy Fraser debates her critics*, London & New York: Verso, 2008, p. 40.

③ 这种多维性使弗雷泽在其最近的与其他学者的争论中,另外增加了一个政治的维度,即除了经济维度的分配、文化维度的承认,还应该有一个政治维度的代表权——如果经济维度的分配解决的是一个"是什么"(What)的问题,文化维度的承认解决的是一个"是谁"(Who)的问题,那么政治维度的代表权解决的是一个"如何"(how)的问题。参见 Nancy Fraser, "Reframing Justice in a Globalizing World", edited by Kevin Olson, *Adding insult to injury: Nancy Fraser debates her critics*, London & New York: Verso, 2008, p. 276。

④ 参见 Nancy Fraser and Axel Honneth, *Redistribution or Recognition? A Political-Philosophical Exchange*, p. 83。但这并不妨碍弗雷泽提到的"两种更为深远的思考"中的交叉纠正,所谓交叉纠正(cross redressing)是指,用分配的方式去纠正错误承认,使用承认的方式纠正不公正的分配。

承认理论的出现，始于拯救批判社会理论的冲动，因为在霍耐特看来从霍克海默（Horkheimer），中经阿多诺（Adorno）和福柯（Foucault），直到哈贝马斯，批判社会理论是在重重缺憾中发展的：霍克海默的历史哲学被裁制的只限于社会劳动维度，从而使他难以从概念化的分析的角度去认知日常文化生活的社会维度；阿多诺重估了他此前关注的社会劳动维度，但是在其理论框架中一个有关前科学批判（prescientific critique）的实践领域无法被识别，原因在于他的理论只是在一个人类统治自然的范围内被迫地去审视所有社会行为；福柯富有创见地揭示出一个社会交往和冲突的领域，在其权力理论中，将社会控制的由来溯源至主体间的策略交换过程，但是这些举措并不能为他的批判主张提供一个反思性的基础，因为此种进路已想象着脱离了所有规范化的共识（normative agreement）和道德动机，因而最终沉沦于一种纯然系统—空谈式（systems-theoretic）的解释；哈贝马斯提供出两种不同的社会理论，只有一种在霍耐特看来是充满前途的，即对于消解基础社会的问题解释不能指向一种理性化的逻辑，毋宁是一种社会斗争的动力学，此种动力学建构性的存在于社会交往的道德空间之内。[①]

而这一进路必须建立在从交往行为理论的“语言理论”向“承认理论”的转向之上。交往需要立足于一个由承认主导的社会事实之上，如果得不到承认，比如只拥有被蔑视的经历，例如羞愧、愤怒或是无尊严，那么，就无法建立此种社会事实。由此关于不公正的体验和感情始终与一种具有结构化形式的被蔑视相伴，而此种蔑视代表着某种前理论的事实（pre-theoretical fact）。[②]

由此看出，有关社会斗争的动力学亦即遭到蔑视而反抗的道德动机，是霍耐特批评社会批判理论的基础性立足点，也因此，霍耐特提到：

> 依我之见，并不是身份政治需求的上升——更谈不上多元文化的目标——使得依照承认理论重铸批判社会理论的基础概念变得正

---

① 参见 Axel Honneth, *The Critique of Power: Reflective Stages in a Critical Social Theory*, translated by Kenneth Baynes, Cambridge: MIT Press, 1991, pp. xvi – xvii。

② Axel Honneth, *Disrespect: The Normative Foundation of Critical Theory*, Cambridge: Polit Press, 2007, p. 72.

当，而是一种对社会不满和抵抗的激发性资源的改良洞见。对我来说，换句话说，“承认的理论化转向”代表的是一种对固有理论问题解答的企图，而不是一种对当下社会发展趋势的回应。①

因此，如果说按照弗雷泽的预设，承认与再分配之争是后社会主义时代的一个必然的场景，那么霍耐特自始就认为承认问题根本就不是一个跟再分配问题处于同一层面的问题。承认问题由来已有，并且一直因为得不到完美落实而导向一种道德动机意义的社会动力学，它是体验社会不公正感的主要途径。

霍耐特援引伯恩哈德·彼得斯(Bernhard Peters)提出的有关社会群体承认需求的三种类型，②指出他与弗雷泽的所有争论实际上只是发生在第三种诉求即要求整体尊重的层面。这种分层的论证方式同时出现在霍耐特最为基础的爱、平等和团结的理论框架中。其中，通过社会合作实现的团结并由此产生的个人的自豪感，本身就是一种最为基础的基于承认而导致的再分配，爱、平等和团结分属于家庭、法律和社会三个不同领域，并且独立发展。在社会领域之内，个人与群体的尊重通常是以功绩原则(merit principal)加以衡量的。按照这一原则，每个人或者每一群体必须将他们的实践和生活方式表现为某种对社会在生产的贡献，并在此种意义上提供一种具有独特性的成就。社会群体意义上的尊敬，要求预先的把成就原则扩展到超越它在某种程度上保留的、很难被证明的物质实质上。③

① Nancy Fraser and Axel Honneth, *Redistribution or Recognition? A Political-Philosophical Exchange*, pp. 125 – 126.

② 按照彼得斯的论证，各种社会群体对承认概念的诉求存在三种类型：第一种诉求类型是要求群体的文化再生产可以免遭消极的外部侵扰，此种要求落实为某种斗争行为其场域在于由法律承认的平等原则所界定的规范结构之中，即为保护群体生活的完整性，需要以平等原则为起点，并将各种文化差异容纳其中；第二种诉求类型开始具有积极色彩，此种诉求开始要求承认他们的文化地位，并且把这些要求立基于必要的经济帮扶、资源提供和措施保护；第三种诉求类型致力于为群体文化争取一个被尊重的局面，承认不再是不去消极的干涉或是积极地促进，而是按照价值目标的总体社会期许给予群体的整体文化以尊重。参见 Bernhard Peters, “Understanding Multiculturalism”, *IIS-Arbeitspapier* 14, 1999, Bremen University, quoted from Nancy Fraser and Axel Honneth, *Redistribution or Recognition?*, pp. 163 – 166。

③ Nancy Fraser and Axel Honneth, *Redistribution or Recognition? A Political-Philosophical Exchange*, p. 167.

如此，可以在三个层面作如下表述：第一，一个社会群体的文化受到尊重，并不是因为其受到强势群体的打压因而值得同情并由此受到尊重，而是他们的文化中存在被社会承认的某种良善；第二，为了确保这种良善的存在和发展，基础的、必要的物质分配是属于第二种承认诉求类型的事情，这与文化共同体自我主张的分配要求有着质的不同；第三，在自由的资本主义社会中，基于功绩原则的成就是获得承认的一项外在标识，如果要把成就置换为物质资源的创造或占有的多少，那么分配也是此种承认获取的一个函数。因此，霍耐特指出：

> "分配冲突"与"为承认而斗争"的对立并不是有益的，因为它造成了经济上的再分配要求可以独立于任何社会蔑视经验就可以被理解的印象。与此相反，对我来说看上去更为合情合理的是，把分配冲突理解为一种为承认而斗争的特殊类型，在其中有关个人或群体之社会贡献的恰当评估可以展开竞争。①

同时，在现代性的语境中，资产阶级为了实现自我的整体价值，按照查尔斯·泰勒所指出的现代承认模式是从荣誉到尊严的转向来看，霍耐特认为超越爱和法律平等的群体团结开启了一种争论，一个人的社会地位是否要根据作为类型而从属于整个群体的特性之预定价值来衡量。正是在此之后，主体才可以作为依据特殊生活历史而成为个体化的存在，进入社会重视的竞争领域。② 这种竞争在市场化的背景下最终主流地演变为一种经济竞争，而分配或再分配成为竞争胜负的直接证据。但从资产阶级社会引入以群体的社会地位作为个人的价值体现的前提预设来说，"这些社会重视的关系还间接地与收入分配模式相适应，所以，经济上的对抗对于为承认而斗争的形式也具有构成意义"。③ 但这种构成意义的间接参照标准并不具备与承认分庭抗礼的资质，因为再分配不过是在基础的群体价值被承认后的附加收益，前提是，为了确保群体文化价值体系

---

① Nancy Fraser and Axel Honneth, *Redistribution or Recognition? A Political-Philosophical Exchange*, pp. 170 – 171.

② [德]阿克塞尔·霍耐特：《为承认而斗争》，第 130 页。

③ [德]阿克塞尔·霍耐特：《为承认而斗争》，第 132 页。

存在的那些基础投入,已经被剔除出再分配的范围。由此可见,从群体化存在的本初意义上回顾承认与再分配的关系,从一开始再分配就是彰显承认的一个可见性要素。

承认包含着再分配,是霍耐特承认理论的一个外在方面,其内在的方面在于强调蔑视①的社会动力学根源,如果得不到承认,亦即遭受蔑视,尤其是遭受在价值共同体维度的蔑视,则会具有更为深远的消极影响。霍耐特运用了杜威(Dewey)的实用心理学,来说明羞耻如何制约人的行动。人在情感上的诸多消极因素比如气愤、愤怒、悲哀,构成了其注意力的一种转向,即转向对自己的期望。这种转向可以在两种最基本模式划分中呈现不同的表现:第一种模式,是指本可以成功的行为因为遇到了不期而遇的障碍而不能成功,此种情形可被称为技术错乱;第二种模式,是指规范引导的行为因为认为有效规范受到破坏而被现实的情景所击败,那么此种情形可被称为道德冲突。在道德冲突的情形下又可以做一个二次划分:依据是自我还是互动伙伴违反了规范,存在着两种情况。第一种情况,自我在负罪感中感受到行为受阻;第二种情况,自我在道德激愤的情绪中感到行为受阻。这种反身性的转向,被视为道德知识,而正是在这些道德知识中计划的行为和受挫的行为构成了对道德知识的认知。同时这些道德知识一旦具有了开放性,具有了某种感同身受的非个人性色彩,这种道德知识就是羞耻。羞耻最初的功用在于降低自我的价值,即由于自己的行为受阻而自我羞愧,由此将自我视为是比预设的社会价值更低的价值,无论这种受挫行为是由自我还是由互动伙伴引发。这种羞耻感使自我动弹不得,犹如遭受蔑视一般。如果自我想再次获得能动行为的可

① 霍耐特对蔑视的形式做了分类,如下表所示。[德]阿克塞尔·霍耐特:《为承认而斗争》,第135页。

| | | | |
|---|---|---|---|
| 承认方式 | 情感上支持 | 认识上尊重 | 社会交往中重视 |
| 人格维度 | 需要与情感 | 道德义务 | 特性与能力 |
| 承认形式 | 原始关系 | 法律关系 | 价值共同体 |
| 发展潜能 | 爱,友谊 | 权利 | 团结 |
| 实践自我关系 | — | 普遍化,解形式化 | 个体化,平等化 |
| 蔑视形式 | 虐待,强奸 | 剥夺权利,排斥 | 诽谤,伤害 |
| 被威胁的个人人格构成 | 肉体完整 | 社会完善 | “荣誉”,尊严 |

能性,就必须把受到蔑视的经验视为一种为承认斗争的原初动力,并因此得以脱离由于耻辱而陷入的情感冲突。[①] 因此,对物质上的劣势状态的体验并不能独立于个体和群体遭受蔑视的整体处境。

再次返回弗雷泽的同等参与,在其中,物质资源的公正分配保证了参与者的独立性和发言权而成为同等参与的客观条件,建制化的文化价值模式给予所有参与者以同等尊重而成为主观条件。但是这在霍耐特看来,仅仅依靠这两个条件是不完整的,至少还应该存在一个规范的制度化的维度,霍耐特称为法律平等的维度。在霍耐特看来,在弗雷泽只提及经济上的再分配和文化上的承认之间的不可互换的刚性区别之际,承认的合法性形式诉求被完全忽略了。于是弗雷泽的主张在霍耐特看来就造成某种赝像:社会群体基本上是在为物质资源或文化承认而斗争,为法律平等所应进行的斗争令人惊讶地找不到任何表达。[②]

这种忽视与弗雷泽将其论域限定于文化有关。因为霍耐特在《为承认而斗争》一书中,使用的副标题是"社会冲突的道德语法",[③]在他看来承认问题的本质层面应该落实在道德之上,这与弗雷泽的主张承认所应定位的文化领域存在本质的不同。而在弗雷泽对承认的论述中,对于文化的理解却是不周全的。比如,她在强调经济上的再分配与文化上的承认分属于两个无法互相替代的维度时,实际上是对查尔斯·泰勒的几个偏差的纠正:(1)我们不再有理由去关注经济上的不公正;(2)文化上的不公正要比经济上的不公正重要;(3)文化不公正通过自身为攻击产生经济不公正的权力结构提供了意义非凡的杠杆。[④] 这些优点并没有使她摆脱自己的问题,即对于文化的理解并没有立足于泰勒的正确界分之上。泰勒认为文化上的承认实际包含两个内容:一个是要求一视同仁的平等,另一个是要求维护并确认文化群体的独特性。[⑤] 这种对文化认同的界分却被弗雷泽遗漏了,她所论及的"文化上的承认"所依据的那个"文化"只

---

① 参见[德]阿克塞尔·霍耐特:《为承认而斗争》,第 145 ~ 146 页。

② 参见 Nancy Fraser and Axel Honneth, *Redistribution or Recognition? A Political-Philosophical Exchange*, pp. 135 – 136。

③ 这个副标题在汉译本中并没有出现。

④ Lawrence Blum "Recognition, Value, and Equality: A Critique of Charles Taylor's and Nancy Fraser's Accounts of Multiculturalism", *Constellations Volume* 5, *Number* 1, 1998, p. 62.

⑤ 参见 Charles Taylor, *Multiculturalism: Examining the Politics of Recognition*, pp. 28 – 37。

是关注了群体文化应该平等的一面,而没有去关注不同文化群体所要求的保持其得到认同的独特性的一面。同时呼应以上提及的对法律平等的某种忽视,其实是弗雷泽把经济与文化做一个二阶划分之后,遗漏的是公民/法律/政治维度的某种关照,①而这一维度并没被霍耐特的道德语法所疏忽。霍耐特的“蔑视的社会动力学”需要具备某些表现的手段,这些手段会基于受到蔑视的情感认知而成为一种政治信念,成为一种社会运动。这一社会运动需要某种可见性,它只有经过公共领域的筛选才能被视为是一种合理的诉求。换言之,承认的诉求只有越过公共媒介的门槛,它所主张的问题才成其为问题,才能被视为是一个有关道德的问题。一旦成为道德问题就具有了一个道德经验的动力学基础,②并因此引发并推动为争取承认而展开的斗争。为承认而斗争在霍耐特看来同样是为摆脱伤害与不公正而斗争,而不公正可被视为一种情形,人们身处其中之际,不须忍受,不能忍受并且不应忍受。③

综合霍耐特在承认与再分配之争中的主张,事实上并不存在所谓再分配与承认之争,再分配不过是承认与否的一个函数项。同时,承认的论域也不在于文化,而在于道德,它的三种表现形式(爱、法律和团结)的道德动力学在于受到蔑视的人的情感本能。这些主张均立足于一个前提之上:预设一个好生活的概念,并去尽力追求。而所谓“蔑视的社会动力学”,同时也是有关蔑视的社会病理学,④在霍耐特语境中是一种基于对批判理论继承意义上的对社会不公的病理分析,并试图找到解救的处方。这一处方的基础在于,对伤害或不公的切身感受是由一个预设的幸福目标以反身性的方式作用于个人及其群体之上。

---

① Lawrence Blum,“Recognition,Value,and Equality:A Critique of Charles Taylor's and Nancy Fraser's Accounts of Multiculturalism”,p. 64. 尽管此后弗雷泽做出了修正,提出了一个以代表权为承认表现的政治维度,但她对于法律平等的理解依然是不够充分的。

② [德]阿克塞尔·霍耐特:《为承认而斗争》,第 147 页。

③ Barrington Moore,*Injustice:The Social Bases of Obedience and Revolt*,New York:M. E. Sharpe INC.,1978,p. 459.

④ 社会病理学(pathology)是霍耐特针对从卢梭一直到哈贝马斯所提及的社会不公的概括,其核心在于自我现实化(self-realization)面临的各种挑战,例如分歧化(demystification)、物化(reification)、异化(alienation)、去人格化(depersonalization)和商业化(nihilism)。参见 Axel Honneth,*Disrespect:The Normative Foundation of Critical Theory*,2007,Cambridge:Polity Press,p. 35。

### (三)承认与再分配之争的实质

弗雷泽二元论与霍耐特一元论的差别似乎显而易见，前者主张需要动用承认和再分配的双重措施去纠正经济和文化不公，承认和再分配应该分别镇守在文化和经济两个不可通约的独立领域，可以彼此互相介入、帮助，但不能取代彼此的位置。承认与再分配的话语叙述空间是由一种“民间正义范式”所搭建的，在其中同等参与提供了两条准则(物质资源的分配必须保证参与者的独立性和发言权，以及建制化的文化价值模式需要对所有参与者给予同等尊重)以规范承认和再分配的各自职责。后者的一元论是对黑格尔的伦理性整体存在方式的一次再回首，主张没有一个好生活的概念，人们的正义观念和对不公正、伤害的体验就根本无从谈起。按照从家庭发源的爱所塑造的信任，人在法律中以获取平等而自尊，人在社会合作中以获取团结而自豪。人的身份在其对社会的贡献即其成就中被物质上占有的数量和质量外在化，再分配不过是对于一个获得承认的个体或群体提供佐证的函数。推动遭受不公者为其身份而斗争的原动力不是分配不公，而是受到伤害的道德情感。道德动力学的推动意义说明，承认并不是一个文化问题。那么，他们争论的实质为何呢？

他们争论的实质不是承认和再分配本身，因为对于承认和再分配的概念性认知双方存在较为广阔的交集，甚至对于再分配的能指与所指，双方也没有过多的兴趣。如果仅从承认与再分配的关系来说，弗雷泽认为承认与再分配是同等重要的两个不同救济模式，霍耐特则认为承认具有原初性的优势地位。于是，争论的实质更多地在于承认，在于承认意味着什么，以及承认能用来做些什么。弗雷泽认为承认意味着一种文化上的认同，承认能用来使一个价值被错误评估的弱势群体获得同等参与的机会；霍耐特认为承认意味着某种道德语法的正确，承认的作用在于为人在其社会化存在的成长中提供一个有关美好和幸福的指示标，并通过承认使人因为具备了最为底线的资质(比如自信、自尊和自豪)而完整起来。这些对承认本质的不同理解成为两者争论的实质。

## 二、转向

### （一）为承认规范而斗争

承认与再分配之争并非茶杯里的风波，因为在批判主义阵营之内它被视为是后社会主义转型的外在征兆，或者说是左右马克思主义左派批判者们经世致用的主线。但是，无论是弗雷泽的再分配与承认的二元论，还是霍耐特的承认一元论，其争论的本质都在于承认的作用和地位，换言之，再分配的作用和地位其实是在与承认的关系中被论述的。以至于康普雷迪斯(Kompridis)提出如此的问题：究竟是正义问题还是自我实现的问题，并由此断定承认与再分配争论的决定性问题在于承认意味着什么，能做什么，以及为什么和对谁进行承认的问题。① 但最终康普雷迪斯给出他自己论证的结论，其实与承认与再分配之争已经关联不大，他最终关注的是由詹姆斯·塔利(James Tully)所洞见的承认问题在多元文化和宪政体制下的实质：争取承认的斗争是有关承认规范(Norms of Recognition)的斗争，而不是争取承认某人所追求的正当身份，这是在正确的方向上迈出的重要一步。通过改变对承认规范本身的关注，塔利把有关主体间性的承认规范的斗争与我们希望如何被统治的斗争联系起来。因此，承认问题成了自由问题，而不再仅仅是正义或身份问题，错误承认变成了不合理的削减自我统治的自由问题。②

塔利对于承认的理解是一种立足于“陌生的多样性”之上的理解。③

---

① Nikolas Kompridis, “Struggling over the Meaning of Recognition”, *Adding insult to injury: Nancy Fraser Debates Her Critics*, edited by Kevin Olson, London & New York: Verso, 2008, p. 295.

② Nikolas Kompridis, “Struggling over the Meaning of Recognition”, p. 305.

③ Tully 的所有论述，缘起于雕塑家比尔·瑞德(Bill Reid)的雕塑《海达族家园精神》(*The spirit of Haida Gwaii*)。这一伟大作品描述的是多元文化的场景性遭遇：一艘木船载有13名出身海达族的乘员，可称为 Sghaana(精灵或神话人物)。其中，Xuuwaji(母熊，实则半人半熊)与父熊在船头对坐，两只小熊坐在中间。Ttsaang(海狸)位于船中间，划桨；Qqaaxhadaat，神秘的秉持多种文化的鲛女紧随其后划桨；Qaganjaat，美丽害羞的鼠女，蜷曲在船尾；Ghhuuts，冲动而顽皮的狼正咬住 ghuut(鹰)的翅膀，而鹰正朝向熊的手掌攻击。Hikkyaanqqusttaan(青蛙)象征着跨越世界界线(Xhaaidid)，半身在船内半身在船舷。Xuuya(渡鸦)独自掌控着船的方向舵。在这些奇怪的乘员中间是手握发言人权杖的 Kilstlaai，他是首领，也可称其为典型，身份并不确定。因而这个首领被称为“他是谁”或者“他将会是谁”。参见 James Tully, *Strange Multiplicity: Constitutionalism in an Age of Diversity*, Cambridge: Cambridge University Press, 1995, pp. 17－18。

一方面，承认是以对方的本身的词汇与传统去认识对方，承认对方为他自身所希望的存在形式，承认对方是与我们对话的真实存在。[①] 另一方面，塔利从《海达族家园的精神》解读出的是一种以相互承认为主题的宪政对话，坐在船上的个体争论不休，未获得承认而纷争不止，各自要求以各自文化独有的方式安置其他人等，于是最终得以安全行船的结果只能是，重合、互动与协商。[②] 所谓重合，是指将各自文化中的特有方式进行比较并发掘出共同点；所谓互动是指彼此聆听并讲述各自的故事与历史，在航行的过程中精诚合作；所谓协商，意味着某种妥协，在充分交流的前提下容忍彼此的欠缺，同时容忍合理的分歧。此种类型的承认因为坚持了以商谈民主为基础的共同参与，因而从一开始就与自由紧密的连接在一起。在此，塔利从陌生的多样性中提供的反思不应限定于一艘满载成员的木船，将之放大，任何社会性的存在形式都无法躲避此种陌生的多样性，以及更为重要的是如何在重重危机与风险中找到消解的办法。

### （二）塔利的洞见

塔利的努力可以被视为一种去终极性的、将承认过程化的理论，在其中为承认而斗争转向为承认规范而斗争。针对此种转向，塔利有以下洞见：

首先，一个成熟的社会性存在首要的原则（尽管不应该是排他性的）应该是有关承认的争论，亦即有关自由的实践，而不是有关正义的理论。此种外观主义的政治哲学及其相应的民主政治实践，将不再致力于发现并使正义及承认与再分配的确定模式立宪化，而是转向确保不可消除的无偏差的民主博弈能够超越承认与再分配之争，运用与承认和再分配相对应的理论即最少统治使之自由竞争。其次，并不存在单纯的、单向的从再分配到承认，或者相反的从承认到再分配的转向，因为这两者一直是彼此关联地存在。但是公民在政治斗争的参与中可能会在某个特定时期更关注其中的一个方面，政治学家们与理论家们也概莫能免。但事实是，承认与再分配都不可或缺。再次，错误承认降格并减少了主体的自尊与自豪，这些自尊与自豪与其自身的自由和自我价值的感觉息息相关，是个体

① James Tully, *Strange Multiplicity*: *Constitutionalism in an Age of Diversity*, p. 23.
② James Tully, *Strange Multiplicity*: *Constitutionalism in an Age of Diversity*, p. 24.

平等参与公共与私人生活的基本条件。复次,我们应该采用同样批判的态度,去针对民主的承认斗争,不应再以追求正义并且确定的承认理论,在其上所有公民一心一意。而是追求自由在其中被不断追问、不停挑战的民主目标。最后,对于社会性存在乃至国家的所有正义预设都不应该臆断的追求一劳永逸或始终完美,毋宁事实是两个难以堪称完美的东西在实际的左右着我们的承认、不承认或错误承认,它们是合理的分歧和谁也不是王牌(no trump)。[①]

### (三)承认的过程化

塔利的上述观点立足于他对于实现"相互承认"的悲观分析,即相互承认从未真正实现。[②] 因此,为承认而斗争如同为再分配而斗争,并不服从于确定的解决方式,而是应该关注进一步超越了民主的(包括分歧、争论、协商、修正、实施、检讨)更进一步的分歧。承认在理论上与实践中不应再被视为终极的目的或最终状态,而应被视为一种局部的、临时的、掣肘的、人之常情的民主实践的连续过程的一部分,在其中公民们以为改变相互承认的规则而斗争,从而改变自身的处境。甚至即便出现包含着不公正、不一致因素的承认规则,一个社会如果立基于自由与民主之上,仍将具有合法性,如果公民总能自由地进入到有关承认规则争论和协商过程中去的话。承认与自由的关系是民主社会最核心的东西,即为承认或不承认而斗争的实践包含了一些最鲜明的民主特征,它是一种民主化的参与模式:政治自由的实践依照一个社会中成员间彼此的承认和共同行为而对统治具有发言权,这是一种总处于民主中心位置的自由。[③] 此时,塔利实际上是在强调两点:第一,存在自由进入的路径,这是一个程序问

① James Tully, "Struggles over Recognition and Distribution", *Constellations*, 2000, Volume 7, No 4., pp. 469 – 473.

② 其原因有以下五点:第一,在承认与再分配之间始终存在不平衡;第二,承认的过程只是一个妥协的过程,其中并没有真正的合意;第三,协商是实时性发生的,不是所有利害相关者都能听到,也不是所有听到的人都有反应;第四,合理的分歧将在实际措施的实行中爆发,并可能年复一年日复一日地修改容忍分歧的标准,这将导致过犹不及;第五,一种身份诉求提及承认就同时建构了相互作用的两个过程,一个是由一个群体的成员所建立和信奉,经由他们的民主商谈久而久之的再生。另一个是这些讨论同时由与其他社会成员的讨论过程所型构,他们并不具有该团体的身份,但是他们相互的认同成为问题。参见 James Tully, "Struggles over Recognition and Distribution", pp. 475 – 477。

③ 参见 James Tully, "Struggles over Recognition and Distribution", pp. 477 – 478。

题；第二，存在自由表达和自由倾听的机制，这是一个实体问题。也由此可以断定，塔利对承认的理解尽管采取了“为承认规范而斗争”的新范式，但依然是在商谈民主的旧框架内说话。

既然承认不再是具有终局性的终极状态，而降格为一个过程，同时为承认规范而斗争比为承认而斗争距离民主社会的实质，即自由，更近。那么，那些承认规范，在塔利的语境中有何特质呢？塔利给出了两条原则涵盖下的六条特质。① 这六条特质在于呼应两个问题：

第一，如何促进制度的发展，这一制度总是对参与者开放，并且以一种排斥和同化的最小化，参与者们在治理实践中总是能够自由的提出质疑和重新协商他们所遵从的有关相互承认的次完美规范，以及能够以剔除强制、暴力和战争的方式公平合理的商谈。

第二，对这些开放的话语实践的参与，必须同时有助于产生并维持一种意义，即在那些竞争性的参与者甚至包括那些寻求并未到的承认的成员之间，产生并维持相互理解、信任和多元化的意义。②

这两个问题的提出，更加增强了塔利对于承认问题所采用的“商谈民主”式处理方式的信心，新鲜之处在于，他要把为承认而斗争置换为为承认规范而斗争，这种置换的原因在于为承认而斗争所谋求的目标就是具有主体间性的规范，它们包括法律、规则、惯例和习俗，在这些规范之下任何治理体系中的成员们彼此承认为同一所属的一员，并协调彼此的互动。于是为承认而斗争，实际上就是为既有的有关相互承认的主体间性的规范——经由这些规范成员们的协作行为得以被承认和管理——而斗争。遵守这些规范，是某人或某些人归属于某一社会性存在形式的前提，换言

---

① 两条原则是指立宪主义和民主制，六条特质包含：第一，两条原则的批判性与抽象性；第二，两条原则的等价同位性；第三，合理分歧不可消除；第四，构建规范的程序是“商谈化”且不断“调和”的；第五，立宪主义与民主制受到全球化的影响并会变更；第六，在“公民化”实践中，立宪主义与民主制之间存在一种实用性关系。立宪民主制的成员成为公民不仅是由于一系列（经受住考验的）宪法确保的权利和义务使他们能够参与到他们联合之体制中去，并且他们也获得了作为公民的认同——以一种自我意识和自我型构的模式参与到民主立宪体制中去——这受惠于实施他们的权利；同时更为重要的是，参与到商谈既有体制的一系列实践中去。参见 James Tully, “The Unfreedom of the Modernsin Comparison to TheirIdealsof Constitutional Democracy”, *The Modern Law Review*, 2002 (MLR 65:2, March), pp. 206 - 210。

② 参见 James Tully, “Law-making and the Problem of Difference”, edited by Omid Payrow Shabani, *Multiculturalism and Law: A Critical Debate*, Cardiff: University of Wales Press, 2007, p. 21。

之,是确定某人或某些人身份的前提。在遵守这些规范基础上的合作行为使成员们具有了某种主体性或主体位置,于是成员的主体性或主体化模式存在三条主要的轴线:(1)他们特有的散漫的自我意识的模式;(2)他们特有的非散漫的有关在合作体制中行为的模式;(3)通过附着于基于他们被承认的认同而拥有的权利、义务和补贴,他们获得或被褫夺资源与权力的模式。当一个承认规范发生变化,所有三条轴线都将随之变化:塔利举例说,比如一个土著部族获得承认成为国家,一个"省份"变成了"国家",一个社区变成了合法的文化上的"少数者",诸如此类。①

很显然,这些规范成为维系相互承认的核心因素,也因此,如何确立这些规范(塔利简单地将其归结为立法问题)或许就成为最重要的事情,塔利认为唯一的选择是商谈。要改变独白式的立法模式就必须导向商谈,商谈得以胜出的原因在于四点:第一,与所有人有关就必须被所有人赞同(*quod omnes tangit*),这与哈贝马斯的以言表意行为要求的实践商谈的参与性为规范的有效性提供支撑是一个意思;第二,任何真正的承认必须出自第一人称的视角,即只有在场的商谈才能保证在第一人称的自我认同;第三,认同、承认以及彼此的合作需要立基于不断的理性交流和雄辩言辞之上,这些交流与雄辩只能基于商谈;第四,出于实用性的考虑,在审议和构建何为承认规范时,唯一能够公平可靠地制定出相互承认规范的方式,是确保所有相关者具有开放且有效地发言权,因此只有商谈可以提供诉说与倾听的可能。②

商谈式民主提供的背景始终存在争议与分歧,这使塔利提出了较之传统的承认理论更具适应性的新主张:为承认规范而斗争允许并褒奖"合理的不同意"。所谓合理的不同意是指"通过商谈一项对规范的同意能够是合理的(不错但不是接受它的决定性理由),尽管对话者们有着不错但并非决定性的理由拒绝它",③即便是在理想化的商谈实践中也会产生合理的不同意的原因有三:其一,始终存在权力、知识、影响和争论技巧的不对等性,这将在一开始阻止大多数受压迫者开始商谈并在随后构造商谈;

① 参见 James Tully,"Law-making and the Problem of Difference",p. 23。

② 参见 James Tully,"Law-making and the Problem of Difference",pp. 27 – 30。

③ James Tully,"Law-making and the Problem of Difference",p. 31.

其二,卷入多元对话者的身份,在商讨期间以复杂而不可预见的方式被修改;其三,商谈中总是确定地存在回旋的余地,或是依照某种相互承认的规范解释并行动的可能举止。① 因此,合理的不同意要求是一种立足于理性分析之上的反思与展望:反思在于根据既往的个体所秉持的道德操守与价值观念,在一个非常时刻能否经受住考验,究竟是一个意志薄弱者还是坚强者;展望在于如果坚持既有的价值观念与道德操守,未来的情况可能不会太糟糕。也可以说,合理的不同意是对意志薄弱的某种抵抗。生活中的意志薄弱比比皆是,明知吸烟危害健康的吸烟者、明知酗酒威胁到驾驶安全的醉驾者,一个有责任感的个体应该深知其对于淫欲、怠惰、冲动、愤怒、恐惧、激情和酗酒等的易受诱惑性,这与在政治领域内的种种对诱惑的抵制是在说同一个问题,就是一个消解意志薄弱的问题。因此,在宪法上预留一个不同意的空间,即是对意志薄弱的消解,这如同听到女妖诱惑歌声的尤利西斯(Ulysses)需要被同伴们捆绑一样,束缚尤利西斯并暂时的不听从其命令,是合理不同意的最初表达。②

总结塔利有关为承认规范而斗争的论证,他认为承认与再分配之争的实质在于承认意味着什么以及能做些什么,这些意味与功用最现实的关联因素是自由,因此不承认、错误承认就不合理的缩减或损伤了自由的形式。对承认的追求不是立足于一个对正义的追求的语境之上,也不存在终极的终局性的承认状态,毋宁,承认是一个反复试错、反复修正的过程,在其中商谈成为实践这一过程的程序,合理的不同意承认商谈现实并合理存在的结果,为承认规范而斗争就是为法律、规则、惯例和习俗对人的身份的影响的正当性和确定性而斗争,其论述的总体背景是商谈式的民主所操控的自由立宪制。塔利的为承认规范而斗争至少在以下三点具有意义:

第一,法权关系本来就是理性的自由者之间对彼此运用自由的限度的揣摩、互动,塔利将承认与再分配之争引入自由的维度,使得承认与自由的关系在法权的叙事中展开,复兴了法权关系的古典内涵。

第二,塔利强调以承认规范的过程性、非终极性替代传统承认的理论

---

① James Tully,"Law-making and the Problem of Difference",p. 32.

② 参见 Jeremy Waldron,*Law and Disagreement*,Oxford:Clarendon Press,1999,pp. 266 - 268。

的终局性正义预设,使得法权关系具有了更为现实的、广阔的适应空间,并因强调承认的规范性就是以最常态的法律规范为承认的表现形式,从而使承认理论具有了更强的可操作的现实意义。

第三,为承认规范而斗争容忍合理的分歧,使商谈得以弥补法权关系中因为知识、权力和技巧而产生的不对称性,从而为合理的同意与合意提供了经验。

以上论述由此可归结为一点:从为"承认而斗争"具有了向"为规范性承认而斗争"转型的可能性,承认需要按照主体间性所诉求的合理被统治的规范性要求,去找寻其发挥作用的最佳模式。这也为对塔利的"为承认规范而斗争"做出反思提供了契机。

## 三、批评

塔利的"为承认规范而斗争"在某种程度上开启了一个有关承认理论的新范式,但是如前文业已论述,既然论及"规范",那么塔利的论证实际上已经脱离了弗雷泽的民间正义范式与霍耐特的道德语法范式,其论证清晰地坐落于商谈式民主的预设框架之上。立基于商谈式民主,可能使塔利的主张与论证在程序方法与实体内容两个层面存在问题:从"为承认而斗争"到"为承认规范而斗争"的转向,是为了把承认问题与自由联系起来,并从规范的角度呼应弗雷泽提出的承认的客观性问题。但是,如果说霍耐特的承认有一个基本的有关"好生活"理论诉求,并且以爱所产生的自信、平等所产生的自尊、团结产生的自豪为基本的运行机制的话,那么"为承认规范而斗争"的程序、商谈、合理的不同意,能够找到塔利自己期许的"立宪民主制之下的最少统治、最大自由"吗? 以下分别从程序、商谈和合理的不同意三个方面进行分析。首先从塔利推崇的商谈式民主的程序性开始。

### (一)程序

程序性是商谈式民主的基本内核之一,而商谈式民主的目的是要在"仅仅是同意"与"理性的自觉"之间明确差距。程序的价值在于:不偏不倚的、公平的、公开的、无强制的全体一致的达成共识,程序的自我期许在于:程序越是不偏不倚、公开程度越高,则程序就越少受到强制并易于受到通过更好的论证的引导，其结果是真实的普遍性的利益就越容易被所有相关人等接受。① 而在哈贝马斯看来，程序性成为民主得以实践的“社会学转化”：“民主程序通过运用交往形式而在商谈和谈判过程中被建制化，这些交往形式许诺所有遵照此程序得到的结果是合理的。”②同时，哈贝马斯更愿意把程序，把程序上正确的决定从这些程序中取得其合法性，理解为一种分离的、体制上有组织的政治体系的核心结构，而不是所有社会建制的模型。③ 塔利坚持了哈贝马斯式的程序的分离性，把它单独地视为规制那些诉求可被视为合理的承认诉求，并因此也要求通过依照或改变规范而实现其承认目的。但是有三个问题必须在启动“程序”之前讲清楚：

首先，何种情况下可以或必须启动商谈式民主的程序，以决定哪些规范需要予以坚持或予以改变。程序本身需要一个启动准则：也就是说，哪些诉求才有资格进入启动程序的行列之中。无论是法律上的、道德上的、伦理上的以及惯习上的，总需要一种鉴别机制（甚至承认规范，它们也是通过商谈式民主的协商才被确立为规范）在本源的层面设立标准，按照一种寻根溯源的逻辑，第一次启动商谈程序的机制无法从商谈程序本身获得合法性，这是跟实证主义法学（除了哈特的承认规则之外）尤其是凯尔森意义上的基础规范的合法性阙如，面对的是同样的挑战。

其次，仅存在程序性的商谈机制，而没有一个预设的目标，则商谈根本无法展开，这来自维特根斯坦（Wittgenstein）的洞见。对于维特根斯坦的语言游戏理论而言，在我们的观点一致之前，首先必须要有对语言使用的一致，以及潜在意味着的对于生活样式的一致。依照维特根斯坦的观点，程序仅仅作为一种复杂的总体实践而存在。这些实践构成了个体性的特殊模式和认同，这使程序的出场成为可能。因为这些实践铭刻在共享的生活样式和判断一致之中，这使程序能够被接受并使用。它们不可被视为立基于原则基础上的并适用于具体情况之上的规则。规则对于维

① 参见 Chantal Mouffe, “Deliberative Democracy or Agonistic Pluralism?”, *Social Research*, Vol. 66, No. 3 (Fall 1999), pp. 747 - 748。

② 参见 Jürgen Habermas, *Between Facts and Norms: Contributions to a Discourse Theory of Law and Democracy*, translated by William Rehg, Cambridge: The MIT Press, 1996, pp. 303 - 304。

③ Jürgen Habermas, *Between Facts and Norms: Contributions to a Discourse Theory of Law and Democracy*, p. 305.

特根斯坦来说总是实践的限制(abridgments of practices),它们与具体的生活样式不可分离。于是,对于哈贝马斯式的论证来说,核心的东西包括“程序的”与“实质的”之间的区分,或是“道德的”与“伦理的”之间的区分,并不能成立,并且必须承认,程序总是包含着实质的伦理的承诺。[①] 这对于塔利的程序同样具有严厉的批判意义,我们必须要在启动之前就已经就讨论哪些问题或解决哪些争议达成一个共识,这个共识达成的基础不是商谈程序中的随机应变,也不是依据具体规范的按部就班,它是两个层次的基础。最基础的层面是对生活本身的认同和对商谈对手的认同,次基础的层面是对运用的语言和运用的语言所表达的意义的认同。没有对这些因素的预设的承认,商谈程序将不知所终。

**(二)商谈**

塔利“为承认规范而斗争”的第二个关键词是商谈,此种商谈以开放、公平、非强力的形式为双方的或多元的参与者提供争议协商的方式。在其中,商谈者各抒己见,彼此就相关问题寻求最大限度的交集与共识。以商谈获取对承认规范的共识性理解,并运用此种承认规范完成商谈各方对自由的理解的现实分配和互动,商谈几乎是以一种理想性的运转方式存在。但事实上,理想的话语场景可能自始就不可能现实的存在:1. 理性争辩可以免遭主体间性意义上的武断的束缚,可能自始就不存在;2. 同时理想性商谈试图摆脱的那些障碍恰恰就是维持商谈得以存在的先决条件。如墨菲指出,齐泽克(Slavoj Žižek)援引拉康(Lacan)对理想的商谈状态的批判性分析说明:

> 在拉康看来,主人能指(Master signifier)的状态,能指象征的权威性只基于其自身(基于其自身的阐明)是严格超验性的:行为姿态扭曲(distorts)一个象征场域,在与其建立有关的严格意义上(*stricto sensu*),它通过引入一个无基础的暴力使其空间“弯曲”。这意味着如果试图从其扭曲中抽离出一个散漫无层次的场域,那么这场域将会瓦解,“*de-quilt*”。拉康摧毁的正是哈贝马斯式的观点,即依照商谈,固有的话语之实用主义的假设是非独裁式的。[②]

---

① 参见 Chantal Mouffe,“Deliberative Democracy or Agonistic Pluralism?”,p. 750。

② Chantal Mouffe,“Deliberative Democracy or Agonistic Pluralism?”,p. 751.

在哈贝马斯那里，商谈作为一种以言施为（speech-acts）的行为，但这在齐泽克看来至少存在三种所指：一是以言指事（locution），二是以言行事（illocution），三是以言成事（perlocution）。[①] 在最核心的以言成事阶段，齐泽克对于商谈可以免于独裁的观点保持着某种警觉，或者在他看来，商谈理论的核心主张可能存在某些不容忽视的简单化，商谈的悲剧性可以追溯到安提戈涅的悲剧，商谈的悲剧性从安提戈涅与克瑞翁的商谈就开始了。安提戈涅在其兄长波吕涅克斯（背叛城邦，勾结外邦进攻底比斯）战死之后，不顾僭主克瑞翁（克瑞翁依据城邦已有的法律宣布叛变者不得被安葬）的禁令，执意要安葬波吕涅克斯。齐泽克认为安提戈涅与克瑞翁的商谈所采用的方式就是一种独裁式的商谈，即安提戈涅在索福克勒斯的悲剧文本中，其实并没有采取如后世诸多解读（包括黑格尔，同时齐泽克认为黑格尔是错误的）所深度探讨的永恒正义的自然法与城邦现实法律之间的种种不睦，而是一种基于同义反复（tautologies）：我的兄弟就是我的兄弟。[②] 我们可以从索福克勒斯的《安提戈涅》文本的具体描述中发现齐泽克的判断持之有故，从克瑞翁与安提戈涅的对话商谈中，安提戈涅对于她跟波吕涅克斯的关系的特殊性给予了相当关注。[③] 尤其是安

---

① Slavoj Žižek, *Enjoy Your Symptom!: Jacques Lacan in Hollywood and out*, New York: Routledge, 1992, p. 96.

② Slavoj Žižek, *Enjoy Your Symptom!: Jacques Lacan in Hollywood and out*, p. 91.

③ 我们或许可以从以下几处安提戈涅的对白中找到些证据：1. 听说这就是高贵的克瑞翁针对你和我——特别是针对我——宣布的命令，他就要到这里来。向那些还不知道的人明白宣布；事情非同小可，谁要是违反禁令，谁就会在大街上被群众用石头砸死。你现在知道了这消息，立刻就得表示你不愧为一个出身高贵的人，要不然，就表示你是个贱人吧。第 297 ~ 298 页。2. 你打算做什么人就做什么人吧；我要埋葬哥哥。即使为此而死，也是件光荣的事；我遵守神圣的天条而犯罪，倒可以同他在一起，亲爱的人陪伴着亲爱的人，我将永久得到地下鬼魂的欢心，胜似讨凡人欢喜，因为我将永久躺在那里。至于你，只要你愿意，你就藐视天神所重视的天条吧。第 298 页。3. 我敢，因为向我宣布这法令的不是宙斯，那和下界神同住的正义之神也没有为凡人制定这样的法令，我不认为一个凡人下一道命令就能废除天神制定的永恒不变的不成文律条，它的存在不限于今日和昨日，而是永久的，也没有人知道它是什么时候出现的。第 307 ~ 308 页。4. 我除了因为埋葬自己的哥哥而得到荣誉之外，还能从哪里得到更大的荣誉呢？这些人全都会说他们赞成我的行为，若不是恐惧堵住了他们的嘴。但是不行，因为君王除了享受许多特权之外，还能为所欲为，言所欲言。第 309 页。5. 可是在聪明人看来我这样尊敬你是很对的。如果是我自己的孩子死了，或者我的丈夫死了，尸首腐烂了，我也不至于和城邦对抗，做这件事。我根据什么原则这样说呢？丈夫死了，我可以再找一个；孩子丢了，我可以靠别的男人再生一个；但如今，我的父母已埋葬在地下，再也不能有一个弟弟生出来。我就是根据这个原则向你致敬礼。第 319 页。以上参见罗念生：《罗念生全集》（第 2 卷），上海人民出版社 2004 年版，其中《安提戈涅》的译文。

提戈涅提及“如果是我自己的孩子死了,或者我的丈夫死了,尸首腐烂了,我也不至于和城邦对抗,作这件事。我根据什么原则这样说呢? 丈夫死了,我可以再找一个;孩子丢了,我可以靠别的男人再生一个;但如今,我的父母已埋葬在地下,再也不能有一个弟弟生出来。我就是根据这个原则向你致敬礼”时,已经与此前她所秉持的“天神制定的永恒不变的不成文律条,它的存在不限于今日和昨日,而是永久的,也没有人知道它是什么时候出现”发生了偏离。这验证了齐泽克的判断,安提戈涅据以对抗克瑞翁的国法的东西,从对永恒正义的神法的浅尝辄止导向了独裁式的同义反复,不再坚持神法对城邦的优越性,而是立足于她与波吕涅克斯的兄妹之情,而这兄妹之情在安提戈涅看来的无上合法性来自她自己[包括她曾经与她的妹妹伊斯墨涅(Ismene)提及的“听说这就是高贵的克瑞翁针对你和我——特别是针对我——宣布的命令”]地反复确认,并信以为真地落实到行动上。可以揭示此种同义反复的独裁式商谈话语的逻辑的概念,在齐泽克看来最佳的候选者是索尔·克里普克(Saul Kripke)的“固定指示词”(rigid designator),一种在所有可能世界中指示同一客体的能指,尽管其真实的内容已经发生改变。固定指示词使指示客体的真实内核固化,在其中它总是返回其本来位置。在波吕涅克斯的例子中,固定指示词指的是波吕涅克斯绝对的个人特征,它总是保持不变并超越塑造其本人(他或良善或邪恶的行为)的变化的内容。安提戈涅所坚持的“法律”,即波吕涅克斯应予埋葬的权利,这与波吕涅克斯的个人特质即从安提戈涅来说他是兄长紧密关联着,就是在这一类叙事中的固定指示词,它优先于所有可以审评我们行为的实证法。① 齐泽克对安提戈涅的分析,指出了商谈的基础背景在固定指示词的干扰下,可能永远无法实现哈贝马斯式的理想状态,实现的可能是在各说各话中以虚与委蛇的表面理性共识取代实质上的相互认同。

商谈的本质在于说服,或者说是穷尽理由之后则必定导向说服。② 同时商谈是语言游戏的一个具体项目,在没有设置游戏规则之前或是私自

---

① 参见 Slavoj Žižek, *Enjoy Your Symptom!: Jacques Lacan in Hollywood and out*, pp. 91–92。

② Ludwig Wittgenstein, *On Certainty*, translated byDenis Paul andG. E. M. Anscombe, Oxford: Basil Blackwell, 1958, p. 81e.

设立了游戏规则，都没有任何意义，甚至经由商谈而违反人的存在意义。① 实践表明如果无视承认所预设的底线，那么很多事情只要一启动商谈，就已经是违背了商谈的初衷。例如，纳粹德国占领欧洲期间，某些国家和地区的犹太委员会与纳粹商谈，试图在清洗犹太人的问题上作出某种让步，以保守秘密为条件换取一部分人的生命。犹太委员会在组织那些即将被处死的犹太人登上前往奥斯维辛集中营火车的过程中，为纳粹的种族清洗保密。与艾希曼（Eichmann）过往甚密的匈牙利犹太委员会负责人卡兹纳（Kastner），以换取1624名有特殊意义的犹太人为条件，把超过40万的匈牙利犹太人送往死亡集中营。阿伦特指出犹太委员会告诫犹太人不要逃跑，因为一旦被抓有超过50%的概率被处死，但事实上没有逃跑的人被处死的概率是99%；如果告诉被送往集中营的犹太人真相，那么或许有人可以逃出，至少会使纳粹的运输成本倍增。② 但是在商谈的运作下，卡兹纳与艾希曼联手葬送了40万犹太人的性命，这就不仅是阿伦特所提及的“平庸的恶”，还包含着在越出底线的情形下商谈的形式会导致人类本身存在意义的不周延，导致加害者与受害者双重的非人化。

### （三）合理的不同意

塔利的第三个关键词是合理的不同意。合理的不同意是自由及自由主义者的本质要求，这对于塔利将承认与自由联系起来具有核心的意义。但是“合理的”一词究竟在一个什么程度上成为具有实践性的标准，依然是悬而未决的问题。以自由主义的本质性要求实现自由为例，在“强迫你自由”与“自愿当奴隶”之间有极为复杂的关系，如果一个自由主义者自愿地选择当奴隶，自愿地选择不自由，该如何应对？这似乎需要再次回到黑格尔。主奴生死斗争意义上的奴隶是自愿当奴隶，因为在体面地当主人与卑微地做奴隶之间可以选择。由于死亡风险的考验，使有人自愿地选择做了奴隶。奴隶不愿意冒死亡的风险，因为在奴隶眼中生命要比自由更为重要。那么在这种情况下能不能认同这种选择的合理性，甚至通过商谈实现某些妥协。比如能不能把主人与奴隶的悬殊地位和处境作出某些修订，主人的权利缩减一些同时奴隶的权利增大一些？这在黑格尔

① Ludwig Wittgenstein, *On Certainty*, p. 81e.

② 参见 Hannah Arendt, *Eichmann in Jerusalem*, New York: The Viking Press, 1963。

那里是无法想象的:主人与奴隶之分所涉及的实质是主体的自我意识的确认,是关于人在世界存在的意义的确认,不作出这样的选择和区别就没有办法使历史展开、延续,没有一个主人与奴隶区分的底线,就没有办法找到推动历史前行的动力。这些自我意识确认层面的隐喻,在自由主义者的语境中似乎无关宏旨,在自由主义者看来大致存在两种本质上相同的回应:第一,认可自愿当奴隶,不认可强制自由,不认可由其他人为个体自己作出选择甚至强迫其遵守;①第二,自愿当奴隶所以可以接受,要点不在当奴隶,而在于自愿。强制自由之所以不能被接受,要点不在于自由,而在于强制。强制自由的危害要远大于自愿做奴隶。② 这些回应表明,自由主义者在自由地选择"不自由"的问题上一直坚持的原则是:必须有一个不能做什么的底线,这个底线的明示表达就是不同意。

自由主义的合理的不同意,其中"合理的"一词,与良知有某种相似性。即按照苏格拉底的理解,人在社会性存在状态中人不仅要与其他人交流,同时也与自身交流,而且后一种交往方式(与自身共存并通过自身而存在)为与其他人交往制定了规则,这些规则就是良知规则,并且完全是否定性的,它们不说要做什么,只说不要做什么。这些规则不会详细给出明确的行动原则,而是给出任何行为都不能逾越的边界。③ 但是这些界限本身是存在隐患的,它们往往处于个人私利,很难具备普遍性,浓郁的主观色彩使结果常常是以良知对抗良知。④ 因此说,自由主义认为的"合理的"与这种个体化的良知有相似性,因为在论证"合理的"不同意的时候,自由主义者的出发点始终难以在一个共同体的层面说话。换言之,自由主义认为的自由,放置在黑格尔意义的承认视野中,始终在个人决断与集体决断之间纠结,个体决断依然是一种"我要",而集体决断是在向"我能"靠近,而"我能"才是获取自由的正当途径。⑤ "我要"的合理性全在于个体的感知,并不具有可见性。更为重要的是,它同时并不具有行动的特

---

① 参见 Robert Nozick, *Anarchy, State and Utopia*, Oxford: Blackwell, 1968, p. 331。

② 参见秦晖:《实践自由——自由公共知识分子中的"圣徒"与"神学家"》,载秦晖:《实践自由》,浙江人民出版社 2004 年版,第 183 ~ 185 页。

③ 参见 Hannah Arendt, *Crises of Republic*, San Diego: Harcourt Brace Jovanovich, 1972, p. 63。

④ 参见 Hannah Arendt, *Crises of Republic*, p. 64。

⑤ 参见 Hannah Arendt, *Between Past and Future*, New York: The Viking Press, 1961, pp. 157 – 164。

质,一旦能够以“我能”的形式展示的时候,才被称为行动,而行动是获取承认合法性的唯一原因。因此,塔利的合理的不同意在两个方面出现了问题:第一,类似于良知的“合理”,立足的基础是个体的私利,导致的结果可能是以良知对抗良知;第二,不同意显示的是一种“我要”,它不具备在经过行动获取自由的可见性。

## 四、再批评

从承认与法权的现实关系视角审视,弗雷泽与霍耐特有关承认与再分配的争论,代表了批判理论内部对于当下不公正问题的一种自觉,但并不表明其他学派或者学者没有做出相关以及相当的关注与考虑。同时,弗雷泽与霍耐特有关承认与再分配之争中那些实质性问题本身,以及这些问题的意义也遭到了怀疑与批判。这些怀疑与批判主要针对的是承认问题,而且这些批判在富有见地的提出诸多问题和视角的同时,也存在其自身的问题。描述并分析批判本身的问题,可被视为基于承认语境下的一个反批判。

### (一)尼古拉斯·康普雷迪斯的批评

尼古拉斯·康普雷迪斯针对承认的含义,提出了三个批评意见:第一,弗雷泽与霍耐特的争论中,弗雷泽错误地理解了有关错误承认的客观性标准;第二,霍耐特夸大了承认的功能;第三,弗雷泽与霍耐特都有把承认工具化的倾向。

首先看弗雷泽的客观性标准。弗雷泽在与霍耐特的争论中提到一个承认的客观性问题,在弗雷泽看来,“错误承认是一个对某些人作为社会完整成员而存在的外在显现和公然证实的阻碍问题”。[1] 如果要主张受到了错误承认,那么仅仅从主体的自我感受层面提供证据是无法满足客观性要求的,证明需要来自一个去中心化的、非人格化的我“无主体”话语,它可以为承认的属性评估提供更为可靠、更为客观的参照。[2] 弗雷泽要把仅仅个体经历并认为的不公与真正的名至实归的不公,通过此种去

---

① Nancy Fraser and Axel Honneth, *Redistribution or Recognition?*, p. 31.

② Nikolas Kompridis, “Struggling over the Meaning of Recognition”, p. 299.

中性化、非人格化的话语区分出来。[1] 这样一来，个人化的主体就必须进入那些无主体的话语之中，掌握它们并争取理解它们，如康普雷迪斯提及的“被错误承认者必须能够承认，他们自身处于这些无主体话语（subjectless disclosures）之中，通过这些话语他们能够弄懂自己的苦楚”。他们要通过这些无主体的话语证明自己遭遇的不正义是实至名归的不正义，而这些可被依靠的无主体话语的原初产生语境却与“外在显现和公然证实”有关，这是无主体话语可以维持自身客观性的基础。于是，个体体验的所有有关感到错误承认的话语必须以无主体话语能够认可的方式表达出来，这在康普雷迪斯看来是不可能的。弗雷泽有关评估错误承认的公开性标准同时还要求一种清晰的明确性，而此种明确性来自某种经验性，来自对曾经发生过并且已被视为是一种合格的错误承认的经验。但是，实际的有关承认诉求提出的程序却并非如此，在有关承认诉求表达的内容公之于众之前，无法断定这种表达的资质是否合格。[2] 也就是说，如果弗雷泽一定要坚持这种明确性，那么她从一开始就违背了自己业已预设的与霍耐特的不同，倒是霍耐特坚持的道德一元论和好生活的预设，更兼容于对错误承认的表达。

于是，弗雷泽的客观性标准将可能产生两个极为消极的后果，要么是失声，要么是撒谎。所谓失声，是指自认为受到错误承认的主体因为无法掌握无主体话语的词汇和表达方式，而被迫的沉默，于是出现了康普雷迪斯所说的“我们可以把这种拙于辞令称为失声的体验，即沉默的或是难以表达的体验”。[3] 此种沉默将使得主体的诉求无法在公共性的层面得到检验，因而最终被迫归于沉寂。所谓撒谎，与失声的情形不同，是指自认为错误承认的主体因为无法在无主体话语中找到跟自己相同的先例，于是通过篡改自己的遭遇而使自己的表述符合于无主体话语的要求，并以此声称受到了错误承认。这个客观性标准强迫主体的个人化体验被迫向非人格化转变的一个负激励，它将导致整个评估标准的失信。由此可见，康普雷迪斯的第一个批判是中肯的。

对于霍耐特的批判集中在承认的作用上，康普雷迪斯认为霍耐特夸

---

① Nancy Fraser and Axel Honneth, *Redistribution or Recognition?*, p. 31.

② 参见 Nikolas Kompridis, “Struggling over the Meaning of Recognition”, pp. 300 – 301。

③ Nikolas Kompridis, “Struggling over the Meaning of Recognition”, p. 301.

大了承认的功用。在弗雷泽的客观性标准可能导致失语的前提下,为了克服失语并找回主体为声张受到错误承认的话语权,康普雷迪斯认为霍耐特的为承认而斗争实际上是为争夺承认的话语权或发言权而斗争。同时,即便是在错误承认的背景下,人们失掉的发言权也不会在错误承认得以纠正之后就自动的获得解决。毋宁是一种反复的过程,在承认得到满足和得不到满足的交替中,在主体间性的要求下,承认此刻被给予彼刻又被剥夺,满足与不满的状态与主体话语的自主性关系并不是很紧密。亦即表明,霍耐特的承认理论夸大了我们为了用自己的声音说话而需要承认并依赖承认的程度,比如主奴生死斗争之后的奴隶们的表现和行为:奴隶们在不平等和错误承认的环境下没有绝望,而是通过修订对自我的理解来获得新的理解,顽强地活了下去。由此,康普雷迪斯认为危机状态下奴隶的表现说明了问题的关键,错误承认并不足以说明我们的身份和我们的自我感觉,我们塑造自我身份的力量并不严格地取决于预先要获得承认,我们能够一次次的这么干,无论这种承认存在还是不存在。[①] 因此霍耐特没有理解的一点是,世上所有的承认既不能确保也不能充当我们发言权的替代品,这源于他忽视了意识或充分理解自我实现的内在障碍。这些障碍被爱默生(Ralph Waldo Emerson)称为"服从性"和一致性,被尼采(Nietzsche)称为"怨恨",被海德格尔(Heidegger)称为"常人"(des Man)。[②]

### (二)对康普雷迪斯的反批评

总结康普雷迪斯的批评,可以分为两个方面:第一,主体在错误承认的条件下会自觉地作出调整,并获得重新理解,因而承认与否并不是正义与否的标准,举出的例证是后主奴斗争时期的奴隶;第二,有些主体先天的无法实现自我理解,因为存在种种实现这些理解的内在障碍,于是获得承认也就不能成为获得发言权的替代品,举出的例证是海德格尔的"常人"。[③] 这些批评,从承认的缘起和发展进程的背景知识和理论积淀上

---

① 参见 Nikolas Kompridis,"Struggling over the Meaning of Recognition",pp. 302 – 303。

② 参见 Nikolas Kompridis, *Critique and Disclosure Critical*: *Theory between Past and Future*, Cambridge: MIT Press, 2006, pp. 43 – 86。

③ 参见[德]海德格尔:《存在与时间》,陈嘉映、王庆节译,三联书店 2006 年版,第 147 ~ 148 页。

说,是错误的。

关于后主奴斗争状态下的奴隶,康普雷迪斯存在着两个错误。首先,主奴斗争是黑格尔为了说明旨在追求自由的自我意识的发展进程,而演绎的一种不完全是现实的理论论证。理性的个体在无法确认自我意识的真实性的情况下,需要从一个具有试探价值的对象那里获得确认,这个具有试探价值的对象是另一个有自我意识的主体。从价值相等者那里获得自我意识的证明是一种自我存续并谋求发展的欲望,承认从最原教旨主义的意义上说,就是一个欲望对另一个欲望的消费。所谓消费就是通过征服把自我的独特性强加于对象的独特性之上,并因此得到一种获得普遍性的虚空的满足感。而采取的形式是事关生死存亡的战斗,通过战斗把否定性和绝对性融合在个体的自我意识的记忆中。但是这种战斗并不会真实的发生,它只是一种虚拟的试探机制,因为不怕死而愿意投入战斗并经受住考验的人成为主人,因为怕死而拒绝战斗而没有经受住考验的人成为奴隶。前者得到承认,并以显现而完整的人的形象存在,后者没有得到承认,只能以不完整且潜在的人的形象存在。奴隶因在生死之战中退缩而成为奴隶,是他们自由的且自愿的选择,并且很清楚他们此后的处境:要以自己的行动、劳动去改造自然,从而维持自我和主人的生存。也就是说,奴隶的处境是奴隶可预见的必然结果,对这种状态的到来他无需调整,也没有重新自我理解的必要和激励,他的愿望是安全地但不平等地活着。其次,表面上看,获得承认的是主人,没有获得承认的是奴隶。而实际情况是没有人获得实至名归的承认,或者说,主人可能获得了错误承认。承认既然是有自我意识的欲望对另一个欲望的消费,另一个欲望之所以能够起到确认主体自我意识的作用,就在于在两个欲望是平等的。主人与奴隶在已经确定了要通过生死斗争但还没有开战之前,他们的欲望是平等的,此时承认是有效的;一旦主人和奴隶的区分作出后,奴隶的欲望的价值就不再跟主人是平等的了,也就因此不再具备一开始所具有的那种可以确定自我意识真实性的价值。于是,奴隶对主人的承认是一种虚假承认,一种“错误”的承认。奴隶则自始没有获得承认,也就不存在错误承认。

关于主体先天的无法实现自我理解,康普雷迪斯同样存在两个错误:一个是没有区分出“常人”与“本真的自己”的不同,另一个是忽视了错误承认外部性。海德格尔意义上的常人的确对承认与否、承认的正确与否没有认知的概念，常人不过是些庸碌之辈。但是“我”之中包含着以常人示人的他人，也包含着一个本真性的“我自己”，一旦我自己要去拆除在常人和本真性自身间的种种伪装，那么本真性就成为常人存在的一种变式。[①] 这种本真性自我不再麻木，他试图拆除此在用以把自身对自己本身阻塞起来的那些伪装，在要求着一种实在与此在的统一，这需要依靠承认的确认。对于另一个错误，康普雷迪斯正确地认识到了被错误承认主体的多样性，即在现实的生活中存在多种类型的不敏感者：比如，受到错误承认的主体并不感觉自己受到了伤害，或者他们根本无法理解这些错误承认，或者他们根本不在乎这些错误承认，等等。但是对于一种群体化存在的社会整体来说，错误承认产生的消极的外部性（就是那些不仅仅对被错误承认主体产生的，超出此种限定范围并对其他人的道德、情感和认知产生的消极影响）是无法被忽视的。人们从最基础的交往层面无法洞悉被错误承认者的资质缺陷，但他们可以以某种物伤其类、感同身受的方式洞悉这个同类受到了不公正的待遇，并因此为自己未来可能会面临同样的境遇而担忧。因此，对常人资质的无视导致了对本真性存在者的消极外部性。因此，康普雷迪斯的第二个批判亦即对霍耐特的夸大承认作用的批判是存在误解和偏颇的。

康普雷迪斯的第三个批评，指出的是弗雷泽与霍耐特都存在将承认视为某种工具的倾向。这种工具性对于弗雷泽和霍耐特有着不同的所指：对于弗雷泽，承认是一种可以同等参与社会的地位工具；对于霍耐特，

---

① 海德格尔的原文论述如下：“人之所以使用‘他人’这个称呼，为的是掩盖自己本质上从属于他人之类的情形，而这样的‘他人’就是那些在日常共处中首先与通常‘在此’的人们。这个谁不是这个人，不是那个人，不是人本身，不是一些人，不是一切人的总数。这个‘谁’是个中性的东西：常人……庸庸碌碌，平均状态，平整作用，都是常人的存在方式，这几种方式组建着我们认之为‘公众意见’的东西……此在的世界向着常人熟悉的某种因缘把照面的存在者开放出来，而其限度是由常人的平均状态来确定的。实际的此在首先存在于平均地得到揭示的共同世界中。如果‘我’的意义是本己的自己，那么‘我’并不首先存在，首先存在是以常人方式出现的他人。我首先是从常人方面而且是作为这个常人而‘被给与’我‘自己’的。此在首先是常人而且通常一直是常人。如果说此在本己地揭示世界并使世界靠近自身，如果说此在是对其自身开展出它的本真的存在来，那么这种揭示‘世界’与开展此在的活动总也就是去除种种掩盖与蒙蔽，总也就是拆穿此在用以把自身对自己本身阻塞起来的那些伪装……本真的自己存在并不依栖于主体从常人那里解脱出来的那样一种例外情况；常人在本质上是一种生存论上的东西，本真的自己存在是常人的一种生存变式。”参见海德格尔：《存在与时间》，第150～151页。

承认是拥有完整人格的身份工具。① 康普雷迪斯对承认工具化的批判主要集中在弗雷泽身上，指出弗雷泽在两个方面对承认的意义做出了工具性的解释：第一，得不到承认或得到错误地承认，在弗雷泽看来就像罹患了某种疾病，而获得承认或者解构错误地承认就如同医学上的诊治方法；第二，弗雷泽把承认与再分配并列，并且采取类似于"再分配"的方式去"分配"承认。② 这两种工具化都是对承认的误解，因为承认从其理论的发生学来看承认本身更多地指向一种本体论，而其方法论意义上的功能已经被法律机制所建制化，但是这种法律层面的建制化并不是可以"一揽子"解决问题的最优选择，因为法律建制本身也始终处于承认与否的拷问之中。换言之，为了抵御和对抗承认领域的不公正、不平等，法律建制有些时候需要显得"不够复杂"，即如康普雷迪斯所说"争取承认的斗争并不是一个足够复杂的模式，可以用来理解作为一个整体的承认斗争，在其中什么东西是危若累卵，并且不仅仅是因为有关承认的法律规范自身总是存在争议"。③ 同时很可能，法律机制的作用适得其反，"我们只能在我们能够改变和转化的那些主体间性关联和文化表征——在其中并通过它们身份得以构建——的范围内，改变与转化我们的身份。单独的法律机制不足以促成这种改变，并且恰恰是因为上述原因常会激发对这种改变的抵制，法律机制是加强而不是削弱现存的文化身份"。④ 但是弗雷泽为了实践其所提出的医学上的诊治和对承认的再分配战略，提出了一种解构的方式，按照一种去具体化的原则，消解诸如黑人/白人、同性恋/异性恋之类的被夸大了的对立，并因此可以阻止对多元文化主义的整体的因循，同时与分离主义和社群主义分道扬镳。⑤ 如此一来，弗雷泽的解构建议为了赢得一个较大多数的支持，在自由民主的资本主义社会之内，不得不需要一种民主实践，即要争取所有相关人等的同意与合作，这在康普雷迪斯看来是"把高度的不确定性引入到从一开始就看上去极为不确定的过程之中"，以及某种可能的事与愿违，那些试图改变每个人社会身份的

---

① 参见 Nikolas Kompridis, "Struggling over the Meaning of Recognition", p. 304。

② Nikolas Kompridis, "Struggling over the Meaning of Recognition", p. 305.

③ Nikolas Kompridis, "Struggling over the Meaning of Recognition", p. 305.

④ Nikolas Kompridis, "Ormativizing Hybridity-neutralizing Culture", *Political Theory*, Vol. 33 No. 3, June 2005, p. 336.

⑤ 参见 Nancy Fraser and Axel Honneth, *Redistribution or Recognition?*, p. 77。

激进的雄心壮志可能因为与多元文化主义的对质而遭到调节,保存某些开始有不错的理由去希望保留并继续身份差异的方方面面,而不是让它们消失。① 这只是弗雷泽如果按照将解构策略视为一种民主实践时所遭遇的悖论性困境,而事实上因为弗雷泽对承认问题讨论的范式基础是前文已经提及的“民间范式”,因此在弗雷泽的论证中,解构所采取的方式其实是一种社会实践,那么在此种社会实践中仍将遭遇另一种悖论式困境:弗雷泽试图在肯定策略(纠正社会安排的不公正结果但并不拆除产生这些结果的基本的社会结构),和改造策略(采取重建基本社会结构的方式纠正社会安排的不公正结果)之间,②寻求某种边拆除边建设的结构策略,这一策略存在双重的问题。对于前者,即只纠正不重建的肯定战略,在政治上是可行的,但存在本质缺陷;③对于后者,即经由重建而纠正不公的改造战略具有完美的计划性,但有鉴于其可能会在民主实践的程序化博弈中被多元文化主义所同化,故而在政治上不可行。④ 康普雷迪斯的所有批评建立于他对文化这一概念的忧患意识:我们应该担心的是一种自由主义的正义与公正,它们的目标起初是确保多元主义的最大化,而与此同时又轻率地、“不知不觉的”,依照个体和群体从真实的替代品与可能性之中的选择,致力于抹除文化和语义资源。⑤ 这已经超出了弗雷泽的论证领域,也在某种意义上反映出文化一词的悲悯,即同样如康普雷迪斯所洞见:

因此,如果打算坚持“没有自身差异就没有文化或文化认同”,我

---

① 参见 Nikolas Kompridis,“Struggling over the Meaning of Recognition”,pp. 306 – 307。

② 参见 Nancy Fraser and Axel Honneth, *Redistribution or Recognition*?, p. 74。

③ 这些本质缺陷弗雷泽自己业已发现,包含两点:第一,肯定策略当被应用于错误承认时,肯定的纠正常常是将集体身份具体化,并因此沿着一个单一的轴线为集体身份定价,彻底地将人们的自我理解单一化,否定其生命的复杂性,身份辨别的多样性,阻断他们联系的交叉互动性。而且在其最坏的情形下,这些肯定的方式使个体顺从于某一群体类型,阻碍不同的意见和实验,这与不正义几无差别。第二,当把肯定策略应用于分配不公时,这些纠正措施常常引起错误承认的反弹。例如,在自由主义的福利国家中,公共补贴计划引导对穷人帮助,但忘记了本初的贫困之所以产生的深层次的结构,因此必须反复进行表面的再配置。参见 Nancy Fraser and Axel Honneth, Redistribution or Recognition?, pp. 76 – 77。

④ 参见 Nikolas Kompridis,“Struggling over the Meaning of Recognition”, p. 307。

⑤ Nikolas Kompridis,“Ormativizing Hybridity-neutralizing Culture”, *Political Theory*, Vol. 33 No. 3, June 2005, p. 328.

们必须不能忘记,没有足够的认同就没有有意义的差异,没有足够的连续性就没有可理解的中断。一种具有严格的不同一性的文化将是没有过去的文化。这几乎是不证自明,但显而易见,不证自明的还不够,一种转化着我们复合归属的文化的自我批判的条件,是我们声称其作为我们自身有责任为其历史、为其正确与错误负责。任何对我们文化认同的短缺渲染出的是我们对命运的冷漠,是对与其过往的不公正几无差别的未来可能的冷漠。①

尽管康普雷迪斯的批判切中了弗雷泽要害,但是这种批判在承认的缘起与归宿的语境中依然是值得商榷的。康普雷迪斯对于承认的工具性批判建立在一个对承认的本质误读的基础之上,承认本质上就是一种工具,只不过它是一种跟人的追求自我确认的本能距离最近的工具。我们可以在费希特和黑格尔的相关论述中找到佐证。以费希特为例,人(所有真正的有限理性存在者)只有在人群中间才成为人,如果确实应当存在人,就必定存在许多人。因此,人的概念绝不是个人概念,因为个人概念是不可想象的,相反地,人的概念是类概念。自我与他者在类概念之内共存,此种表述是对他者的承认;以黑格尔为例,人的自我确认的本能驱使个体要在对等的个体那里找到确证,承认就是获得这种确证的工具,也是一个欲望对另一个欲望消费的工具。尤其在黑格尔那里,承认作为一种跟人的自我确认本能距离最近的工具,实际上已经成为其他工具性存在的基础,即如前文所论述,在自我意识争取自我确证地对他者的征服过程中,奴隶和其他的东西成为生死斗争的副产品。之所以称为副产品是因为主人不惜一死而战的初衷并不在此,也就是说,主人对这些副产品的占有只是占有,而没有消费欲望的掺杂,财产成为具象的佐证却非欲望的消费实质。因此财产的占有,其本质在于从主奴生死斗争得最原初的叙事背景上,根本就是一个副产品,是一个添头,一个获得承认而自然附加的副产品和添头。因此,康普雷迪斯的工具性批判的进路,是对承认的根本性的工具性曲解。具体到再分配与承认之争,按照承认的根本性的工具性,再分配也不过是承认的一个副产品一个添头。

然而事实的展开要远为复杂,其主要原则来自弗雷泽提出的(虽然遭

① Nikolas Kompridis,"Ormativizing Hybridity-neutralizing Culture",p. 340.

到合理的批判,但依然提供出一种不得不予以重视的视角)承认的客观性问题,承认不能无止境的不证自明,不能一直自说自话,它需要某种规范性的东西予以支撑。

### (三)瑞纳·福斯特的批评

瑞纳·福斯特(Rainer Forst)与霍耐特一样,同出哈贝马斯门下,同为法兰克福学派与批判理论的骁将,但对于承认的意义与功能、承认与再分配的关系,瑞纳·福斯特有着一种更接近罗尔斯(Rawls)的说法。他更关注正义在具体语境中的实际意义,比如,他指出正义首先并不是有关你拥有什么(或不拥有什么),首要的是有关你如何被对待。①

福斯特对承认与再分配的看法独树一帜,在他看来,弗雷泽所代表的支撑再分配的理论潮流的主要目的是克服经济、社会和政治的不平等,其核心的主题是剥削;霍耐特所代表的支撑承认的理论潮流的目标在于谴责当下资本主义生产方式下个人与文化生活的贫瘠,其核心主题是异化。② 因此,承认与再分配所遇到的问题,基本上可以涵盖为异化与剥削的问题。只是弗雷泽与霍耐特的解决方式大相径庭:在福斯特看来,其主要区别在于谁愿意承担证明社会生活健康形式的责任。弗雷泽不把她的批判理等同于对社会"病理学"(pathology)的批判,意在避免承担这种在她看来几乎无解的责任;霍耐特也在其理论中尽量较少提及这一责任在形而上学上的重要性,但依然认为这是批判理论必须背负的责任。如此,承认与再分配之争在总体上可被视为对正义的关注问题,此种问题包含着两个维度的争论:不仅是正义的政治架构存在争论,而且有关正义思想之基本方法论的、规范的问题,也存在争辩。③

在锐利地发现并评述弗雷泽(以某种意义上的正义的民间范式追求同等参与)与霍耐特(在爱、法律平等和社会尊重三个维度的承认范式中,好生活的概念不可或缺的成为基础)之争的实质之后,福斯特提出了自己的有关正义的批判理论的替代理论,一种兼容辩解上的一元论与诊治—

---

① Rainer Forst, "First Thing First: Redistribution, Recognition and Justification", edited by Kevin Olson, *Adding Insult to Injury*: *Nancy Fraser Debates Her Critics*, London & New York: Verso, 2008, p. 315.

② Rainer Forst, "First Thing First: Redistribution, Recognition and Justification", p. 310.

③ 参见 Rainer Forst, "First Thing First: Redistribution, Recognition and Justification", pp. 311 - 312。

评估的(diagnostic-evaluative)多元主义的论证。其建立的基础是,各种制度,需要立基于可以合法提出普遍的、相互有效且有约束力的规范之上,其核心词是相互性与普遍性,如果任何社会和政治关系无法向所有身为政治—社会语境一部分的那些人,作出相互的、普遍的证明,那么这些关系必不存在。[①] 这就与其对于正义的理解形成了呼应,因为立足于普遍性与相互性,所以正义不再是一个目的论的概念,它有正反两个方面的所指:第一,正义依赖于人们在正义语境中对他者负有的道义上的责任;第二,正义的关键不在于人们缺少对其有利的东西,而在于某些东西的被剥夺,这些东西本可以相互的且普遍的不可拒绝的理由去要求。[②] 如果把正义视为终结不公的支配和不合理的专断,那么仍需要在更细化的层面分解正义的不同原则。至少在福斯特看来,存在最小正义和最大正义之分。所谓最小正义是指要建立正当的基础结构,在其中所有人都具有足够的地位和力量去决定他们要在其下生活的制度;所谓最大正义是指建立起充分正当化的基础结构,在其中此种基本结构赋予公正社会的公民以这些不可相互剥夺的权利、生活机会和商品。[③] 依照此种最大正义与最小正义的划分,福斯特开始质疑弗雷泽的"再分配"概念本身的合理性。依照福斯特的主张,弗雷泽的"同等参与"在最小正义和最大正义中,有迥然相异的意味。

在最小正义中,同等参与意味着人们在"反身性"的、民主化自我转变的社会和政治制度中拥有证明为正当的有效权利。因此在本质上,最小正义的反身性,即其相互性,首先包含的是决定产品生产和分配方式基本制度的权力,而不是弗雷泽提出的"再"分配的问题。再分配给人留下了错误的印象在于某种"自然的"的初次分配已经出现,我们需要的是第二次不太"自然的"分配。[④] 于是"再"分配就提供了两种潜在的模糊:第一,首次分配是否是正义的;第二,再分配的依照标准是什么。这在罗尔斯的

---

① 参见 Rainer Forst, "First Thing First: Redistribution, Recognition and Justification", pp. 314 – 315。

② Rainer Forst, "First Thing First: Redistribution, Recognition and Justification", p. 315.

③ 参见 Rainer Forst, "First Thing First: Redistribution, Recognition and Justification", pp. 316 – 317。

④ 参见 Rainer Forst, "First Thing First: Redistribution, Recognition and Justification", p. 317。

“纯粹背景程序正义”的命题中已经做出了相当的考虑。[①] 在最大正义中,同等参与是一个虽然能够实现普遍性但却是模糊的概念:因为在最大正义中,人们已经拥有了可以免遭任何结构性的社会不正义,并由此过着一种真正的、完整的社会化整合的生活的可能性,[②]因此,同等参与所要达到的目的以及这种可被视为目的论的方法,实际上已经没有太多的意义。可能同等参与这一概念本身也不得不作出一个调整,无论是在最小正义还是在最大正义中,弗雷泽的正义观如果要具有某种标准性,实际地参与已经显得微不足道,相反,“同等”因为更接近纯粹背景程序正义而更具有决定意义。但是随之而来的问题是,较之福斯特提出的普遍性与相互性的标准,同等一词似乎没有任何优势:或许相反,以相互性和普遍性为规范性标准因为在两个方面——基于普遍性的合理和基于相互性的不可拒绝——做了更多的考量,更应该取代同等。在福斯特看来,这实际上是从同等(parity)向平等(equality)的转向,即我们有关承认或再分配的诉求标准从同等转向平等。[③]

综上可见,福斯特对弗雷泽同等参与的批判主要在两方面:第一,同等参与在最小正义背景下所要面临的问题是分配,而弗雷泽把它理解为再分配;第二,在最大正义背景下,同等参与的实质在于同等而不在于参与,但是同等所涵盖的标准并不如普遍性加相互性所涵盖的标准具有竞争性,因此同等最终要倒向平等。可以发现,福斯特对弗雷泽的批判隐含的是他对自己所提出的“相对性 + 普遍性”的深层的反思:就以平等与同等两词的区别来说,在弗雷泽看来,之所以使用“parity”是考虑到了承认

---

① 如罗尔斯指出:在秩序良好的社会中,平等的基本自由(以及他们的价值)和公平的机会平等这两者都得到了保证,而收入和财富的分配则表明了我们可以称为纯粹背景程序正义(pure background procedural justice)的东西。也就是说,基本结构被如此安排,以至于每个人都遵守公共承认的合作原则,并履行这些规则所规定的各项条款时,由此产生的具体商品分配就可被接受为正义的(至少不是不正义的),而不论这些分配的结果是什么。……在由基本结构所建立的背景正义的框架内部,在制度之规则容许的范围内,个人和团体可以做他们希望的任何事情。请注意,具体分配不能完全脱离个人的权利(资格)来加以判断,而这些权利(资格)是他们在这些分配得以产生的公平体系内挣得的。与功利主义不同,配给正义的概念在这里没有任何用处,除了背景制度和从实际工作过程中产生的资格以外,不存在任何用来评判一种分配是否正义的标准。参见[美]罗尔斯:《作为正义的公平——正义新论》,姚大志译,上海三联书店 2002 年版,第 81 ~ 82 页。

② Rainer Forst,“First Thing First:Redistribution,Recognition and Justification”,p. 317.

③ Rainer Forst,“First Thing First:Redistribution,Recognition and Justification”,p. 318.

与再分配的二维关系,“同等”的使用在此是潜在地强调承认与再分配的一视同仁,是从某种具有博弈的相对性出发,而不是从平等(亦即某种意义的普遍性)的意味出发考虑二者的关系。而到了最大正义可能实现的阶段,强调同等实际上是在消解参与的多样性从而试图融合承认与再分配的关系,那么,此时可能又使得相对性有了偏颇。因此,福斯特的洞见就在于指出了承认诉求的标准,指明能够被视为一种合理承认要求的主张,必要经过普遍性与相互性的检验。

福斯特对霍耐特的批判似乎更为直接,霍耐特依据个人在社会合作中的贡献获得承认并因此获得尊重的激励,在福斯特那里并不构成一种目的本身。换言之,霍耐特的承认只是实现正义的手段而不是正义的目的,正义的目的不在于获得社会尊重,而在于具有平等的社会地位和机会并避免成为受歧视的对象。因此,霍耐特的指责——道义理论必然使手段—目的之间的关系走向歧途,并导致对社会正义的整体目标视而不见——就应该受到质疑。福斯特在此依然坚持“普遍性 + 相互性”的标准,认为承认的三种形式不足以胜任将正义诉求完全涵盖的职责,如果可以在某种程度胜任那么也是因为在所有承认形式背后隐藏的关键词——平等,在发挥作用。在把主体经验转化为正义诉求的过程中,相互承认依据的逻辑依然是普遍性和相互性。① 但这与承认并无悖反,因为如果回到费希特和黑格尔,我们可以清晰地发现承认的缘起就是立足于这种普遍性与相互性的结合,比如在费希特看来,“自由存在者之间的相互关系就是通过理智力量和自由进行的相互作用。如果双方不互相承认,就没有一方会承认对方;如果双方不是这样互相看待,就没有一方会把对方作为自由存在者加以看待”,②这是在强调相互性;在黑格尔看来,“自我意识的直向运动——始终以追求和展现一种伦理为目标,那么这种伦理就是各个个体的本质在个体各自独立的现实的绝对的统一,是一个自身普遍的自我意识,因此是一种自我意识的理性的实现。此时,我们要找到它完成了的实在就要回到一个民族的生活”,③这是在强调伦理性的

① 参见 Rainer Forst, “First Thing First: Redistribution, Recognition and Justification”, pp. 318 – 319。

② [德]费希特:《自然法权基础》,第 45 页。

③ [德]黑格尔:《精神现象学》(上卷),第 263 ~ 264 页。

普遍性。

总体而言,福斯特的"普遍性 + 相对性"的标准是在正义诉求的角度解释承认,他对霍耐特的批评集中在一点,承认只是实现正义的手段而非正义的目的。但是,他提出的"正义的目的不在于获得社会尊重,而在于具有平等的社会地位和机会并避免成为受歧视的对象",在某种程度上也可能会遭到霍耐特在权力批判理论上的反击。

福斯特的正义目标,实际上是一种有关权力合理配置和运转的现实要求,"我应该说,在正义问题中,权力是所有利益中最重要的,是一种"超利益"(hyper-good),因为它是那种首先对建立正当的基础结构——并保持其运转所需要的利益",[①]并因此强调"首当其冲的目标是得到有效证实的权力结构。因此我赞同在正义的理论化话语之内的政治上的转向,因为如果不首先阐明一个社会中权力关系的政治上的问题,就无法对分配正义进行恰当的说明"。[②] 但是福斯特对于权力关系的理解一直存在于一个罗尔斯式的支撑点,纯粹背景程序正义语境之内的对正义地理解和追求,并因此"赞同权力利益优先性、赞同正当化有效基础结构意味着,如果没有强调权力运转的重要的政治问题,那么再分配与承认之间有关正义的二维看法,就是不充分的"。[③] 因此,在纯粹背景程序正义之下的一个得到正当性证实的权力结构,是福斯特看重的实现社会正义的基础前提,但是以霍耐特的权力批判理论分析这一主张,会发现福斯特的主张同样不够充分,甚至存在某些误解。

### (四)对瑞纳·福斯特的再批评

如果说福斯特的"要事优先"中的"要事"指的是以获取一个正当性的权力结构为前提,在此基础上才有机会和可能以程序性的后续步骤实现正义的话,事实上可能存在某些对权力本身的既往身世的不完全掌握,比如福柯意义上的权力发展史,其中的场景与欲求的结果,经历至少两次

---

① Rainer Forst, "First Thing First: Redistribution, Recognition and Justification", p. 321.

② Rainer Forst, "First Thing First: Redistribution, Recognition and Justification", p. 322.

③ Rainer Forst, "First Thing First: Redistribution, Recognition and Justification", p. 322.

重大的转变。[1] 总体上说,福柯理解的权力世界建立在一个不断斗争、永

① 基本的转变过程是:从简单粗暴的暴力压制到将权力运用雕琢成一种基本的结构性知识。有关简单粗暴的压制,福柯选取的是一次酷刑的描述:1757 年 3 月 2 日,因刺杀国王被判刑的达米安接受并完成了以下惩罚:得在巴黎教堂大门前公开认罪,身穿囚衣乘坐囚车手持两磅重的蜡烛被送到格列夫广场。那里将搭起刑台,用烧红的铁钳撕开他的胸膛和四肢上的肉,用硫磺烧焦他持着弑君凶器的手,再将熔化的铅水、沸滚的松香、蜡和硫磺浇入撕裂的伤口,然后四马分尸,最后焚尸扬灰。这种惨烈的公开处决在 18 世纪前半期的欧洲屡见不鲜,它是那个时代君权向民众传达信息、展示力量的绝佳途径。酷刑本身的惨烈,却昭示出君权的无上与慈悲。虽然酷刑成为君权触及民众并及其肉体的合法形式,但它已经完全超越了“刑不可知则威不可测”的秘密恐怖主义时代的不可见性,王权的强大和神圣在民众的亲历下显得清清楚楚,传达的彻底而到位。这就是法律工具性所表征的权威性权力所要追求的境界:为了达到权力拥有者的目的,规则被事先公布,任何的违反都要依法惩治;受制裁者与旁观者一起参加,他们既是观众又是剧中人,在权力握有者的安排下完成规训与惩罚。此后发生了转变。福柯描述的酷刑状态随着启蒙渐渐发生转变,最显著的转变是,公开的处决被禁止后,惩罚逐渐成为刑事程序中最隐蔽的部分。这种转变产生的后果包括:它脱离了人们日常感受的领域,进入抽象意识领域;它的效力被视为源于它的必然性,而不是源于可见的强烈程度;受惩罚的确定性应该能够阻止犯罪,而不是公开惩罚的可怕场面;惩罚的示范力学转变为惩罚机制。或者说,权威性权力的可见性变了,变成了沉潜于显现状态之下的规训。这是一种全新的惩罚机制,它意味着身体被控制在一个强制、剥夺、义务和限制的体系中。沉潜的权力放过了肉体,却锁定了精神,启蒙运动时期惩罚的权力就从肉体层面移向了整个社会肌体内部,权力成了控制整个社会精神的网络,权力已无处不在。为了形象地表达权力的弥散,福轲采取的手法是让权力的对象更加具有可见性——“以一种权力‘物理学’或权力‘解剖学’”,并以从“空间隔离”无限普遍化到“全景敞视主义”的进路,细致入微的权力借助监视和检察完成了权力主体相对的隐蔽:监视使得被监视的对象处在一个看不到监视者的环境中,使其充分感受权力的穿透力,感受时刻不停地被窥探并时刻有可能受到惩罚的恐慌;而检察“是一种追求规范化的目光,一种能够导致定性、分类和惩罚的监视。它确定了个人的能见度,由此人们可以区分和判断个人”。由此,检察成为更高级意义上的一种监视,当然它的作用远不止于此。它是使权力对象可见性增加的高超技艺,并产生三个权力期待的结果:其一,权力借助检察不是发出自己拥有权势的符号或信息,也不是将自己的标志强加于对象,只是在一种使对象客观化的机制中控制他们。例如,阅兵式往往可以成为这种客观化的仪式,在这种仪式中受检阅者作为“客体对象”而呈现,供仅仅表现为凝视的权力来观看。其二,检察把个体引入文件领域并形成档案,从而既可以把个人当作一个可描述、可分析的对象,从而能在一种稳定的知识体系下监视个人;又能够建构一个比较体系,从而度量总体现象,描述各种群体,掌握个体间和群落间的差异。其三,检察将每个人变成个案。这种“个案”同时既成为一门知识的对象,又成为一种权力的支点。权力把持的描述不再仅仅为了追忆往事,更在于是一种时刻备查的文件。这种把现实生活变成文字的做法不再是把人英雄化,而是一种征服。福柯的权力可见性相对化的此消彼长,虽然表明了通过检察可以对个人差异、个人特点给出清晰的标识并标志着一种新的权力运行方式的出现,虽然检察使个人成为权力的后果和对象的同时也成为知识的后果和对象,每个人只能从各种记录中获得自己的个性并以此作为自己的身份。以上参见米歇尔·福柯:《规训与惩罚》,刘北成、杨远婴译,三联书店 2007 年版。

不稳定的动态流动的社会地基之上，在其中策略行为成为主导一切的基本准则，权力是贯彻策略行为的最为有效的运转机制。但它从来都是在变动不居中以某种微观力学的方式运转的，福柯把马克思经典的权力理论做了一个尼采自然主义的转化，将之转化为一种社会理论，即原来马克思主义理解的占有权力就是占有国家机器的传统在福柯的论述中发生了变化，[①]福柯的权力策略模式不再是固定的占有。福柯自己预设的权力形象不再是一份固定的财产，而是在原则上呈现为碎片化的、开放式的（open-ended）一种结果，一个主体间策略斗争的产品。因此社会权力的占有与保持，就不再采用片面地对法令和强制措施的挪用和实施的方式，而是以一种将斗争在社会参与者们自己中间连绵不绝地进行下去的模式存在。权力关系的多样化，由此指的是权力从某一主体握有转变为许多竞争性主体角逐。[②] 福柯的理解和阐释使得权力关系成为一种过程，社会中不同位置的场景化的可靠地权力拥有，呈现出好像一张网似的去中心化（centerless）的体系，[③]总体上是不明确的。这样，就表现出某种不恰当：一旦所有的包括诸如权力或价值观在内的标准，都呈现出一种偏心性，呈现出一种无原则性，那么其实是在重蹈"霍布斯式难题"的覆辙，亦即，福柯主张社会权力必须保持易变性，因为社会行为所有领域的冲突不可能平息于一种具有普遍性的有约束力的价值。这就与自涂尔干（Durkheim）以来，尤其是在帕森斯（Parsons）开始的社会学经验事实产生了分歧。依照帕森斯，一个社会成员的行为可以被充分的彼此连结，就在于存在一个被普遍承认的价值基础。[④] 对这个具有普适性色彩的价值基础的承认，要先于福柯的权力流动性、碎片化和去中心化运行模式。同样，对具有普适性色彩的价值基础的承认也要先于福斯特提及的"一个正当性的权力结构"。这与阿多诺和福柯的错误如出一辙，阿多诺与福柯已被证实有着非比寻常的相似性，两者都明显地忽视了一个事实，即在通常

---

① 参见 Axel Honneth, *The Critique of Power*: *Reflective Stages in a Critical Social Theory*, p. 154。

② 参见 Axel Honneth, *The Critique of Power*: *Reflective Stages in a Critical Social Theory*, pp. 155 – 156。

③ Axel Honneth, *The Critique of Power*: *Reflective Stages in a Critical Social Theory*, p. 158.

④ 参见 Axel Honneth, *The Critique of Power*: *Reflective Stages in a Critical Social Theory*, p. 164。

情况下的社会群体中，社会群体拥戴或忍耐维持社会权力关系的过程是因为他们有着他们规范上的确信和文化上的定位，立足于此，他们参与到治理实践中来。[①] 此外，对阿多诺来说，统治能力的增长只是权力体系中的一维，另有社会生产和个体个性塑造并存的两个维度，而福柯的权力视点只限于社会控制的一维。[②] 于是，没有一个获得承认的前权力的价值共识，就不可能存在一个正当化的权力结构；即便获得了一个权力结构，其涵盖维度的完整性也时刻在遭遇挑战。这对福斯特构成了一个有关其以正当权力结构为正义前提的基础性的反驳。

同时，在从压制身体的权力到产生知识的权力的演进中，福柯意义上的权力关注的是三个要素：规范，身体，知识。规范首当其冲，因为福柯认为规范的概念代表着最为一般的表达，福柯选择权力的目的，预设的不是权力的压制功能，而是一种具有生产性的东西。此种类型的权力技术其主旨不在于直接或间接地压迫、禁止对手的行为，而是试图使社会的对立面经过不断地规训而使其行为模式惯例化、程式化，通过此种方式使之固化。福柯称此种举措的每一种形态为强制固化的"规范化"措施。当我们如此埋解措施的规范之际，严格复制的行为模式就会产生。但是当福柯通过创制措施规范确定现代的权力运作方式的时候，没有提到与之最为近似的道德义务维度的东西。[③] 这种习惯的东西福柯有过考虑，但它仍然是从权力的目的性视角出发："从 19 世纪以来，一系列的装置业已得到进步，其目的在于产生规训，在于强加义务，在于发展习惯。在这些发展中发生的东西代表也是权力装置史前史中的东西，它们被视为作为社会规范的获得习惯的基础。"[④]简而言之，最具习惯特质的道德义务在福柯的权力视野中是被罔顾的，这直接导致权力机制的人为雕琢性，也就是某种程序性，这在福斯特的正义准则中几乎是核心性的东西。这似乎构成了

---

① 参见 Axel Honneth, *The Critique of Power: Reflective Stages in a Critical Social Theory*, p. 199。

② 参见 Axel Honneth, *The Critique of Power: Reflective Stages in a Critical Social Theory*, pp. 200 – 201。

③ 参见 Axel Honneth, *The Critique of Power: Reflective Stages in a Critical Social Theory*, p. 166。

④ Foucault, "Die Macht und die Norm", in Foucault, *Mikrophysik der Macht*, West Berlin: Merve, 1976, p. 121ff. 转引自 Axel Honneth, *The Critique of Power: Reflective Stages in a Critical Social Theory*, p. 166。

一个对福斯特纯粹背景程序的反驳：一旦论及程序，就会牵扯一个人为意义上的主观性，这种主观性如果无法在一个更为深刻的层面上提供合法性与合理性，那么就会导向福柯的程序的惯例化。在福柯那里是通过惯例化而使得人的身体首先受到规训，进而思想受到规训，等到身体规训、思想规训已臻成熟而具有在生产能力的时候，权力成为一种社会化的知识。这对于福斯特意味着（或许应该算作福柯的权力理论在起点上的一个贡献）需要一个共识性的规范基础来启动程序，这将再次无可避免地回到承认。

### （五）再批评的启示

从对上述批评和再批评，可以整理出以下几点启示：

第一，弗雷泽的民间正义范式所要求的客观性，尽管从一开始就陷入一种高度的不确定性，如康普雷迪斯所说"这几乎是不证自明，但显而易见，不证自明的还不够"。但是弗雷泽对于承认的客观性要求正确地反映出，如果承认要承担起某种前政治的正义根基的自我期许，就必须超越不证自明和自说自话。

第二，康普雷迪斯对霍耐特对承认的理解存在工具性倾向的批判，恰恰证明了自黑格尔本初意义的承认含义——为争取自我意识的确证，而从对等的理性个体那里获得承认当然不惜死战，从而超越独特性而秉具普遍性——所应有的工具性。承认是距离人追求社会性而摒弃动物性最近的工具性，实践这种工具性的同时所获得财产资源不过是承认的副产品，是承认的添头。正是由于承认的工具性才使得承认对于纠正不公有了实际意义。

第三，福斯特提出的相互性与普遍性，在纯粹背景程序正义的语境中存在最大正义与最小正义之分，并指出同等参与在最小正义背景下所要面临的问题是分配，在最大正义背景下，同等参与的实质在于同等而不在于参与。这对于树立规范性的承认在构建整体正义的地位，具有深远的意义。

第四，虽然福斯特没有从霍耐特对福柯的权力理论的批判中，发现霍耐特的忧患意识，并且没有在一个更为基础的层面设计具有正当性的权力结构，但是福斯特的批判引出了从规范（由承认主导的规范）开始追溯具有可操作性的社会正义的思考，这种思考为以承认为前权力价值的共识提供了支撑。

# 第三章　承认的意义

## 一、法权的可欲性

在"有关初始事物和正确方式的问题，在还未被提出之前就已得到了解答"的漫长时间里，[①]法权观念的出现，如同哲学起源于怀疑一样，是那些处理和维系人们关系的被质疑、摆脱、摧毁和重建的可能性中的一种。法权作为一种确定性的关系为人所接受，是从法权的可欲开始的。从承认的意义来说，承认为个体提供了个体法权意识的原始主体间性，为群体提供了同体法权体系构建不可或缺的资质。

### （一）原始主体间性

最为原始的人际关系可以还原到最初的一男一女或一群男女，那时为了生存和与其他动物竞争繁衍后代是维持自身生命之外的头等大事。如果立足于孩子从母体孕育、出生并哺育，承认从彼时彼刻就以所谓"原始主体间性"对主体的生命意义有所影响了。总体上一种依赖、分离的进程反映出承认对塑造主体独立性的功能，此进程始于母子的共生状态。母亲早在孕育阶段，在孩子出生前就已经对她的孩子存在某种认同，孩子的绝对无助性实际上成为母子虚拟交流的一个缘由。等到孩子降生，孩子对世界有所经验并获取确定性的感受，只能通过母亲的协助才能实现和保障。母亲的搂抱给予的不仅是慰藉，还有由慰藉传达的爱意，经由此种爱意孩子第一次有了整合其身心的经验，此时的依赖是一种绝对依赖。孩子继续成长，并慢慢可以忍受母亲不在场，这种对曾经依赖者离场的感受是一种新鲜的经验，孩子知道了母亲的独立存在和这种依赖的相对性。从绝对依赖到相对依赖的意义在于孩子自觉到"在他者身上的自我存在"。原始的主体间性更为重要的意义在于此后的阶段，随着孩子长大，

---

① ［美］列奥·施特劳斯：《自然权利与历史》，彭刚译，三联书店2003年版，第85页。

母亲逐渐独立,她逐渐从孩子完全掌控的世界中挣脱出来,而孩子也不得不承认这种独立。但孩子不会就此罢休,他开始进攻他们的母亲,先前为其快乐之源的母亲的肉体此时被其极力进攻。此种进攻的目的却在于试探,他要试探母亲是否能够忍受此种打击而不报复,并以此种方式将自己主动地置身于和他者共在的世界中。[1] 每个有孩子的人都有这种感受,孩子有时候莫名其妙的攻击父母尤其是母亲,这时父母的做法极为不同,或哄劝或抚慰甚或打骂,其原因不过是孩子要由此而获得一种因试探成功而终身受用的对这个世界的信任,或者是试探失败而就此对这个世界的失望。上述的分析提供的是生物学意义上的一种经验,这种经验为社会层面的进一步分析提供了临床病理学的事实。自始,人是在承认和被承认中成大长人的,无论黑格尔将之定义为"爱"还是霍耐特将之推演为"自尊",[2]原始主体间性因其展现出承认的平衡能力而具有了更待深化的建构力量。

### (二)签约者的资质问题:费希特的质疑

尽管从生物学意义上的承认入手似乎更合情理,但分清个体法权和共同体法权的次序,其实是个问题。依据费希特,个体法权(原始法权)在先。费希特在《自然法权基础》提出了一个极为重要的概念——原始法权,即对于那种不考虑需要受其他存在者的法权限制的法权,是"人在感性世界中只作为原因(而绝不作为结果)拥有的绝对权利"。[3] 此种法权对于共同体法权,用费希特的话说是"要把一个被视为个体的人与其他个体联合起来,而在这个人与其他个体之间即使不能假定一个现实社会,也仍然可以想象一个可能社会",[4]构成了挑战,因此必须要在研究共同体法权之前先研究个体法权。依据黑格尔,共同体层面的承认并不是个体承认完成后才形成的,二者的证明关系遵循了一个恰恰相反的过程,即共同体层面的法权成就在先,个体层面的法权成就在后。其原因在于按照黑格尔家庭、市民社会和国家的法权安排次序,"普遍化他者"出现在市民社会的第二次序中,致使法权的拥有者可以克制的认识到他者存在的必

---

① 参见[德]阿克塞尔·霍耐特:《为承认而斗争》,第106~108页。
② [德]阿克塞尔·霍耐特:《为承认而斗争》,第114页。
③ [德]费希特:《自然法权基础》,第117页。
④ [德]费希特:《自然法权基础》,第115页。

要性和合理性，但这些无法完成对“共同体成员的个体差异以一种肯定的描述”。[1] 如果以法国大革命对自由的向往当作现代的开启，那么其精神教父卢梭及其契约论的教导将具有“分水岭”的意义，自此之后欲望取代经验，权利脱离自然走向政治社会的前台。而就法权的成长而说，如果费希特和黑格尔都对社会契约论——这涉及承认对法权的最为本初意义的影响，同时也关系现代意义民族国家的开始——有所检讨的话，那么二者可以殊途同归于一个目的：社会契约论在知识和功能两个方面都存在问题。费希特的原始法权质疑的是社会契约论的知识，而黑格尔的伦理国家质疑的是社会契约论的功能。

从社会契约论的语境着眼，历史上存在一个无可置疑的“前契约时代”或者说自然状态。无论是洛克(Locke)描述的黄金时代般的自然状态还是霍布斯描述的人人自危的自然状态，社会契约论得以提出的现实基础正在于此。以霍布斯的《利维坦》中的描述为例，人们在前契约时代的生存极其糟糕，“人们不断处于暴力死亡的恐惧和危险中，人的生活孤独、贫困、卑污、残忍而短寿”。[2] 造成这种局面的原因有三：一是竞争，二是猜忌，三是荣誉。[3] 霍布斯的描述在于说明，“在没有共同权力使人畏惧的地方，会存在什么样的生活方式”，其结果：

> 那便是不可能有任何事情是不公道的。是和非以及公正与不公正的观念在这儿都不能存在。没有共同的权力的地方就没有法律，而没有法律的地方就无所谓不公正……这样一种状况还是下面情况产生的结果，那便是没有财产，没有统治权，没有“你的”“我的”之分；每一个人能得到手的东西，在他能保住的时期内便是他的。[4]

这样的目的和结果，在论述社会契约的必然性和合理性上至关重要，这甚至比洛克的回到黄金时代更有说服力，拯救危亡比锦上添花更为迫切。霍布斯同时也并没有忽视在无法无天的条件下仍然存在一些“规

---

① [德]阿克塞尔·霍耐特：《为承认而斗争》，第 87 页。
② [英]霍布斯：《利维坦》，黎思复、黎廷弼译，商务印书馆 1985 年版，第 95 页。
③ 参见[英]霍布斯：《利维坦》，第 94 页。
④ [英]霍布斯：《利维坦》，第 96 页。

则”，他称为自然律。自然律有二：一为“寻找和平、信守和平；利用一切可能的办法来保卫我们自己”，二为“在别人也愿意这样做的条件下，当一个人为了和平与自卫的目的认为必要时，会自愿放弃这种对一切事物的权利；而在对他人的自由权方面满足于相当于自己让他人对自己所具有的自由权利”。[①] 有需求而且有可能满足这些需求，霍布斯采取的方案是订立契约，这种契约甚至不是“隐喻”意义上的契约，而是罗马法意义上的契约，“权利互相转让就是人们所谓的契约”。[②] 而且除了即时的、双务的契约之外，霍布斯十分细致地注意到在自然状态下履约是一件无法预料后果的举动，“首先践约的人便无法保证对方往后将履行契约，便是违反了他不能放弃的防护生命与生存手段的权利而自弃于敌人”。但是一旦伟大的利维坦成立，或者是摆脱教会的世俗国家出现，“由于建立了一种共同权力来约束在其他情形下失信的人，这种恐惧失约的心理就没有理由了”。[③] 霍布斯通过以上判断，展示了这样一种逻辑，前契约时代因为人人平等且互相为敌，签了个体间的契约却无法落实，因为缺少强制权力的监督与惩罚。因此要通过契约成立世俗国家并由它保障人们的权利。这种生存论意义上的契约论，却存在这样一个问题：如果局限于罗马法或民法语境中的契约及其签署，契约签订者本身的资质就成为了一个无法忽视的问题。按照民法理论，有权利能力和行为能力，权利能力指法律赋予民事主体享有民事权利和承担民事义务的能力，也就是民事主体享有权利和承担义务的资格，是作为民事主体进行民事活动的前提条件；行为能力是指能够以自己的行为依法行使权利和承担义务的能力。行为能力以权利能力为基础。还原到前契约时代，即便先在理论上和现实中都理想化的遗漏掉“法律”“依法”等字样，这个问题仍然无法回避：签约者们如何彼此或明示或默示的认可了对方的缔约资格？打打杀杀地对峙了不知多少岁月，在某一刻，是一种什么力量让他们彼此相信了对方是与自己一样的同类，或者是早就知道对方并非非我族类，只是不具备认可其为同类的机会和条件，那么又是什么促成这机缘？如果仅仅是按照费希特的原始法权与霍布斯呼应，原始法权几乎与自然状态的权利相同，甚至更为绝

---

① 参见[英]霍布斯：《利维坦》，第 98 页。

② [英]霍布斯：《利维坦》，第 100 页。

③ 参见[英]霍布斯：《利维坦》，第 104 页。

对，只作为原因，而绝不作为结果拥有的绝对权利。如果费希特的原始法权没有做出限定，就很难为在前契约时代的缔约者提供一种合法性和合理性。而费希特做出了这种限定，他把原始法权限定于“人的感性世界中”，以及可能更为根本的，原始法权只是一个“假定，但是，为了知识学的需要，就必须做出这种假定”。针对这种假定，费希特的解释是：

> 任何原始法权的状态和人的原始法权都是不存在的。事实上，人只有在一个与其他人组成的共同体中才具有法权，就像他按照上述更高原则，只有在一个与其他人组成的共同体中才能加以设想一样。①

原始法权仅仅属于感性世界，是费希特在康德先验意义上对自我意识的一种假定框范，即便是属于法权存在的领域，但绝不是法权呈现的领域。法权呈现的领域要比感性世界小得多，它只是那些通过行动、通过自由展示出来的才属于法权，在感性世界没有因果性或是仅仅藏于内心的东西并非法权。在且仅在感性世界中原始法权呈现绝对的、只作为原因不作为后果的权利，在原始法权拥有者（前提是他在一定时空中孤独存在）遭遇另一原始法权拥有者之前，他们必定有时空的融合，而此种融合可能回归到黑格尔意义的生死博弈，显然已经脱离了费希特所有论证的基础。费希特强调的是自由和行动的可见性，即自由和行动需要为人所共知，而这种为所欲为的原始法权自始就被筛除掉了。依此视角回到霍布斯，会发现霍布斯陷入了一个两难的状况：非共同体的自然权利在前契约时代如果存在，且自然权利的拥有者们迫于生计愿意签约，那么实际上就是认可了彼此所拥有的缔约资质，那么这种权利能力（至少是人格）就需要一部“法律”（至少是习惯法或是村规民约意义上的规则）予以明确；而签订契约的目的，除了构建绝对意义上的国家利维坦，恰恰就在于提供一种明确、规范并保护自然权利的“法律”。在此，霍布斯的自然权利并不能等同于费希特认为的仅仅是出于知识学而假定出的原始法权，但是，签约人的资格问题依靠霍布斯却无法妥善解决。

① [德]费希特：《自然法权基础》，第116页。

### （三）契约的功能问题：黑格尔的质疑

霍布斯描述的前契约时代本质上是一个各自为政、彼此陌生的时代，人们之间的争斗不可能被清楚地分成两部分，一部分为非作歹，另一部分自卫反击。理性的个体在生命存续的层面也不可能一意孤行，非要把竞争、猜忌和荣誉进行到底，在试错的过程中他们必定要做出妥协，也即回到费希特意义上一个理性存在者对另一理性存在者（很可能是陌生甚至不怀好意）的承认上来。这种社会层面上的原始主体间性洞察到了霍布斯的契约论在知识上的缺憾，而依照黑格尔，社会契约论即便是在知识论上完整也无法实现其自我期许，这源于在完成了前契约的资质承认后，还要面临社会契约的功能承认问题。黑格尔的质疑包含两个方面：一是马基雅维利—霍布斯式的为自我存续而斗争的政治终极目的，二是卢梭社会契约论的品格。

黑格尔庞大晦涩的哲学体系始终以自由为关键，而法权是自由的载体。黑格尔关于美好生活的理念，在很大程度上被表述为是对法权的研究而展示出的至善，法权的主题即为美好生活的主题。与前文罗伯特·R.威廉姆斯提到的黑格尔致力于使康德与柏拉图、亚里士多德重归于好相一致，霍耐特认为黑格尔所致力于道德与伦理的协调，其实质即在于将现代自由学说与古代政治思想协调起来，协调源于为相互承认的斗争，斗争为建立一种保障自由的实践政治制度提供社会的内在压力。① 由相互承认建构法权的可欲性，在霍耐特看来是对马基雅维利—霍布斯"社会斗争"模式的理论转型，将人与人之间冲突的根源追溯到道德冲动而不是自我存续的动机。② 那么，马基雅维利—霍布斯式的政治哲学出了什么问题？马基雅维利用《君主论》说明政治的策略性及对权力的仰仗远比城邦时代的德性重要，从救亡图存来说，马基雅维利阐发的是一种国家理性，如阿伦特提到他的确是论述国家理性的第一人。③ 由此可知，马基雅维利

---

① ［德］阿克塞尔·霍耐特：《为承认而斗争》，第9页。

② 参见［德］阿克塞尔·霍耐特：《为承认而斗争》，第10页。

③ 阿伦特指出："它如同业已给予古意大利人民的'永恒之城'（Eternal City）的建立一样，将成为意大利国家'永恒'政治体同样神圣的基石——而重复罗马人的经验，不无可能。马基雅维利察觉到了国家诞生的当代开端以及一个新政治体的需要，为此它使用了前所未有的词汇 lo stato（状态），这一事实使他通常并恰如其分的被尊为现代民族国家及其'国家理性'（reason of state）观念之父。" Hannah Arendt, "What is Authority?", in Hannah Arendt, *Between Past and Future*: *Six Exercise in Political Thought*, New York: The Viking Press, 1961, p. 138.

的建国大业成为贯穿其全部学说的基准点,他所鼓吹的所有人类学基础却是反亚里士多德主义的,①他向往的罗马并不推崇史诗般英雄式的德性与诗意。马基雅维利希望从传统找到意大利的现在与未来,要以重建罗马的决心与世间诸多繁文缛节(诸如道德、信义、廉耻、忠诚)告别,但他从未放弃自由、德性(*Virtù*)和命运(*fortuna*),他把政治的实质定位在创建,把君主的操守原则归结为在政治的公共领域之中、在民族的生死存亡之际,知道该如何干"坏事":

> 因为一个人如果在一切事情上都想发誓以善良自持,那么,他厕身于许多不善良的人中必定遭到毁灭。所以,一个君主如要保持自己的地位,就必须知道如何做不良好的事情,并且必须知道视情况的需要与否使用这一手或不使用这一手。②

马基雅维利将自柏拉图、亚里士多德以来的政治哲学基础,全部还原为功利的工具理性,而步其后尘的霍布斯只是将此种与传统的决裂具体到教会身上,而对自由尤其世俗意义的自由的追逐,使他的契约论在国家理论上出现了哈贝马斯提及的"为了实现政治的权威而牺牲了社会契约的自由内涵"。③ 契约的自由内涵在霍布斯看来,未必就是为了摆脱自然状态,因为霍布斯的契约论在实质上与其说是痛定思痛不如说是未雨绸缪,强大的利维坦为实在意义上的契约理论所无法承担,而时代的要求又使得自由主义者霍布斯不能坐视王权阙如、教权膨胀的现实,拯救危亡只有从下而上,先是个体间签约而后与君主签约以构建利维坦。也因此,从承认理论的视角,霍布斯所有的理论在黑格尔看来仍然是一种原子式的个体自由的拼凑,并且颠倒了个人与国家间的功能关系:

> 但是国家对个人的关系,完全不是这样。由于国家是客观精神,所以个人本身只有成为国家成员才具有客观性、真理性和伦理性。结合本身是真实的内容和目的,而人是被规定着过普遍生活的;他们

---

① [德]阿克塞尔·霍耐特:《为承认而斗争》,第13页。
② [意]尼科洛·马基雅维里:《君主论》,潘汉典译,商务印书馆1985年版,第83页。
③ [德]阿克塞尔·霍耐特:《为承认而斗争》,第12页。

进一步的特殊满足、活动和行动方式,都是以这个实体性的和普遍有效的东西为其出发点和结果。[①]

尽管卢梭的契约论可能不那么纯粹,[②]这种黑格尔批评的颠倒,到了卢梭更胜一筹。黑格尔接受了卢梭有关自由与国家的关系的论述,但认为卢梭在霍布斯的颠倒基础之上,还存在"公意"与"个人意志"的错误理解问题,"市民社会"与"伦理国家"的错位问题。

所谓"公意",卢梭的定义是国家全体成员的经常意志就是公意。[③]公意永远公正,且永远以公共利益为依归。[④] 与公意相对的是"众意"(个别利益的总合)、"团体意志"(当形成了派别的时候,形成了以牺牲大集体为代价的小集团的时候,每一个这种集团的意志对它的成员来说就成为公意,而对国家来说则成为个别意志)和"私意"(一个人依据个人利益的意思表示)。[⑤] 卢梭极力强调公意,认为赋予根据社会契约产生的政治体以"行动和意志"的法律即由公意产生。[⑥] 以上对意志的分类虽然细致,但卢梭要说明的意思只有一个,那就是他不想重蹈霍布斯聚拢原子式

---

① [德]黑格尔:《法哲学原理》,第 254 页。

② 较之洛克和霍布斯,卢梭的社会契约论影响最大同时争议也最多,从提出契约论开始,卢梭就表现出一种唐突。在写出《社会契约论》之前,1753 卢梭报名参加法国第戎科学院的命题论文比赛,写出了《论人类不平等的起源和基础》,主张契约的签订是富人欺骗穷人的诡计,参见[法]卢梭:《论人类不平等的起源和基础》,李常山译,商务印书馆 1962 年版,第 128 ~ 129 页。而在《社会契约论》中卢梭完全采取了另一种契约起源的说法,只有通过契约联合才能摆脱自然状态下的种种不利。参见[法]卢梭:《社会契约论》,何兆武译,商务印书馆 2003 年版,第 18 ~ 19 页。

③ [法]卢梭:《社会契约论》,第 136 页。

④ [法]卢梭:《社会契约论》,第 35 页。

⑤ 参见[法]卢梭:《社会契约论》,第 35 ~ 46 页。

⑥ 卢梭指出:"我已经说过,对于一个个别的对象是绝不会有公意的。事实上,这种个别的对象不是在国家之内,就是在国家之外。如果它是在国家之外,那么这一外在的意志就其对国家的关系而言,就绝不能是公意;如果这一个别对象是在国家之内,则它便是国家的一部分:这时,全体和它的这一部分之间便以两个分别的存在而形成了一种对比关系,其中的一个就是这一部分,而另一个则是减掉这一部分之后的全体。但是全体减掉一部分之后,就绝不是全体;于是只要这种关系继续存在的话,也就不再有全体而只有不相等的两个部分;由此可见,其中的一方的意志比起另一方来,就绝不会更是公意。但是当全体人民对全体人民作出规定时,他们便只是考虑着他们自己了;如果这时形成了某种对比关系的话,那也只是某种观点之下的整个对象对于另一种观点之下的整个对象之间的关系,而全体却没有任何分裂。这时人们所规定的事情就是公共的,正如作出规定的意志是公意一样。正是这种行为,我就称之为法律。"[法]卢梭:《社会契约论》,第 46 页。

个体的后尘,他要以“公意”整合其他“非公意”而成为社会契约论的保障,成为国家合法性的基础。

此种苦心孤诣在黑格尔的承认语境中会呈现出两种错误:其一,公意无法整合个体意志;其二,社会契约构建的是市民社会,而非国家。其原因在于:针对第一个错误,自由的个体所具有的意志是自由的意志,这种具有人格归属性的自由所产生的意志具有独立性,卢梭对公意的理解存在错误,“然而他理解的意志,仅仅是特定的单个人意志(后来的费希特亦同),他所理解的普遍意志也不是意志中绝对合乎理性的东西,而只是共同的东西,即从作为自觉意志的这种单个人意志中产生出来的”。[①] 卢梭的错误始于将自由理解为每一个体或然的意志,而自由必须在理性意志的意义上被理解,因为意志本身自在自为。由此,公意不能被视为是个人意志展现的集合,个人意志在集合中始终保存其独特性和绝对性。针对第二个错误,如霍洛维兹(Horowitz)所指出,社会契约论构建的只是市民社会,有必要向真正的国家再进一步,因为社会契约只是使得工具理性建制化而已。所以卢梭需要安排立法者出场,其任务即在于通过立法,将孤立的个体从市民社会转送到国家。[②] 而黑格尔认为,国家的本性不在于契约关系中,无论它是一切人与一切人的契约还是一切人与君主或政府的契约,[③]社会契约论如果将国家建制化那实际上是将国家降格了,使得从家庭经市民社会而到达伦理共同体即国家的进程被想当然地缩短了,代价是发育不完整的个体以利益追逐为主要目标而不再使人类的存在具有权威性和神圣感。如果市民社会比作市场,那么国家应被视为祭坛,在此处存在的尽管不都是主义,却绝对不能是讨价还价的交易。黑格尔意义上国家的伦理性是一种先于个体性并涵盖个体性的必然存在,正如在亚里士多德那里人必定先属于民族和城邦然后才是他自己,黑格尔抵制这种将国家位格降低的出发点也在于人必定先归属于一个国家才是他自己。

---

① [德]黑格尔:《法哲学原理》,第 255 页。

② Quoted from Robert R. Williams, *Hegel's Ethics of Recognition*, Berkeley: University of California Press, 1997, p. 276.

③ [德]黑格尔:《法哲学原理》,第 82 页。

### (四)社会契约时刻

总结上述批评,总的依据还是个体的原始法权被承认过滤掉之后,那个经过承认洗礼的个人自由不会因为一纸合同就丢弃其独立性,它仍然需要在斗争与承认的交错中逐步走出人与人敌对的状态,在其中承认理论因其内在张力而有了建构意义。契约论指引下的人们还只能成为市民,并在市民社会中因他者而自觉并建制化,他者的非凡意义也仅在于成为以法权呐喊而得以使呐喊者自知的回音壁,而与公民和德行无涉。

承认对于法权可欲性的论证,建立在自然权利向社会权利或是假定的原始法权向法权转化的节点之上,可以称为"社会契约时刻"。以上并非是论说划分现代社会、引导启蒙的社会契约论不是法权可欲性的条件,而是为了还原法权的可欲性来自承认。再次回到契约的非隐喻层面,以"社会契约时刻"为界,在此之前,签订契约的资质问题契约论无法自我解决,是承认赋予了签约者们权利能力;在此之后,契约论因为无法消解承认赋予个体自由的绝对性与统合个体而成为国家间的张力而将自身错位,将国家降格,又是承认在斗争与合作的交织中重建自柏拉图、亚里士多德以来个体联合的可能性,从而赋予法权拥有者以行为能力。这种从知识学意义上之原始法权向政治学意义上之现实法权的演化,是承认成就法权可欲性的经验表达。

## 二、法权的独立性

承认成就了法权的可欲,解决的是主体间的相互承认问题,法权的可欲性已经包含了法权的双向性。但这只是一种必要条件层次的论述,有之不必然,无之必不然。而且其论证的维度被局限于个体的前政治阶段,而政治哲学层面的法权关注的更多是法权的现实性。从原始主体间性到意义非凡的他者都已佐证,自我需要他者的承认,法权的可欲性面对的主要是这一问题。但是仅仅强调他者的意义和功能从法权的双向性来说还是不完整的,某些时候仅从他者的反应审视自我及自我意识,或许是错误和危险的。比如,很多时候,当自我要求他者以自我期待的面目被认同时,他者没有实事求是,有时候甚至刻意扭曲奉承,这并不少见。因此,法权的双向性更应该关注一种"我看人看我"之后的反思,一种在自我与他者之间往复认知后的独立。在自我意志的本能欲望中以理性革除虚妄而完善法权,需要从两个方面阐明承认对法权独立性的意义:在权利的层面,承认赋予法权的独立性意味着主体首先要承认自我与自我的自由;在权力的层面,承认赋予法权的独立性意味着权力需要以一种可见的方式应用于公共事务。

### (一)不可避免的虚假承认

前文有关承认的定义中提及法权必为相互承认的法权,所谓"相互"指出的是法权在主体与自我间的互动,在立足于主体间性基础上必须以他者与自我的关系为基础性的预设,无论在理论上还是经验上,法权的双向性预设出两个前提:自我担当和认可他者。"自我担当、认可他者"贯穿了黑格尔意义上的"历史"的全部,历史之"最初之人"在生死两分之际,自我需要以他者见证荣誉,历史之"最后之人"在历史终结之时,自我需要与他者共同维系自由。随着黑格尔在耶拿时期之后学术兴趣的转向,承认本体论意义上的道德力量虽然实际上被悬置了,[①]但科耶夫承继衣钵,其解读依然将这种主体间性置于主奴间的斗争,到了福山(Francis Fukuyama),其视野边际有所拓展,将科耶夫看到拿破仑(Napoléon)胜利之后工农兵三位一体的终结时间往后推演了接近200年之后,无奈目之所及,依旧是难脱西方自由主义窠臼的一种自由民主普适性的乡愁。[②] 世界范围的政治体制变革,似乎验证了马克思主义式的"螺旋式上升、波浪式前进",也验证了科耶夫意义上最初之人的欲望是获得承认这一起点的现实性。[③] 但在此存在一个相当棘手的问题,科耶夫意义上的承认是一种"准单向度"的承认,在主奴斗争的语境前提下许多承认是虚假的,与萨特(Sartre)式的"他人即是地狱"异曲同工。

黑格尔在《精神现象学》中为承认定下了极为惨烈的基调,人们已诺

---

① [德]阿克塞尔·霍耐特:《为承认而斗争》,第68页。

② 参见[美]弗朗西斯·福山:《历史的终结及最后之人》,黄胜强、许铭原译,中国社会科学出版社2003年版,第10~11页。福山认为历史的终结是指:"黑格尔将'终结'定位于一种自由的国家形态,而马克思则把它确定为共产主义社会。历史终结并不是说生老病死这一循环会终结,也不是说重大事件不会再发生了或者报道重大事件的报纸就此销声匿迹了,确切地讲,它是指构成历史的最基本的原则和制度可能不再进步了,原因在于所有真正的大问题都已经得到了解决。"

③ [美]弗朗西斯·福山:《历史的终结及最后之人》,第235页。

必成，不爱其躯。因此，黑格尔所描述的最初之人与霍布斯的自然状态之人在处境上大概相同，但却有着不同的操守与志向。如列奥·施特劳斯所解读，霍布斯社会契约的实质是人对死亡的恐惧和逃避，人类在自然状态中注重的是情感而非理性，这情感就是对死亡或具体说是对死于他人之手的恐惧，这种恐惧感"最深刻地表达了欲求中最强烈、最根本的欲求，亦即最初的、自我保全的欲求"。[①] 但黑格尔从一开始就反动于这种恐惧感，从自由的本性入手，从源头上预设出自由的人所禀赋的社会性，此种社会性是以"逆反"(为承认而不惜死战，罔顾人的生存本能，置生死于度外)人的生物性而显示人性的一种超越，不怕死因而获得尊严才更接近自由。显然，黑格尔主奴斗争的核心就在于对死亡的态度，而其本质则在于对自由的看法。不自由毋宁死的现实意义在于揭示出自由与人性间的一种张力，此种张力在主人与奴隶那里有着截然不同的消解方式，前者因反动于人的本能而超越了人的本能，后者屈从于本能拯救了肉体而废弃了精神。因此福山提到霍布斯为了校正"人性中寻求显示自己优越于他人的一面，寻求占据优势统治他人的一面，以及向'人性极限'挑战的高贵品格都是骄傲带来的愚昧"，而主张利维坦必然压制骄傲。[②] 霍布斯自然状态之人的志向在于以情感统领理性，自然权利构成了公民社会的基础；黑格尔最初之人的志向在于向死而生的逆反人的本能，并因不怕死而超越了生死并获得承认。由此可见，二人的论证大相径庭，霍布斯讲出的是因为渴望承认不可得而人人自危，不得不成立利维坦；黑格尔讲出的是人在本源上就是社会性的自由存在，承认催动下的斗争是历史前进的动力与目标。黑格尔阐述的这种反本能的超越性为科耶夫、福山所洞见，但这种反本能的超越性使问题变得复杂起来，即在实现自我担当和认可他者的前提下如何确保承认的真实性。

黑格尔的承认在本体论上并非完全导向否定，而是预设了潜在的和解。仍以主奴关系为例，如果说不怕死而荣耀是主人的自我担当、怕死而苟活是奴隶的自我担当，主奴间相安无事是彼此认可他者，但从"自我意识"在承认中被阐明的进程来说，从一开始承认就具有了一种黑格尔提到

---

① 参见[美]列奥·施特劳斯：《自然权利与历史》，第184~185页。

② [美]弗朗西斯·福山：《历史的终结及最后之人》，第178页。

的“双重性”,[①]以及更为重要的“非等同性”:一方只是被承认者,另一方只是承认者。[②] 这等于是陷入一种两难的困境,生命的独立性与自我意识的否定性不可兼得。黑格尔的解决方案是“保持住那被扬弃者,因而自己也可以经得住它的被扬弃而仍能活下去”,[③]于是独立的主人经过奴隶,被征服的被扬弃者,间接地与物关联;奴隶因其非独立性而无法瞬间否定物,只能通过加工改造物即劳动维持此种彼此都活下去的局面。但是这还不是真正的承认,原因在于缺乏“凡是主人对奴隶所作的,他也应该对自己那样作,而凡是奴隶对自己所作的,他也应该对主人那样作”,因此这是一种“片面的和不平衡的承认”。[④] 最后的结果是主人通过奴隶而获得物并因此而丧失独立性,奴隶因为劳动而在自在自为中返回其独立性,主奴的地位从自我意识的层面看发生了颠倒,如果这种颠倒与事实的现状维持得以并行的话,除了片面和不平衡的承认之外,还需要的就是拟制/虚假承认。

从这个意义上说,拟制/虚假承认就是为了获得各自理解意义上的自由而作出一种妥协,是一种事实上兼顾双方感受的经验,虚假承认并不是错误,它是黑格尔在隐喻意义上构想出的最初之主奴斗争的因果链的一环,只有不断消解这种虚假承认才能真正获得自由,是黑格尔预设的一种潜在的和解,或许也是查尔斯·泰勒追求的“真实性”的最初动机。因为黑格尔在耶拿时期之后对主奴斗争搁置,虚假承认到了科耶夫那里却被绝对化了:基于欲望之上的承认是单方承认,是奴隶对主人的承认,而主人因为征服了奴隶再从奴隶那里获得承认几乎没有价值,他需要的是另一个与其自身价值相当者的承认。[⑤] 在此,科耶夫实际上将奴隶在本质上

---

① 参见[德]黑格尔:《精神现象学》(上卷),第122~123页。黑格尔认为这种双重性包含两个方面:一方面,这个概念的各个环节彼此之间保持着严格的差别和界限;另一方面,在这种差别中同时它们又被认作没有差别,或者总是必须从相反的意义去了解它们。

② [德]黑格尔:《精神现象学》(上卷),第141页。

③ 参见[德]黑格尔:《精神现象学》(上卷),第143~144页。

④ [德]黑格尔:《精神现象学》(上卷),第146页。

⑤ 参见 Alexandre Kojève, *Introduction to the Reading of Hegel: Lectures on the Phenomenology of Spirit*, translated by James H. Nichols, New York: Cornell University Press, 1980, pp. 19-20。同时参见 Alexandre Kojève, *Outline of a Phenomenology of Right*, translated by Bryan-Paul Frost and Robert Howse, Lanham: Rowman & Littlefield Publishers, Inc., 2007, pp. 212-213。

比作动物，因而其欲望对于主人的欲望并无多少意义，这样做的前提是科耶夫一直在强调主奴斗争在还原论的意义上是渴望承认的欲望推动着历史的发展。或如朱迪斯·巴特勒(Judith Butler)所洞见，科耶夫早年间所接受的马克思主义知识，确切地说是"马克思对黑格尔有关行动与劳动观点的重述"确定无疑地影响了他，以至于科耶夫尾随马克思阶级斗争的印迹去理解黑格尔的主奴斗争，这种理解是一种对行动和劳动的人类学理解。① 深具表现主义色彩的科耶夫整合了三种理论资源：黑格尔的承认斗争、马克思的阶级斗争和海德格尔的向死而生(Being for Death)，重视的是劳动的本源性与行动的可见性，这背后隐藏的是行动虽然可见但因欲望本身的否定性而使得行动具有了某种虚无色彩。以下，以拉康的镜像理论和萨特的"他人就是地狱"为线索，尝试分析拟制/虚假承认。

### (二)拉康的镜像

拟制/虚假承认占据了相互承认的重要位置，提供了程序意义的形式和解，但更为重要的实质性和解却需要从"在他者与自我往复认知"，即捍卫自我的独立性中完成。我们可以从拉康的"镜像理论"②去认识从他者的承认回到自我反思的重要性。

婴儿通过镜中的自我形象，开始与这个世界建立联系，同时也与镜像之外的自我建立联系。这与文尼克特的原始主体间性相似，婴儿处于一种自我与他者交融难以分别的时期，用拉康的话是："打别人的儿童说自己被打，看见别人跌倒却自己哭。同样的，他是认同于别人之后来看仪容和表演的所有反应的。在这些反应中的行为表现了明显的结构上的两

---

① 参见 Judith Butler, *Subjects of Desire: Hegelian Reflection in Twentieth-Century France*, New York: Columbia University Press, 1999, p. 64。

② 参见[法]拉康：《助成"我"的功能形成的镜子阶段》，载《拉康选集》，褚孝泉译，上海三联书店2001年版，第90～93页。"镜像理论"是拉康精神分析哲学中一个特殊阶段，是对6个月之后的婴儿在镜中发现自己之后的种种反应的解释。拉康认为："为此，我们只需将镜子阶段理解成分析所给予以完全意义的那种认同过程即可，也就是说主体在认定一个影像之后自身所起的变化。理论中使用的一个古老术语'意象'足以提示他注定要受到这种阶段效果的天性。……这在我们看来是在一种典型的情境中表现了象征性模式。在这个模式中，我突进成一种首要的形式。以后，在与他人的认同过程的辩证关系中，我才客观化；以后，语言才给我重建起在普遍性中的主体功能。"镜子时期的功能是意象功能的一个"殊例"："这个功能在于建立起机体与它的实在之间的关系，或者如人们所说的，建立内在世界(Innenwelt)与外在世界(Umwelt)之间的关系。"

可,奴隶被认作暴君,演员被认作观众,被诱惑者被认同于诱惑者”,[①]这种混沌深埋于孩子的意识中。但这种对于确立自我与自我之外世界的有益的混沌,在拉康看来是场悲剧:

> 它的内在冲劲从不足匮缺奔向预见先定——对于受空间确认诱惑的主体来说,它策动了从身体的残缺形象到我们称为整体的矫形形式的种种狂想——一直达到建立其异化着的个体的强固框架,这个框架以其僵硬的结构将影响整个精神发展。由此,内在世界到外在世界的循环的打破,导致了对自我的验证的无穷化解。[②]

造成这种悲剧的原因可以从两方面考虑:其一,从隐喻的层面,镜中的形象是一个“伪自我”,它先是那个无言的镜中影像的“我”,它后来又是亲人、玩伴的面容与行动,伪自我这一非语言性的存在相对于自我是一个“小写的他者”,它在种种非语言性的对象性关系中被现实建构和肯定。此种伪自我的想象始于误认。[③] 其二,镜像阶段是一个重要的转型期,其转型在于将“人的所有知识决定性地转向通过他者的欲望的中介中去;还将它的对象物建成在通过他者竞争造成的抽象同值(abstract equivalence)中;并使我成为这样一个机构,对它来说所有的本能冲动都是种危险,即使这种冲动满足了自然的成熟”。[④] 由此,在拉康看来,如果继续坚持主奴斗争的绝对性和获得承认的必要性,那么付出的代价就无可避免的是人的本能和自然价值。源于镜像的无言和他人面容的矫饰,伪自我的虚空性所代表的很可能是一厢情愿的自我认同,没有批评,只有自恋。而抛弃所有知识转向他者欲望的中介,与他者竞争的结果最好不过是抽象同值,而事实上是在丧失自我,如拉康所说:“而这些说法归根结底只有在‘我是另一个’这个事实上才能理解。这个事实对诗人的直觉来说并不奇

---

① [法]拉康:《精神分析中的侵凌性》,载《拉康选集》,褚孝泉译,上海三联书店2001年版,第110页。

② [法]拉康:《助成“我”的功能形成的镜子阶段》,第93页。

③ 参见张一兵:《拉康镜像理论的哲学本相》,载《福建论坛》(人文社会科学版)2004年第10期。

④ [法]拉康:《助成“我”的功能形成的镜子阶段》,第94~95页。

异,对精神分析来说倒不是很显然。”①

由此可见,拉康的镜像理论给出的仍是一种黑格尔主奴生死斗争模式的论述,只不过是自我依靠奴隶似的伪自我乔装成主人,其前提是拉康主张的人在本能上的虚无。拉康的理论在一个方面,比如仅仅是依靠他者不仅是靠不住的而且在本质上就是虚幻的,为“在他者与自我往复认知”的必要性提供了一种视角:法权,立足于人的自由本质,需要他者在场并承认,却不能由他者主导。或者说承认是自我为了使他者按照自我的期许而做出的努力甚至牺牲,但它在逆反动物性的基础上仍然是一件首先属于自我的事。

### (三)萨特的“他人就是地狱”

法权的独立性不仅仅在于他者的感受和反应,而在于自我对此种反应的平衡,在于对法权状态保持一种自觉与反思。其自觉者,在于建制化的法权原本来自追求自由的欲望;其反思者,在于此种欲望经过承认过滤之后仍然存在一个自我意识的内核,凭借这一内核人从蛮荒走入文明。萨特对承认的认知,在一个更为极端的意义上解释了主体独立的重要性,并且将行动融入承认的维度,而这种极端始于“他人就是地狱”的戏剧化假想。

萨特在《禁闭》中,以“他人就是地狱”描述出人与人的关系,这种描述是一种彰显存在主义哲学意味的夸张性描述,但正因为人需要在他者甚至不得不在他者的注视下存在,承认就不再是方法而成为本体论意义上的基本场景。在萨特虚构出的地狱之中,充斥着错误承认和不承认导致的人生失败,要在无可解脱的地狱中永久延续。如萨特描述,三个地狱亡灵之一,逃兵约瑟夫·加尔散进入的是一间没有床、没有牙刷以及最为紧要地没有镜子的第二帝国时代款式的客厅,他将与溺婴者艾斯黛尔·里戈尔和同性恋伊内丝·塞拉诺共处这间地狱密室。三个负罪的亡灵彼此在赤裸裸的目光注视下力图寻求解脱,而制约和折磨它们的却正是彼此的注视以及由此产生的互相关系,用伊内丝的话说是:“我们当中的每一个人,都是另外两个人的刽子手。”②三者的关系可以简单地还原为“为

① [法]拉康:《精神分析中的侵凌性》,第115页。

② [法]萨特:《禁闭》,冯汉津、张月楠译,载《萨特戏剧集》,袁树仁译,人民文学出版社1985年版,第120页。

承认而斗争”,从他者那里获取承认以解脱挥之不去的负罪感,加尔散要得到不是胆小鬼的承认,艾斯黛尔要得到受男人宠爱的承认,而伊内丝始终以他者的目光给出不承认或错误承认,于是加尔散说道:“何必用烤架呢,他人就是地狱。”①戏剧中展示了在现实中实际存在的恐慌与无奈,自我的权利一旦要通过他者的目光审视才能称为权利并行之有效,并且只在他者的目光拷问下自我才能成为自我,那么这就是对自我和他者的双重亵渎。对自我而言,这将导致“事实上我以不是我所是和是我所不是的方式存在”,②自我的存在丧失本真而导向虚无;对他者而言,“他人并不使我成为对我本身而言的对象,而是成为对他而言的对象”,③他者并未成为自我意识的见证者,相反成为使自我不在场的元凶。人们多认为从《存在与虚无》到《禁闭》是萨特对承认失去信心的表现,但从整体上尤其是二战之后的作品看,萨特对承认的重新阐释开始于读者与作者的相互承认。④

从萨特作品入手分析法权相互性的隐患,不在于否定相互承认的重要,而是在于强调不要忽视本能的潜力,即个体自觉和反思意义上的行动。当人们认为萨特为社会化的人际关系定下悲哀的基调时,萨特认为这是对“他者就是地狱”的误读,在《存在主义是一种人道主义》一文中,萨特表明了自我与他者在追求自由上的关系:“显然,自由作为一个人的定义来理解,并不依靠别的人,但只要我承担责任,我就非得同时把别人的自由当作自己的自由追求不可。我不能把自由当作我的目的,除非我把别人的目的同样当作自己的目的。”⑤更进一步,同源的开始和同目的的终结,造就出人与人的关系是“兄弟关系”,行动本身的实际序列归属决定了它必然要回复这种天赋。⑥ 萨特提及的“兄弟关系”及其对相互承认的重新理解,对于法权的意义在于,在始终存在自我与他者间的紧张与活力的前提下,法权的实质追求是自我担当意义的独立。科耶夫与萨特论

---

① [法]萨特:《禁闭》,第156页。

② [法]萨特:《存在与虚无》,陈宣良等译,三联书店1997年版,第353页。

③ [法]萨特:《存在与虚无》,第355页。

④ 参见 T. Storm Heter, *Sartre's Ethics of Engagement: Authenticity and Civic Virtue*, London: Continuum International Publishing Group, 2006, p. 35。

⑤ [法]萨特:《存在主义是一种人道主义》,周煦良、汤永宽译,上海译文出版社1988年版,第27页。

⑥ [法]萨特:《存在主义是一种人道主义》,第71页。

述法权的语境与霍耐特在家庭的层面论述承认有些相似,相似之处在于无论是主奴斗争还是地狱密室中亡灵间的彼此注视,都必须有一个预设的认知前提,或者说参与承认的主体之间有着某些特殊的关联。这种预设有可能导致霍耐特提及的承认的"不连续性",[①]因为一旦超越预设的场景在陌生人环境下,个体的独立性与彼此承认关怀的必要性几乎要重新开始,这是社会性秩序格局所无法忍受的。只有把个体的独立性在反思的前提下单独地从具象的场景中抽离,才有可能使在爱的层面建立起的自信转向法律层面的自尊,并在伦理层面实现团结,其前提是在自我与他者之间往复认知。

### (四)权力的独立性

上述所论,确切地说是阐明了承认对权力独立性的意义,依据导论中所论及的法权还包含着权力的法权含义,承认同样适合于维护权力的独立性。而之所以要维护权力的独立性,是因为权力超出了个体所处的私人空间具有了公共性,因而更为重要。从波利比阿(Polybius)的政体平衡到洛克、孟德斯鸠(Montesquieu)的三权分立,已被纳入传统含义本身的这种分权与制衡似乎更多关注的是"以权力限制权力",而从更为本质的前政治语境和人的自我意识来说,这是对承认的一种忽视或弱化。当国家的权力被分为三种,即立法、司法和行政时,此种划分的理论预设是阿克顿(Acton)勋爵的那句有名的话"权力导致腐败,绝对的权力导致绝对的腐败"。[②] 而事实上,权力本身并不会腐败,权力在本初的希腊城邦意义上更接近于工具。

可以做如此的类比,权力在本初意义上是某一个部落中唯一的一把刀,用来切割食物和抵御外族入侵。它本身不会腐败,这把刀所有的功能和所有存在的意义都在为了这一部落的存续,而只有它被部落中的人掌握而且事实上它只有被部落中的人掌握才能发挥作用时,腐败就有可能产生了。比如,本来用于切割食物的刀被其拥有者如部族首领用来砍伐树木修建自家的房屋,或是用这把刀威胁勒索部落中的其他人给他提供贿赂,等等。从此种类比出发,权力被人使用是权力存在意义的全部,而

---

① [德]阿克塞尔·霍耐特:《为承认而斗争》,第 114 页。

② [英]阿克顿:《自由与权力》,侯健、范亚峰译,商务印书馆 2001 年版,第 286 页。

在使用或占有权力的时候产生的腐败却并非权力的宿命，而是因为掌握权力的人的问题。在此存在的问题是两个：其一，刀的用途是如何确立的？其二，掌握权力的人的腐败所表现的的确是阿克顿所说的那种如果没有限制而腐败绝对化的趋势，但其原因是什么？

第一问题比较好解决，确定刀的用途的主要依据是其自身的功能，这种功能因为可以直观地被人所发现，于是人们承认刀的用途在于切割食物和抵御外辱。此种层面的承认是建立在刀作为物的独立性之上的，它不应该混同于水桶、弓箭或是其他财产的原因也在于此，而这种物的独立性是分权所无法解决的。分权所解决的是刀的用途确立之后的种种问题，可以通过立法制定刀的使用规则并决定由谁在什么时候使用，可以通过司法解决刀在使用过程中出现的纠纷，而刀的使用过程可以被想象为行政的过程。所以，对于从最初的用途上确定刀及其代表的权力是对其功能的承认。

第二个问题比较复杂，如果从黑格尔的承认理论来说，腐败不是权力的秉性或本能，导致问题的原因是因为人的欲望和此种欲望的消费性。自我的欲望是自我意识试图在他者那里获得反应的一种本能，也是一种追求，一种巴特勒提及的“对形而上学知识的追求，人类的生存方式由这些知识‘讲述’”。[①] 自我意识最先试图建立其自身的企图，就是满足其欲望，这种满足的方式是消费一个又一个客体。[②] 如果客体没有反应，那么他者也不过是自我意识为实现欲望的一个消费对象，但因为存在反应，情况就会不同，即“反应进入自我要求的是，从某些事物反射回来的东西并不能仅仅被视为自我消费的客体，而是一个与自我等价的另一自我”。[③] 这种与自我的欲望本能同时必然存在的他者的反应如果一旦具有了一种相互性，那么这就不再是费希特在知识学意义上假设的原始法权状态，而成为一种承认意义上的状态，在其中承认或者说相互承认时刻修正着主体的欲望。由此可以说，那把象征着权力的刀如果能在部落中存在，那么它实际上始终是在两种可能的情况下存在：如果是在经过承认的修正欲望下运行，那么就是权力的健康状态；如果是罔顾承认的修正并且无视客

① Judith Butler, *Subjects of Desire: Hegelian Reflection in Twentieth-Century France*, p. 25.

② Michael Inwood, *A Hegel Dictionary*, Oxford: Blackwell Publishers, 1992, p. 246.

③ Michael Inwood, *A Hegel Dictionary*, Oxford: Blackwell Publishers, 1992, pp. 246 – 247.

体的反应，就将导向腐败。其实分权学说中的以权力制约权力的出发点也在于存在一个或多个能够以等价身份出场的被承认者，而立法、司法、行政是这些欲望集合体在政治语境中的另一种称谓。

承认对于权力的独立性提供的是两个层面的意义：如果权力能够在物的层面具有独立性，是因为权力有着其他事物无法取代的功能，这种功能如果被派上用场是因为获得了承认；如果权力能够在欲望的层面获得独立性，是因为主体欲望的本能经过了承认的修正，修正后的权力拥有者由于已经承认他者的等价性而不再贪得无厌，权力由此可以在公共性的关系空间中存在。

## 三、法权的合法性

就承认理论而言，萨特指出的"兄弟关系"背后隐含的或许是萨特最为重要的贡献，即承认同时包含的是一种主动意义的要素，是一种对他者保有自由关系的请求。这一请求是对他者自由的"注视"而非取代，请求这一恳请他者合作的方式蕴含着双重意义：一种是他者给予，另一种是包含拒绝可能的暗示理解。[①] 一旦这种请求走出"兄弟关系"的领域，面对陌生人，无论是个体的还是集体的，首先要面对此种请求的合法性问题，即私人领域的权利和公共领域的权力在一个怎样的基础上获得不被拒绝的理由问题。在某种程度上，有些权利看似是无须请求、也无法拒绝的，比如人权。

但事实上从前政治的荒野到政治化的城邦，人权从未获得其绝对的普遍性和超验性，如在马克思看来"人权是一种政治建构，既是隐匿权力运作的方式也是统治和压迫的方式"，[②]在黑格尔看来"权利是一种为争取承认而斗争的制度表述，人权……体现了互为主体化而非个性化的过程"。[③] 因此从根本上说，刨除意识形态，人权可以被视作是将自由体验和自由理想予以建制化的一种状态，有时包含于政治、法律的框架之内有

---

① T. Storm Heter, *Sartre's Ethics of Engagement: Authenticity and Civic Virtue*, p. 46.

② ［美］科斯塔斯·杜兹纳：《人权的终结》，郭春发译，江苏人民出版社 2002 年版，第 399 页。

③ ［美］科斯塔斯·杜兹纳：《人权的终结》，第 399 页。

时溢出，但它并不先验地早于人本身的社会化，或者说终归是人与人立足于主体间性的相互承认才产生了人权。人权诉求并不具有本能性，而更接近于一个不断被填充和抽取的过程，在其中人的自由状态被想象着如何更为美好。人权坚持不证自明的自我期许没有问题，但一旦要求现实化它就必须要跨过现实与乌托邦的鸿沟，除非它只陶醉于一种修辞的快乐。人权很接近于人性，很多时候变化无常，为数不多的稳定因素还常常因为曲解、误解而变得只是一种说辞。人权没有超出权利的框范，而且人权一旦被建制化而成为法权就无法从自身的存在寻找合法性，它必须从法权之外寻找依据。一言以蔽之，人权有可能被拒绝，它需要被承认。

这对于更为广泛意义上的权利和权力，同样如此。法权的合法性要求的是一种超越法律或超越成文法的自洽性与合理性，而不能局限于合法律性。这与合法性与和合法律性的区别类似，却不相同，法权所包含的权利和权力要求从不同维度考虑承认的功能与意义，如果说合法性与合法律性的区别主要在于凭借的标准不同而实际上存在一个具象的标准的话，那么法权的合法性还需要在动态的主体间关系中考量。如以自由主义与共和主义为大致分类，承认需要为法权提供一个在自由主义的理性和共和主义的德性之间的视域融合区间，它连接的是从城邦延展至市民社会权利和权力的复杂关系。以下文字要论述的问题有两个：承认对分析权利和权力的本质有何种意义，承认对权利与和权力的平衡有何种意义，并说明私人领域的权利和公共领域的权力不被拒绝的原因来源于权威的建立，来源于自由的非生理性承认。

### （一）权威：事关权力的本质

中西方在其轴心文明勃发之际，对于权力有着不同的理解。从中国说，权力是权度之力，因其牵扯到“力”就立即生出诸多否定性的主张：“骥不称其力，称其德也”（《论语·宪问》），“子不语怪力乱神”（《论语·述而》），诸如此类。其缘由在于名实分离的政治与文化现实更倾向于道德，道德的合法性是伴随政权的产生同时树立的，当然也因政权易手而崩溃，此种政治—道德范式的始作俑者是周朝的缔造者，其经典表述是“黄天无亲，惟德是辅”（《尚书》）。由此可见，从最狭隘的层面审视，中国专制时期的权力定义是在一种流变的先验性中完成自我证明的，天与天子在德行的护佑下获得合法性，不容挑战却并非为所欲为。与现代权力观念联系更为紧密的西方权力观念，其圭臬在希腊城邦，对权力的认知集中在可见性、公共性、言辞与行动等核心要素之上。依据阿伦特的见解，当人们以言辞和行动聚集时，可见性的空间出现了，这一空间先于正式的公共领域建构和各种政府形式。只有在言辞和行动未被隔离的前提下权力才能现实化，它与物质财富的多寡无关，权力出现于人的聚合而消失于人的分离。权力所具有的种种潜在性可被现实化却从未被物质化，毋宁，无论数量还是方式，权力均独立于物质因素，对于权力的产生唯一不可或缺的因素是一起生活的人。① 权力是人与人联合时的一种必然存在的规制力，如同一种竞技规则本身存在于竞技者同场竞技的公共可见空间，就整体的竞技者共存而言，权力不可能属于哪一个人或哪一个集团。

有学者在分析福柯的权力关系时富有洞见地提及两种权力分析模式的问题，一种是利益—冲突模式，以达尔（Robert Alan Dahl）和卢克斯（Steven Lukes）为代表，其问题在于始终无法摆脱“权力的发出者”这样的观念来考虑“信念型塑”问题，从而不能恰当地处理权力与支配的关系；一种是权威—媒介模式，以帕森斯、阿伦特和哈贝马斯为代表，其问题在于往往将权力的支持系统简单地等同于社会规范价值方面的某种共识意识。② 其中权威—媒介模式充分考虑了权力作为一种关系存在的媒介意义，使权力不像财产和能力一样可以归属于一方，但在此，将“权威”这一措辞引入权力分析模式却冒着很大的风险，事实上权力与权威是两回事。至少在阿伦特的分析中，其最主要的区别在于权威不仅排除了强制手段，而且也与“劝服”不相容：

> 由于权威总是需要遵从，常见的错误是一些有关权力或暴力的形式。然而，权威排除了外在强制手段的运用；使用强力之处，即为权威自身败北之处。在另一方面，权威亦与劝服不相容，劝服预设了平等并经由论辩运作。劝服应用之处，即为权威悬而未定之处。与

---

① 参见 Hannah Arendt, *The Human Condition*, Chicago: The University of Chicago Press, 1998, pp. 199 – 201。

② 参见李猛：《福柯与权力分析的新尝试》，载《社会理论学报》1999 年第 2 卷第 2 期。

劝服的平等主义规则不同，权威主义的规则总是等级化的。如果权威被定义为究竟为何，此时，其必与通过强力的强制和经由论争的劝服判若霄壤（发号施令者与遵从者之间的权威关系既非普通理性亦非发号施令者的权力；他们共识的是等级自身，等级的正当性与合法性均得到承认且在其中他们各有既定的稳定位置）。这是有关历史重要性的观点；我们权威概念的一个侧面是从柏拉图开端的，当柏拉图开始将权威引入城邦处理公共事务，他知道他正在寻找一个应对城邦内事务通常之希腊方式的替代物，通常的希腊方式是劝服，与之相应处理对外事务的通常方式是强力与暴力。[①]

权威概念从柏拉图开始实际上尚未付诸实践，因为在希腊人那里权威还是一个需要如何从生活意义上被认真思考的新问题，从"理念"到"哲学王"，柏拉图寻找始终因为没有具体的政治实践而只能以"洞穴寓言"警醒后来者。但柏拉图的努力提供了有关权威超越性的最初完整意义的启蒙，对人类事物的管辖经由其本身领域之外的东西，对此加以证明的不仅需要通过一种高于实践的绝对优先的审视，一种高于言语和行动的绝对优先的沉思，还需要通过使人成之为人的"去看"的欲望设想。[②]由此我们可以至少在以下几个方面发现权威与权力的截然不同：第一，权威是等级化的建制，而权力从本初意义上说是与等级或平等无涉的；第二，权威本身合法性是不证自明的，权力需要他者的合法性证明；第三，权威是会衰减或消失的，而权力在一种关系的层面只会流转；第四，权威处于所面对问题的论域之外，而权力身处其中。最为经典的权力与权威的表述出于西塞罗（Cicero），即 *Cum potestas in populo auctoritas in senatu sit*，"权力在于人民，而权威在于元老院"，[③]阿伦特的解释是：

因为"权威"，元老院必须加于政治决断上的延伸，不是权力，这在我们看来是令人惊奇的难以捉摸和难以理解，在此方面与孟德斯

---

① Hannah Arendt, "What is Authority?", Hannah Arendt, *Between Past and Future: Six Exercise in Political Thought*, New York: The Viking Press, 1961, pp. 92–93.

② Hannah Arendt, "What is Authority?", pp. 114–115.

③ Cicero, *De Legibus*, 3, 12, 38, Quoted from Hannah Arendt, "What is Authority?", p. 65.

鸠统治的司法权惊人的相似，孟德斯鸠称司法权是“莫名其妙的并不存在”（*en quelque jagon nulle*）却仍然在宪政体制中具拥最高权威。蒙森（Mommsen）称为“强于建议而弱于命令，是一或许难以四平八稳忽视的忠告”，由此假定“像孩子们一样的那些人的想法和行动面临错误和过失时就需要经由长老会议予以‘延伸’和确认”。长老们这一“延伸”的权威性的品格在于其仅以一种建议存在，既无需命令形式亦无须外在强制地说与人听。[①]

由此可见，权威以其“莫名其妙的不存在”和“难以四平八稳忽视的忠告”延伸并确认权力的运转，而成为权力合法性的源泉。如此论证的前提是，权力在小国寡民的城邦式政治存在中因其可见性而无须权威，但是权力的这种可见性如果要从小国寡民的城邦走向更大的舞台就需要一种共同认同的监督评判机制，因为权力的可见性随着政治体疆域和内容的扩大而变得模糊，或者说从熟人社会到陌生人社会的转变中可见性衰减了。这就是柏拉图未济的事业，寻找权威，虽然柏拉图提供了理念在某种意义上接近于权威的超越性，而这似乎注定是希腊先贤及其公民无法完成的任务。因为在柏拉图的论述中，治理往往无法摆脱从“类比模式”汲取经验的羁绊，寻找基本局限于牧羊人与他的羊群、舵手与其乘客、主人与其奴隶的关系之内；[②]在亚里士多德那里，试图以“长幼之别”的本性产生权威，但也还是试图把家庭领域的经验叠加于公共治理之上的一种权宜之计。[③] 权威未能在希腊产生，因为权威产生的基础是直接的政治经验，这实际上是从罗马人才真正开始。由市民法到万民法，罗马人的权威始于创建罗马城之壮举的开端神圣性，它的真正意义却仍在于具有浓厚承认色彩的延伸和确认。

### （二）自由：来源于反生理性的承认

在权威与权力关系中讨论权力的本质，这似乎与在黑格尔承认理论语境中讨论权利的本质有所不同，但权力与自由在可见性的意义上所具有的同源性决定了二者的关联性。古典意义上的自由从希腊城邦兴起，

---

① Hannah Arendt, “What is Authority?”, p. 122.

② Hannah Arendt, “What is Authority?”, p. 108.

③ Hannah Arendt, “What is Authority?”, p. 118.

从希罗多德开始自由被理解为一种政治组织形式,在那里公民们既无统治也没有被统治,大家在法律面前平等而对有可能导致暴政的民主心怀忌惮,从此种平等的意义来说平等实际在本源上等于自由。法律面前平等预示着并非人人生而平等,平等是城邦的品格而不是个人的本性。平等者的自由来自于不平等者的存在,来自于奴隶的存在,奴隶们的劳动使得公民在维持生存之后,得以走出家门走向广场、集市或其他公共领域去各抒己见,就是他们自由的实现。从一开始,自由就只存在于摆脱了生存压力的平等者之间,而它的关键因素在于言辞和行动的可见性展示:只有通过他者的见证、议论和回忆,自由才是真实的。[①] 城邦中的自由需要他者在场,但这已经与费希特假设的原始法权得以成立的论域不同,此时的自由因为出现的公共空间而与权力紧密的联系起来。或者说权力的公共性从一开始就是为了保障公民们实现自由的一种规制力和执行力,不属于谁,更与各自的家事、私事无涉。权利与权力的关联在于权利的本质是自由,是自我意识的现实化。

但这一预设有可能在汗牛充栋的有关自由是什么的论证中陷入纠结,因为无论是自由主义者还是共和主义者,均对自由有着极为深刻同时带有强烈阵营归属色彩的理解。对于承认的意义而言,对于自由的探讨不是关键,关键的是自由在何种程度和何种意义上成就其自身的合法性,而承认会扮演何种角色,这同样是对以上有关权力本质论述所要给出的回答。问题需要从自由的概念谈起。

自启蒙以来,追逐自由或想象着追逐自由,成为描绘现代化路线图的主色调,用康德的话说就是"除了自由之外,这个启蒙并不需要任何其他的东西;实际上,一切事务当中最没有害处的那个东西就可以被称为自由,亦即在所有问题上都公开利用一个人的理性的自由"。[②] 但自以赛亚·柏林(Isaiah Berlin)给出消极自由与积极自由之分以后,对自由的论争在自由主义者、共和主义者以及介于两者之间的思想家之间从未停止。柏林主张的消极自由是一种不受干涉的自由,"我们一般说,就没有人或人的群体干涉我的活动而言,我是自由的。在这个意义上,政治自由简单

---

① 参见[美]汉娜·阿伦特:《论革命》,陈周旺译,译林出版社2007年版,第19~20页。

② [美]康德:《对这样一个问题的回答:何谓启蒙?》,载[美]詹姆斯·施密特编:《启蒙运动与现代性》,徐向东、卢华萍译,上海人民出版社2005年版,第62页。

地说，就是一个人能够不被别人阻碍地行动的领域”，[①]积极自由是一种主体得以主体化的自由，“我希望我的生活与决定取决于我自己，而不是取决于随便哪种外在的强制力……我是能够领会我自己的目标与策略且能够实现它们的人”。[②]

为了捍卫个人自由在各个层面的合理性，柏林郑重地提到了承认问题，认为个体如果不被当作一个个体而成为一种“统计单位”，那么他首先需要完成的任务还不是平等、自由，而是力争成为一个能够自我察觉的负责任的行动者。即使我因为自己的选择而遭受迫害，对承认的渴望也使得自我认为唯一可以给予承认的，是在历史、道德、经济以及种族当面与我同宗同源的社会成员们。由于我所归属的整个阶级、共同体、民族或职业所处的状况如此不利，我要想解放它们、要获得承认，就必须在痛苦的渴望中心甘情愿地遭受同一阶级、共同体、民族或职业中的某些人的凌辱和不当管理，忍辱负重的原因在于是他们承认了我，而那些来自某个高级且遥远的另外的群体给予的只是善待与宽容，而没有承认。[③] 柏林认为此种承认不等同于个人自由，而是“更紧密的与团结友爱、相互理解、平等结合的需要等所有被称为——不过是误称——社会自由的东西相关联”。[④]

在此，柏林存在两个误读：第一，承认不是一种自由，而是一种本体论的存在方式，是霍耐特提及的“社会斗争的道德语法”，自由与承认的位阶不同；第二，同一阶级、共同体、民族或职业中成员间的承认如果说是一种承认，那么也是自我承认，是真正的他者（只给予善待与宽容的高级且遥远的另外的群体）不在场的承认，而且凌辱与不当管理本身就是不承认或错误承认。为了承认可以策略地放弃自由，事实上柏林正确地指出了承认是获取自由的前提，但他对承认与自由关系的理解可能在定义消极自由时就出了问题，如查尔斯·泰勒所说，那是一种“机会概念”，一种粗糙的、原始的霍布斯式的概念。[⑤] 其粗糙之处在于如果仅仅把消极自由定义为没有人或人的群体干涉，至少在动机和感觉两个方面做出了不恰当的

① ［英］以赛亚·柏林：《自由论》，胡传胜译，译林出版社2003年版，第189页。
② ［英］以赛亚·柏林：《自由论》，第200页。
③ 参见［英］以赛亚·柏林：《自由论》，第227～230页。
④ ［英］以赛亚·柏林：《自由论》，第30页。
⑤ 参见［加］查尔斯·泰勒：《消极自由有什么错》，达巍译，载达巍等编：《消极自由有什么错》，文化艺术出版社2001年版，第70～71页。

忽视。不受干涉不意味着就是自由,因为自由"还要求你所做的事情不能与你的基本动机或者自我实现背道而驰",①以及更为重要的,我们在社会存在的意义上不可能是或仅仅是生理性的存在,我们实际上都具有黑格尔式的对生物性的"逆反"性,对于哪些东西是至关重要的哪些东西是可有可无的评判标准是通过"认同"来树立的,由此产生的感觉被查尔斯·泰勒称为"给予意味(import-attributing)的感觉",认同的概念只有在愿望和感觉不是生理性的背景下才会有意义。② 按照这样的论述,主体就不再是自我自由状态的最终裁定者:

> 自由不会只是没有外在的障碍,因为可能存在内在的障碍。对自由的内在障碍也不能仅仅按照主体认识的样子来定义,主体不是最终的裁定者。因为对他真正的目标,在对什么是他想要摒弃的这个问题上,他可能是完全错误的。在这个问题上,如果他是错误的,那么就"自由"一词的意义而言,他就不那么自由。③

自由要从认同的概念和给予意味的感觉获得正确表述,与存在一个或一些意义非凡的他者有必然的关联,与他者的承认有着必然的关联。如果放在制度和治理的层面而不仅仅是泰勒的批评所属的概念层面去解释认同,那么认同更多地指的是集体化他者的共同认同,也就是一种权威性的共识。

### (三)承认是权威的现代替代品

可以做这样一种理解,承认类似于权威,这种类似在于二者功能近似且遭遇相仿。而之所以强调承认的意义恰恰是因为从古典时期以来,承认与权威一样始终处于一种递减的状态。这种递减性决定了权威对于古典自由和现代自由具有不同的意义,这种不同源自古典自由与权威的关系因为权威的消失而导致的转向,即从自由转化为了自由意念(free-will)。罗马的权威观念并不是随着帝国的崩溃而立即消失的,它的消失是与传统和宗教的三位一体的逐渐瓦解同时发生的。经历的是一个从世

① [加]查尔斯·泰勒:《消极自由有什么错》,第74页。
② [加]查尔斯·泰勒:《消极自由有什么错》,第84页。
③ [加]查尔斯·泰勒:《消极自由有什么错》,第90页。

俗到宗教再到世俗的畸变过程,而其推动者是启蒙与革命。世俗的罗马权威消失了,但是自中世纪开始教会以一种"非基督教"的魄力接纳了权威概念,借以与世俗王权抗衡,并以来世的彼岸性召唤和地狱的终极惩罚成为人自由最后的训诫者。启蒙以后,卸掉宗教枷锁的人们也同时丢弃了对上帝的最后一丝实质性的敬畏,在穷困、饥饿的催化下从"胃的造反"走向革命,以自由的暴政反对专制,以共和褫夺独裁。[①] 这一畸变,从自由转化为自由意念的视角审视具有同样的过程,可见的平等者之间的自由,是一种边际现象,构建了统治除非生命本身及其直接利害或必要性陷入危急而不可逾越的界限。[②] 但自由本身却是一个包含自由和自由意念的复合体,其中自由意念并不具有可见性,而且自柏拉图以来灵魂与肉体双重的栖息于自我之内,孤寂的自我在思考时会产生一种瘫痪效应,它使去想和不去想、我要和我不要同时发生着。自由意念表现为"我要",意念突破其界限到达必然,表现为"我能"。[③] 在古典时期,"我要"与"我能"因为自由在公共空间的可见性并无分别,处于权威把持下的"我要"仅仅在思想的层面运转,引而不发。但随着世俗和宗教权威的消失"我要"直接从自我立法或是枉顾必然性的限制,显现地以行动取代了"我能"。在此,"我要"其实是一种他者不在场的孤独态势下的自我决断,因为缺少了他者的事先认同或承认而只能在显现之后评价,除了其自我结构的复合性缺陷之外,欲望取代了经由权威过滤的理性才是其本质。法国大革命是"我要"取代"我能"的典型案例,其中自由与权力双双陷入要么为所欲为要么销声匿迹的困境。而美国革命则是一直以"我能"的自我定位建国,国父们所坚持的原则从未将自由或权力减损,相反以创建新罗马的勇气显现了行动的开端力量。[④] "我能"与"我要"的分别是阿伦特对自由与权威的关系在历史层面做出的贡献,这些贡献让我们可以梳理出一条权威、自由及权力的关系链:自由以及以自由为本质的权利与权力一样,本质上是一种欲望,这种欲望在可见的公共空间展示而成为言辞与行动,在这种展示中权利与权力看清了对方并意识到彼此需要对方,权利的可见性展

---

① 参见 Hannah Arendt,"What is Authority?",pp. 126 – 141。

② Hannah Arendt,"What is Freedom?",Hannah Arendt, *Between Past and Future: Six Exercise in Political Thought*, New York: The Viking Press, 1961, p. 150.

③ Hannah Arendt,"What is Freedom?",pp. 158 – 159.

④ 参见[美]汉娜·阿伦特:《论革命》,第 124 ~ 165 页。

示需要权力的规制,权力的可见性展示需要权利的执行,这些行动如果不是恣意妄为或是自暴自弃,那么它渴望的就是一种承认,这种承认来自于权威。

现实政治随着古典时期的终结,权力从公共性走向了私化与物质化是东西方的共同趋势。中国专制时期的权力走向所具有的私化特征,其模式为逐渐从公共空间抽离权力的“波纹式的循环发生模式”:天子左右的微臣逐渐取得权力,压倒了政府大臣,并最终取而代之。但取代之后,其中又有私臣成为实权者,再来取代现有的大臣,如此后浪推前浪的往复不已。例如汉代的丞相初为尚书所取代;及曹魏时,尚书省已正式成为丞相府,但它复为中书长官所取代。再发展下去,门下侍中又逐渐掌握了实权。唐代三省长官的权力后来为拥有“同中书门下三品”或“同中书门下平章事”头衔的天子的亲信所取。下逮晚唐,“同中书门下平章事”已正式成为朝廷重臣,而其实权遂又转入翰林学士及枢密使(宦官)之手。[①] 西方权力的私化与物质化趋势,与人本身的私化与物质化有着极为相似的命运,而且与现实的距离更近,这一点可以在波考克(Pocook)对公民理想的思想史梳理中看清楚:世事变迁将亚里士多德希腊城邦意义上的“政治人”,转变为盖尤斯(Gaius)罗马法意义上的“法律人”,而到了洛克又被转变为靠拥有私有财产而博取自由的“经济人”。[②] 这些流变使权威在本体论上消失了,而权威在方法论层面遗留的超越性是承认对法权合法性的主要意义。

## 四、法权的有效性

法权是一种存在的形式,同时是一种关系,也就是费希特最早从有限理性和有限自由的语境下提到的彼此限制,每个理性存在者都必须在自己用另一理性存在者的自由限制自己的自由的条件,用那个关于另一理性存在者的自由的可能性的概念,来限制自己的自由。在科耶夫的论述

① 参见[日]和田清编:《支那官制发达史》,中华民国法制研究会 1942 年版,第 417 页。转引自余英时:《中国思想传统的现代诠释》,江苏人民出版社 2004 年版,第 83 页。

② 参见 J. G. A. Pocook,“The Ideal of Citizenship since Classical Times”,in Gershon Shafir (eds.),*TheCitizenship Debates*,Minneapolis:The University of Minnesota Press,1998,pp. 31–41。

中,法权被赋予了一种行为主义的定义,即两个人的相互作用,导致了一个不偏不倚、公正无私的第三方干预,且干预行为与相互作用以及干预的后果存在必然联系。无论是费希特还是科耶夫,在此提及的只是法权的成立,或者说是法权关系的出现,他们并没有在法权的定义中给出有关违反或遵从这种法权关系的更多细节。因此,跟法律规则的制定、颁布乃至适用一样,法权关系有着某种实效上的或然性,比如,有了理性存在者对彼此自由的限制就会出现法权关系吗?以及不偏不倚、公正无私的第三方的干预在多大程度上实现其初衷的预设?如果超脱开费希特与科耶夫的上述定义场域,比如回到黑格尔,那么法权的有效性甚至带有某种主客体融合的诉求:不仅是对客体的有效性,同时要兼顾主体对有效性的感受。

因此,法权的有效性至少包含了两种:其一,维持并规范法权关系的规则是有效的;其二,法权关系运作依凭的事实是有效的。关于第一种规则的有效性,将以实证主义法学对规则遵守的相关论述为切入点,以说明无论是奥斯汀的"命令说",还是凯尔森的"基础规范说",以及哈特的承认规则都有一种对规则本身终极有效性来源的渴求,即都尝试在最本初的阶段和层面找到由规则本身之外的、为人所认同的特质所带来的融贯性,这最终归结为哈特的承认规则;关于第二种在规则确定之后追求结果的有效性,主要以杰罗姆·弗兰克(Jerome Frank)的事实怀疑论法学为讨论对象,说明事实怀疑论者对具有终局性的法权关系有效性的接纳,是对事实的共识性承认。

### (一)实证主义法学的忧虑

实证主义法学最关心的问题之一,是确保是与应当的分离,在这种分离的基础上法律的功能,才能不受诸如道德因素的侵扰而正常发挥。因为存在一种脱离善恶好坏等价值评判的预设,实证主义法学对于法权关系的理解是自负且简洁的。同时,实证主义法学标榜一种可见性,这种可见性从规则的产生到其流变均有迹可循,且具有递减性。按照这种可见性的衰减,可以看出在实证主义法学对于规则自身原初的有效性,一直念念不忘。

1. 奥斯汀

现代实证主义法学的启蒙者之一奥斯汀,他对规则的效力(强制性),

有着最直白的表达。在奥斯汀看来,法理学的研究对象必须有所限定,上帝的慈悲因其宽宏大量、道德的博爱因其莫衷一是,都不应该在法理学中占有位置,如奥斯汀所说"我们可以径直而且严格地使用'法'一词所制成的规则,或者,是政治优势者对政治劣势者制定的法"。[①] 法律不需要也不能够为宽泛多元意义的"法"留下鱼目混珠的机会,因此,主权者、命令和义务构成了法律疆界的樊篱与界标。

深受功利主义熏陶的奥斯汀在一个宏观的视角,看到的是以趋利避害为原则的规则体系,这一体系关联了命令、义务和制裁,它们具有双重普遍性:第一,普遍性的要求或禁止一类行为;第二,对全社会成员是有约束力的,或者,至少对其中某些种类的社会成员是有约束力的。[②] 而之所以抛弃不可见的上帝,是因为上帝为我们设定的仅仅是法的动机,要将其宽宏大量的慈悲在俗世落实还需要人定法去实施;之所以抛弃道德,是因为道德准确地说是一种感觉,这种感觉使信神者与亵渎者可以操持同一种话语而使人难辨真伪。只有功利,"在最终的意义上,成为我们的行为尺度",但奥斯汀同时告诫,"功利是我们行为所需遵守的规则的直接标准,但是它却不是我们具体个人行为的直接标准。我们的规则,的确是以功利为主臬的。我们的行动,则是以规则为准则的"。[③] 规则的可见性,在奥斯汀看来是一种天然的可靠性,并以此完成了对启蒙以来自然法不证自明性的质疑和颠覆。

2. 凯尔森

奥斯汀之后的凯尔森视其法学为纯粹法学,其纯粹性在于要使法学远离一切非实证性因素的干扰,躲避一切意识形态的围追堵截,争取使法学研究与社会学、政治学、经济学和史学划清界限,纯粹法学要以先于其他任何学科门类的勇气和实力率先在法学之内研究法学。用凯尔森的话说是:"纯粹法学是实在法的理论……作为一种理论,它只关心其主题事项的精确定义。它努力回答的问题是'法律是什么'而不是'它应当是什么'。它是一门法律科学而不是关于法律的政治学。"[④]凯尔森的纯粹法

---

① [英]约翰·奥斯汀:《法理学的范围》,刘星译,中国法制出版社2001年版,第13页。

② [英]约翰·奥斯汀:《法理学的范围》,第26页。

③ [英]约翰·奥斯汀:《法理学的范围》,第60页。

④ Hans Kelsen, *Pure theory of law*, translatioed by Max Knight, Berkeley: University of California Press, 1967, p. 1.

学在渊源上说并不纯粹，至少新康德主义学派的浸淫和恩斯特·罗根(Ernst Roguin)和埃德蒙德·皮卡德(Edmond Picard)[①]的既有成就成为其理论的本源。凯尔森强调法律的规范性，并进而强调这种规范的"人为性"，"实在法之所以'有效力'，即它们应当被服从，并不是因为它们像自然法法律一样，是从自然、上帝或理性中得来的，是从一个绝对的善、正义或正义的原则中得来的，这种价值或规范本身就被赋予主张有绝对效力的权利。实在法规范之所以有效力，仅仅是因为它们是在某种方式下或有某个人创造的"。[②] 鉴于此，凯尔森视法律为规范，强调由"是"要求的"应该"而非"应然"。

规范可以成就体系，而基础规范是规范体系成就的根基，或者说基础规范是一个再也无法为其寻找一个规范而使之成为法律的规范，基础规范本身却不过是一个"推定"、一个"条件"。基础规范的假设，只不过表示了法律认识所必需的推定。如果要深究其根源，凯尔森的解释是基础规范是国父立国之初时的首部宪法：最终，我们达到某部宪法，它是历史上的首部宪法，是由一个僭主或某种集会制定的。他的第一部宪法的效力是最后的预设，最终的假设，我们法律秩序的全部规范都依赖于它。我们假设，人们应当按制定首部宪法的某个人或某些人的命令来行动。[③]

尽管这一解释仍不够彻底，如韦恩·莫里森指出起到效力基础作用的并非是第一部宪法，而是一个更基本的规范："基本规范是'行为应当遵照历史上第一部宪法来进行'，基本规范不是第一部宪法这一事实，"[④]基本规范还将经验材料可以由法律科学更严密地界定为实在法的条件陈述了出来。这一"条件"具有极为重要的两项功能：其一，委托功能，即建立一个最高的制造法律的权威；其二，授权功能，即基础规范还含有这种保证，凡经这样创造出来的事物都可以被理解为是有意义的。[⑤] 委托功能与授权功能规定一个人应该服从的对象是最高权威和最高权威委托的那些

---

① Julis Stone, *Legal system and lawyers' reasonings*, Stanford, California: Stanford University Press, 1964, p. 99.

② [奥]凯尔森：《法与国家的一般理论》，沈宗灵译，中国大百科全书出版社 1996 年版，第 432 页。

③ [奥]凯尔森：《法与国家的一般理论》，第 15 页。

④ [英]韦恩·莫里森：《法理学——从古希腊到后现代》，李桂林等译，武汉大学出版社 2003 年版，第 356 页。

⑤ 参见[奥]凯尔森：《法与国家的一般理论》，第 442～443 页。

命令,这些命令在被理解为一个有意义的整体后,法律的同一律得以确立,强制性得以确立。或如凯尔森所说“更为确切地说,在最高权威规定的某些条件下,将在最高权威所决定的形式下使用强制”,①如此秩序得以确立。凯尔森费尽周折地从基础规范开始的论证,使他认为的法律或者说规范体系具有了自马基雅维利以来对权威性权力截然不同的认知,如果说马基雅维利将权威性权力给了杀伐决断的君主,霍布斯将权威性权力给了力量无穷的利维坦国家,卢梭将权威性权力给了具有公意的人民,施密特将权威性权力给了分清敌我的政治决断,那么,凯尔森将权威性权力留给了法律本身。规范的有效性导向了两个并不具有终局性的预设,一个是被视为圭臬的首部宪法,另一个是遵照首部宪法行事的权威性强制。

但这一法律本身却具有了韦恩·莫里森意义上的三种特质:距离的特质、透明的特质、控制的特质。从权力同时也从法权关系的可见性视角出发,距离的特质与透明的特质都在表明一种实证主义的可见性。距离的特质要求法律实证主义在法律秩序与主体之间保持距离,创造并褒奖法律与道德、社会目的和法律主观性之间的距离,其目的在于使主体摆脱意识形态,使之理性地面对法律及其要求;透明的特质表明现代主体,在他(她)获得了建立在了解他所处环境的本质以及事物规律上的清醒自觉时,当法律的本质完全透明的要求实现时,就获得了自由,进而产生有效性。② 距离与透明,是凯尔森对规则有效性在成就条件上的要求。

稍作小结,可以发现,崇尚主权者强制力的奥斯汀,追求首部宪法对后来规范具有基础合法性意义的凯尔森,他们的学说都需要一个发生学意义上的基础。所有的追溯,在到达前政治阶段或某一立国时刻后,就戛然而止了。因此,实证主义法学巅峰成就的代表者哈特就战后审判纳粹而与富勒(Fuller)的论证,以及此后与德沃金的论证,都是试图为重建实证主义有效性找到基础。从规则的有效性来说,我们需要关注两个方面:第一,承认规则能否为实证主义的规则找到基点;第二,内在观点和外在观点能否涵盖全部针对规则有效性的主张。承认规则的提出始于对奥斯汀的批判。

---

① [奥]凯尔森:《法与国家的一般理论》,第443页。

② 参见[英]韦恩·莫里森:《法理学——从古希腊到后现代》,第365~366页。

3. 哈特及其承认规则

哈特对奥斯汀有所批评，认为："简单命令理论的错误与其更为复杂的对手的错误相较，是我们通往真理道路上更好的指针。"[①]在哈特看来，一个人在表达出他认为其他人应该做或不应该做某些事的时候，祈使语气具有千变万化的形态，把盐递给我、不要杀我和不许动表达的分别是请求、恳求和警告，这几乎有无穷的表达和诉求。在这些形态中，一个打劫银行的抢匪发出的命令，与军队中的长官对下属和耶稣对其信众发出的命令，是截然不同的。区别的关键不在于发号施令的场合或语气，而在于如果命令不被服从施加的潜在威胁的性质。军中或宗教团体中命令的威胁来自对权威的尊敬与认同，强盗组织中命令的威胁来自恐怖与伤害。因此，奥斯汀对规则的权威性是来自以强制为后盾的命令的定义，遗漏了权威、尊敬与伤害、恐怖的区分。法律作为强制性的命令需要清楚地分辨命令的模式，命令的对象是普遍的，命令的状态是持久的，命令的背后是令人不愿冒犯的权威。[②] 命令背后诸多因素在决定着命令的合法性，但它们沉默不语，需要我们甄别体味其中的种种联系与差别。基于此，哈特给奥斯汀的第一个批评是属性的错位。

奥斯汀关注命令与服从，但依据法律的内容、起源和适用范围三个方面，哈特找不到一个可以涵盖此这三种预设领域的概念，以对应奥斯汀强调的习惯的服从最高且独立的主权者的概念。从内容上讲，法律不仅仅是科以义务，同时赋予权利，比如订立遗嘱或赠送财物。如果奥斯汀坚持用"无效"当作一种制裁去通约科以义务和赋予权利，哈特认为决定规定契约法律形式的规则，并不是用来压制订立契约的举动，毋宁，只是使契约无法获得法律上的承认，而不承认并不是惩罚。从适用范围上讲，奥斯汀沉浸于一种自上而下的法律适用或立法模式中，认为法律总是由在法律之上的某个人或某些人为其臣属而定，其本人则可超然度外。而哈特认为，法治主义并不认同这种自上而下的"简明性"，因为在哈特看来立法者的官方身份与立法者的私人身份是两个分立的人格，只有从不能通约的授权规则角度出发，不同的身份归属才是合情合理的。从起源模式上讲，奥斯汀借以立论的主权者及其命令的权威性在即位者出现的一瞬间，

---

① [英]H. L. 哈特：《法律的概念》，许嘉馨、李冠宜译，法律出版社 2006 年版，第 17 页。

② 参见[英]H. L. 哈特：《法律的概念》，第 18 ~ 23 页。

失去了解释权力合法性来源的能力，因为它将不可避免地导向以默许为意思表示的习惯。[①] 简明的主权者概念和简明的惩罚模式，构成了奥斯汀规则有效性的基础，但哈特给出的第二个批评是功能的扭曲。

立足于凯尔森的基础规范的不足以及哈特对奥斯汀的批评，可以发现，无论如何强调规范就是规范也无法证明其源头的有效性，除非可以跳出规范或规则本身的范围。哈特的承认规则开始做出这种尝试。

承认规则的提出，在一开始并非是为了应对规则的有效性。按照哈特的说法，初民的社会是一个以科以义务为主导模式的初级规则"体系"（或者根本算不上称其为体系，因为如此简单的社会治理方式中涵盖的，最多是近似于现代社会礼仪规则的一些东西），是一个缺乏可供辨识和标识的体系。承认规则的出现是为解决此种状态下的不确定性：

> 对于初级规则体制的不确定性最简单的补救方式，就是引进我们称为"承认规则"（a rule of recognition）的规则。承认规则会指出某个或某些特征，如果一个规则具有这个或这些特征，众人就会决定性地把这些特征当作正面指示，确定此规则是该群体的规则，而应由该社会的压力加以支持。[②]

但事实上，承认规则承担的任务远不仅在于消解不确定性，它同时提供一种权威性的标识，因此在哈特看来这是"我们有了法效力（legal validity）这个观念的起源"。[③] 承认规则本身的资质问题哈特并未作深究，他关注的是承认规则的赋权功能是如何实现的。以足球运动为例，我们可以看出承认规则存有两个指向：一个是一种依据哈特称为"内在观点"[④]的视角所作的描述，此时的承认规则如同足球比赛中的得分规则，接受这一承认规则就像接受棒球的游戏规则一样，否则游戏将无法进行

① 参见［英］H. L. 哈特：《法律的概念》，第26～47页。

② ［英］H. L. 哈特：《法律的概念》，第89页。

③ ［英］H. L. 哈特：《法律的概念》，第90页。

④ 参见［英］H. L. 哈特：《法律的概念》，第84～86页。哈特的内在观点与外在观点，指的是对待规则及其遵守或违反结果的态度。所谓内在观点是指接受规则并自愿合作维持规则，并愿意从规则的角度来看待他们自己和他人的行为；外在观点是对拒绝规则的人的观点，他们看待规则始终将之视为惩罚可能发生的征兆。

下去;另一个是关于足球运动本身的竞技性、观赏性以及实际存在的令人热衷或着迷的事实,这些事实沉默地扮演着承认规则,这是基于一种“外在观点”的事实陈述,它提供的是足球游戏规则有效的背景事实。

内在观点的视角是一个人能够从事足球这一运动或游戏的准入机制,也就是说如果你无法接受并承认这些规则的有效性你就无法玩或参与这一游戏,而你一旦在比赛或游戏中感觉到不公正或受到伤害,那么你能援引的所有救济,比如告诉裁判或者赛后给组委会写信反映情况,都建立在你承认并接受这些游戏规则的基础之上。没有一个承认规则,哪怕是默示的、隐藏的,你就无法去从事此项运动,也无从对射门得分或落后扳平比分感到快乐,或对比赛对手拖延时间或故意恶性犯规感到气愤。拒绝了承认规则等于拒绝了这种运动应有的所有意义。

外在观点视角下的背景事实的意义在于,从一个现实的实际存在的视角去反推这种事实的有效性是恰当的。足球运动的所有规则之所以是有效的,不是因为规则本身的完美无缺,换一套规则完全可以比赛。足球运动规则的有效性立足于它已经是一个事实问题,即自足球运动发明以来,从运动员个人、教练、裁判,到比赛组织者乃至国际足联,都是在这一游戏规则下进行活动。他们的种种行为,比如实际的比赛或建议或者研究,导致了规则的变化,但对于规则需要维持并加以完善的整体博弈目标,没有变化。换言之,足球游戏的规则在一个初次参与者看来并不具有当然的有效性,甚至随着他参与比赛而逐渐成熟会反对这种游戏规则,但一旦是一个旁观者,就会发现总要存在一种规则去规范这种运动,比赛80分钟还是90分钟无关宏旨,不断地有人去踢球和看球就意味着一种承认,而承认规则就是这些实践行为本身。

而就实证主义法学对基础合法性的追求而言,承认规则似乎依然无法摆脱凯尔森式的基础规范的窠臼,因为始终存在这样的疑问,为什么足球的规则是这样的?为什么双方各上场11名队员比赛是正常的比赛,为什么比赛时间是90分钟而不是别的,为什么运动员因犯规被判罚两张黄牌或一张红牌就要被罚离场?亦即,承认规则的自身有效性无法在法权关系内部的框架内自我证明。

哈特对此采取了两种辩驳策略:第一,如果对承认规则本身的有效性质疑,就如同质疑巴黎的那根标准米尺,也就是在质疑标准米尺的正确性只能被假定但不能被证明,这是荒谬的;第二,将上述内在观点与外在观点结合起来,并对“假定承认规则的效力”与“预设承认规则在司法实践中的存在”作出区分,那么一个成熟的法体系如果要超越诸如“进教堂要脱帽”式的仅仅通过既有事实才能证明其有效性的话,就必须采取一种内部陈述,即任何规则都要通过符合某一承认规则提供的标准,才能成为该法体系中的规则。承认规则的存在不过是个事实问题。①

对于哈特来说,法律是一种对潜在惩罚的预计,②但却不能把它当成对“社会规则存在”的全部说明,它不具备怀疑论者所表述的“成文法是法律的来源,但不是法律本身”③的那种极端性。同时哈特认为法律规则可能有一个没有争议的核心意义,但是所有的规则都有一个不确定的开放式结构(open texture)和边界地带,这既是我们必须付出的代价,④也是对追求规则有效性的挑战,但承认它并分析它从而厘清它,是一种责任,同时是一种坦诚的美德。因此在“怨恨的告密者”一案中,哈特强调法律就是法律,无论其何等邪恶都无法改变这一事实。但是当它是如此的邪恶,以至于我们无法遵守时,就不去遵守,这是自边沁(Bentham)以来实证主义所秉持的“严格服从,自由批判”的一贯原则。他为如何处置告密者提供了两种方案:“一种是使该妇女不受惩罚,另一种是直面现实,即如果要惩罚该妇女的话,就必须引入一部公开溯及既往的法律,并充分意识

---

① [英]H. L. 哈特:《法律的概念》,第104页。

② 哈特认为,就法律规则而言,一般认为这个关键性差异(“必须”或“应当”等要素)存在于下述的事实之中,即对某种行为类型的偏离可能会引致敌对的反应,甚至会受到来自于官方的惩罚。而对于像每周去看电影这样的可被称为单纯的群体习惯而言,对它的偏离并不会引致惩罚或甚至是斥责;但凡是只要有要求某类举止之规则存在之处,即使是像要求人们在礼拜中脱帽这样的非法律规则,对其偏离则仍极可能会引致诸如惩罚或斥责之类似的后果。相对于在法律规则的情形中,这个可加以预测的后果是明确的和由官方加以组织的,在非法律规则的情形中,虽然对偏离行为类似的敌对反应是很可能发生的,但此种敌对反应却是不明确而且也是没有组织的。参见[英]H. L. 哈特:《法律的概念》,第10~11页。

③ J. C. Gray, *The Nature and Sources of the Law*(1902), S. 276. 转引自[英]H. L. 哈特:《法律的概念》,第13页。

④ 哈特在强调了规则表述的语言具有权威性的一般化之后,并没有盲目乐观,他所提及的“一般性”并非完美。因此,哈特指出:无论我们到底选择判决先例或立法来传达行为标准,不管它们在大量的日常个案上,运作得如何顺利,在碰到其适用会成为问题的方面来看,这些方式仍会显出不确定性;它们有着所谓的开放性结构(open texture)。到目前为止,我们把开放文本,特别是在立法这种传播形式中,视为人类语言的普遍特征;为了使用包含一般化分类语汇的传播形式来传达事实情况,边界地带的不确定性是我们必须付出的代价。参见[英]H. L. 哈特:《法律的概念》,第119~123页。

到以此方式使她受到惩罚我们要面临的代价。”(在此,哈特再次提到“坦率”)“溯及既往的刑事立法与惩罚可能是可憎的,但在此案中如果这样做,至少会具有坦率的美德”。[①] 坦率就是不隐瞒,就是要在摒弃浪漫主义的乐观与虚伪的同时,维护规则的完整与权威规范的有效性。而这些有效性的甄别机制不再是奥斯汀强势的主权者或是凯尔森的基础规范,而是兼顾内在观点与外在观点的承认规则。事实上,承认规则更多地来自于一种流变的语境化的理解,如同下象棋,仅仅知道马走日、象走田是远远不够的,棋手的活动是在遵从这些基本规范基础上的再创造,但每一手棋的卓尔不凡都在对局者的心中经过了承认规则的过滤,无论妙手或是恶手,意境高远或是毫无意义,这些也都是在承认规则筛选后的自我感受或他者评价而已。

哈特的承认规则是从承认的角度追求法权关系有效性的努力,并在其描述性的规则整体叙事中占据了重要的位置,尽管承认规则本身无法自我证明。但只要哈特不再固执地追求类似凯尔森的规范的自足性,不再纠缠于规则有效性来源的实在性存在,他就可以在方法论的层面站住脚。承认规则是一个事实,这个事实无所谓对与错,它只是可以稳妥而恰当地为法律体系内的其他规则提供准入机制,预设承认规则的终极决断品格与现实存在承认规则不同。承认规则的品格与良好的法权关系相类似,参与者与评判者都明示或默示的相信它,而它也存在于现实的事实之中。在哈特的规则体系内,规则本身的不确定性(因为始终存在边界地带)与开放性,要求承认规则必须以假定的决断性维持局面。承认规则本身是一种事实,但是至少在现实主义法学者比如杰罗姆·弗兰克(Jerome Frank)看来,这种事实的复杂程度可能要远比哈特的描述性笔法所涵盖的范围要广。

### (二)异化世界的事实

哈特曾经运用一个十字路口等待绿灯的例子,指出在规则的实际运转状态中,等待的人群中只有两种人:第一种人是认同规则的人,也是持内在观点的人。红灯亮起就意味着“红灯亮起要停下”这一规则生效,对于这一规则的遵守是规则的要求,即规则是有效地同时是一种标准。第

---

① [英]H. L. 哈特:《法理学与哲学论文集》,支振锋译,法制出版社 2005 年版,第 177 页。

二种人并非规则的认同者,他们之所以停下来是因为很有把握的预见到了,如果闯过红灯而不是等待将遭受惩罚,警察会出现并可能罚款或其他不利的处罚会接踵而至。①

而只要稍作思考和发挥,就会发现等待绿灯的人群中其实远不止这两种人,比如,第三种人,认同规则,但认同的原因是可能的惩罚而不是规则本身;第四种人,不认同规则,也不惧怕惩罚,停下来是因为其他人也停下了,他把他人停在那儿视为一种自己行为的参照物;第五种人,认同规则,但不害怕惩罚,并且把挑战规则和试图逃避惩罚视为一种快乐,即那些有着无时不在的风险偏好的人;第六种人,认同规则,也惧怕惩罚,但其行为方式并不具有固定性,如果没有机会(比如确定没有警察,或者已经有人正在被警察处罚而无法分身,或者有很多人正在闯红灯)的话,那么就在那儿等着的人。这种列举几乎是无限的,尽管他们的表现是一致的,无论心悦诚服还是心怀怨恨,都在行为外观上遵守着规则。这在实证主义者看来,正是规则之治所要追求的效果,不管你怀有何种居心,唯一重要的是表现出来的行为,这与感情和道德无关。也因此,哈特在《法律的概念》中警惕的是规则怀疑主义者,并用“开放性结构”去弥补规则难以完美的缺陷。换言之,哈特并未细致地关注事实问题,也没有细致地关注事实的多样性问题。

1. 背景:所谓异化世界

事实的问题原本也不成其为问题,在黑格尔意义上的未曾异化的时段里,人们想的、说的、做的是一回事。按照黑格尔理解,伦理性的存在是人类历史首尾两端都无法回避的存在方式,并且,在初民时代,只要是具备了社会性的人出现,那么他们必定是一种伦理性的存在。这与亚里士多德的民族先于个体是一个意思。回到城邦时代,整体性的城邦为个人提供了生存的现实经验和价值标准,如查尔斯·泰勒所讲:

> 塑造了我们的私人经验并构成了我们的公共经验,而公共经验与私人经验复有深刻的互动。因此,说我们借着参与于我们社会的大生命中——或至少沉浸其中,当我们对它的关系是无意识的和被动的时候(而且情形常常就是如此)——而成为我们之所以是,这是

① 参见[英]哈特:《法律的概念》,第85页。

顺理成章的道理,丝毫没有牵强之处。①

这样的时代就是未曾异化的时代。我跟我所扮演的那个社会角色,以及我想成为的那个我,是一致的。但是从斯多葛主义的思维独立开始,“通过怀疑主义,终于在苦恼意识中达到了自己的真理性……这现实的真理性表明:自我意识的这种普遍的效准、客观的有效性,即是从自我意识异化而成的实在性”。② 理解黑格尔的意思可以从以下三个角度入手:

第一,在伦理世界不存在自我的实现,自我在社会公共生活中的表现必定以公共生活的规范为准则,这些准则赋予自我一个身份,他接受这个身份,而不会感到名实不符因而无须去怀疑,也无须去自我实现。

第二,斯多葛主义催生下的怀疑主义,使人们对自我的身份产生了不自信,这跟人与神、家庭与城邦的日益显著的矛盾相伴随,于是人开始从与自己休戚与共的伦理共同体以及自我意识之外确认身份的独立性,这些行为和生成过程,就是个人的异化。

第三,沿着这种行为的惯性,人们开始不再对公共规范奉献出全部的忠诚,也不再从那里获取自我意义的赋权,于是“个人主义”就产生了。这是民族及其生命瓦解的时刻。③ 个人主义的产生同时也是启蒙的结果,而启蒙在黑格尔那里也是一种异化:

> 这种识见,作为自己把握其自己的自我,并且它将一切都当作自我来把握,即是说,它对一切都进行概念的理解,剔除一切客观性的东西,把一切自在存在都转化为自为存在。当它转而反对信仰,亦即反对异己的、外方的、彼岸的本质王国时,它就是启蒙。④

异化在社会生活和政治生活方面产生了前所未有的变化,诸如个人与家庭,家庭与城邦之间的伦理性的和睦关系被打碎了,人们通过伦理共同体的整体目标去定位自我价值的评估体系崩溃了,亦即人们无法再通

① [加]查尔斯·泰勒:《黑格尔与现代社会》,徐文瑞译,吉林出版集团有限责任公司2009年版,第138页。

② [德]黑格尔:《精神现象学》(下卷),第42~43页。

③ 参见[加]查尔斯·泰勒:《黑格尔与现代社会》,第143页。

④ [德]黑格尔:《精神现象学》(下卷),第42~43页。

过共同拥有的公共经验去自我界定。这些曾经最为重要的,当然也是最为有效的公共经验与个人的私人经验彻底的分离了,并被私人经验所取代。回到黑格尔的异化层面,原来公共经验的那种普遍性是不言自明的,这是城邦生息繁衍的基础,没有一个整体性的存在论就不可能有私人的生存机会,因此,私人经验需要从公共经验那里不断的验证自己,并从那里学习以及得到承认;异化出现之后,公共经验与私人经验展开了斗争,原因在于私人经验开始自认为具有了普遍性,整个城邦乃至整个世界的存在的所有意义仅在于我的存在,于是人开始为了个人的目标与集体化的存在及其他的个体争斗,这种个体性的生活更多导向一种此岸性的世俗生活,没有了值得效仿的英雄,也没有了永恒的彼岸。

进一步发展并深化,个人主义的个体终于在启蒙的帮助下取得了适应其生存的环境,即经过市民社会的积淀,人们成为了"市场化"的一种存在形式,对于黑格尔谈到的"祭坛化"的国家而言,理性的个体通过各自竭力的追求私人利益,从而推动整个社会和历史前行。这种理性人在信息不对称的大背景下所从事的彼此追逐一旦导致法权关系的产生,即限制彼此自由的互动性存在关系,那么,在法权关系之内的博弈将也是一种市场化的彼此竞争。法官弗兰克(Frank)有关事实的所有认知与论述,其叙事背景就立足于上述这样的异化世界。

2. 法官的事实

具备各种并非过于特别化资质的法官,构成了伸张正义维护法治的审判者,他们通过对当事人、律师、陪审团以及证人的言辞地听取,做出判决。按照"事实怀疑论"旗帜性人物弗兰克常用的一个公式,用R(Rule)代表法律规则,用F(Fact)代表事实,用D(Decision)代表判决结果,那么可表述为$D = R \times F$。① 但就法官本身而言,要了解这个公式首先要知道法官究竟在扮演着什么角色,以及他本人与这一角色的预期有多大的距离。

法官在普通人眼里,甚至在律师们眼里,被视为父亲的替代者,而这样一种描述的前提,是大部分普通人的一种尚未脱离孩子气的法律观。弗兰克援引皮亚杰(Piaget)的理论,认为从孩子们的视角看去,世界是完

---

① Jerome Frank, "Say It with Music", *Harvard Law Review*, Vol. 61, No. 6 (Jun., 1948), p. 922.

美而和谐的，如果出现某些预想中的不一致，那么孩子们会运用语言去修改它，直到把它修改到满意为止。这种对他们认为的美好世界的信心，来源于无所不能、几乎能满足其所有要求的父亲。孩子的一颦一笑、一举一动都可以在他们的父亲那里得到迅速的回应，并且基本按照孩子们的意愿去实现那些在孩子们看来极为重要且令其感到幸福的目标。孩子们长大后会长久的沉浸在对父亲无所不能的确定性中，而当在现实生活中遭遇叵测，比如权利受到侵害或权利未得到确认的时候，他们会把自我标榜为正义化身的法律以及以法律匡扶正义的法官视为依靠。因此，在这些要求由法官通过法律的无错性去维护自身权利的长大的孩子那里，法官是父亲的替代者，并且绝对可靠。①

于是回到 D = R × F 这一现实传统司法所秉持的判案原则的公式，判决 D 受到了规则 R 和事实 F 的双重影响，在此，出现了两种变量的决定模式。如果 F 是确定的，也就是法官与所有诉讼参与者面临的问题将全部来自 R，这在事实怀疑论者那里已经不成其为问题：R 是预设的，它的产生经历了诸多程序性的过程，它是被提前公布并就其自身而言是无容置疑的，因此大家对规则的承认是诉讼得以成立的基础，至少在脱离了私力救济为主的现代社会是如此。如果 R 是确定的，而 F 是不确定的，即案件的事实在当事人、律师、证人以及可能有的陪审团那里，各自有着一个对事实的描述和理解，需要法官去抉择那些构成并实际成为 D = R × F 中的 F 时，事实就是不确定的，而这正是讼争的核心性因素。

如果法官事实上并不能承担起被那些视之为“父亲”替代者的人给予的角色，即他需要在各种自身无法摆脱且很多时候无法左右的偏见敏感性中工作时，各种事实均构成了诱因。同时，法律规则或原则在严格意义上也构成了一种诱因，其不同之处在于它们被视为“经典”诱因。② 一旦这些诱因对法官的认知产生了影响，如此被法官认定的事实也就不能再被称为客观事实，而会变成一种主观事实，传统的公式也就会变成 D = R × SF。如果法官的主观性可以决定什么是事实，那么就会使据以判决的事实变得不确定，因为前文已述，法官的主观性处于各种诱因和刺激的

---

① See Jerome Frank, *Law and the Modern Mind*, Gloucester: Peter Smith, 1970, pp. x – xi, 21.

② Jerome Frank, *Law and the Modern Mind*, p. 113.

围绕之下。因此,从法官的方面来说,事实即为猜测。[1] 更进一步,主观事实在并不少见的情况下发展为一种个性对刺激的反应,D = P × S,即判决是个性与刺激的产物。[2] 这些都表明一个事实:"事实",其必须永不被忽视,却不是客观的。法官认为它们为何它们即是为何,而且法官认为它们为何依赖于其在证人作证时的所见所闻,它们可能不是,而且常常不是。于是,很多事实是关于法官注意力的一项函数。[3]

尽管中国的法官并不能拥有像美国同行那样的社会地位、道德评价和业务技能,但在对事实的认知上依然存在某种相似。如果说美国法官的注意力更多具有一种自由主义的个人偏好倾向,那么中国法官的注意力则更容易导向公共政治偏好,我们可以通过对"优秀法官"的事迹宣传说明这一判断。

3. 律师的事实

异化世界的法律人,除了法官,还有律师,他们是以法律为业的专家,是法律门外汉们绝对难以完全琢磨透的一类人,比如,用"安全价值观""审慎的""疏忽大意""契约自由""诚实信用""尽心履责"等词汇创制出一种外观上连贯、统一且定义清晰的体系,尽管事实上这些并不存在。[4] 其不存在的原因在于在异化世界中,遵从古典自由放任经济理论的假定,每个"诉讼人"如同每个"经纪人一样",都在以自我的理性去追求个人利益的最大化。法律中的正义与公平在这种自由放任理性的推动下,其结果就会像自由放任经济理论假想的一样:明智的使用资源并对经济利益按照个人贡献的大小进行分配,则会实现社会公共福利最大化。但前提是有关正义分配取舍的行为,也如同有关经济利益的分配取舍一样,是通过斗争实现的。[5]

这应该并不令人感到奇怪,因为由法院、法庭垄断一定规格的争议裁判权是相当晚近的事,相对于私力救济、个体争端解决模式的漫长岁月,

---

① Jerome Frank, *Law and the Modern Mind*, p. 115.

② 参见"Are Judges Human? Part two: As through a Class Darkly", *University of Pennsylvania Law Review and American Law Register*, Vol. 80, No. 2, p. 242。

③ Jerome Frank, *Law and the Modern Mind*, p. xviii.

④ Jerome Frank, *Law and the Modern Mind*, p. 30.

⑤ [美]杰罗姆·弗兰克:《初审法院——美国司法中的神话与现实》,赵承寿译,中国政法大学出版社2007年版,第98页。

它是进步却始终带有古老争斗的底蕴。因此司法竞技的本质性要求,使当事人从用长矛或手枪通过决斗而界定正义的阶段发展到对簿公堂,律师很自然地被视为各自的帮手。因此,法律自由放任主义追求的正义,不过是要在诉讼中打败对方并取得实际利益,这跟此前的决斗几乎没有区别。如果能达到这样的目的,在法律规则允许的最大范围内要尽力保持一种有利于己的信息不对称状态,每一个诉讼当事人在法庭的竞技性的争斗中,通过自己的律师,将会费尽心机,全力以赴地试图通过证据资源,以便发现最有利于自己的证据和最不利于其法庭竞争者的证据。①

这样的制度预设是自由放任主义的市场化模式的司法版本,其目的在于各自不遗余力地揭露对方,从而使法庭可以最大限度地获得真实的事实。但是这种制度所秉持的原理不足以成为一种排他性的原理,法律自由放任主义有着先天的不足,比如,第一,如果诉讼当事人拒绝向法庭出示他所掌握的对方当事人的证据的时候;第二,如果诉讼当事人雇佣的律师不称职的时候;第三,如果没有足够的资金用以收集证据、寻找证人的时候。② 在这样的情形下,事实成为某种待价而沽的"商品",越是秘密地为对方不知道的事实越是具有潜在的价值。这些商品的最终定价者是法官,当他在双方所提供的各种事实中厘定哪些是真货、哪些是赝品,以及哪些根本没有价值之前,隐瞒哪怕是案件所必需而对自己不利的事实,成为维持信息不对称优势的唯一选择。

而对于律师所提供的所有事实而言,也就成为一种经过三重过滤的事实:第一层过滤是律师本身的职业偏见、前见,他会把那些从其自身专业素养角度出发,可被视为有力证据的东西拿到事实的框架之内,而抛掉其余的东西;第二层过滤就是法律自由放任主义所倡导的竞技性争斗,所有有利于争斗胜利或获利的东西,被拿到事实的框架之内,其余的抛弃;第三层过滤是了适应法官的卡迪(Cadi)司法(类似于依照穆斯林教义法由长老凭借自己的威望和理解来审判的司法模式③)律师必须尽量迎合

---

① [美]杰罗姆·弗兰克:《初审法院——美国司法中的神话与现实》,第98页。

② 参见[美]杰罗姆·弗兰克:《初审法院——美国司法中的神话与现实》,第99~100页。

③ Jerome Frank, "Are Judges Human? Part one: The Effect on Legal Thinking of the Assumption That Judges Behave Like Human Beings", *University of Pennsylvania Law Review and American Law Register*, Vol. 80, No. 1, p. 25.

法官的某些武断、任性的权力运作和偏好。从律师的方面说,事实是经过过滤的有利证据。

在中国的司法实践中,“刘涌案”中辩方(包括其辩护律师和邀请的咨询专家)所提供的事实,是典型的待价而沽的“律师的事实”。在“刘涌案”中,辩方律师和咨询专家采用了学理与实践相结合的策略去发现有利证据,并以此定义“事实”。咨询专家陈兴良教授以取证程序不合法为切入点,强调刘涌案中存在不能排除存在可能性的刑讯逼供,而通过刑讯逼供取得的口供是一种被污染的证据,也因此并不具有合法性和证明力,因为“刑讯逼供是一种绝对的恶,而不是一种相对的恶,不是一种有条件的恶”;①辩护律师田文昌通过收集曾经看守过刘涌的武警人员和有关公安人员出具的证词,证明确实是有刑讯逼供。② 发现并及时地提供这些有利的证据,一度成为刘涌案二审改判死缓的关键因素,与通过刑讯逼供获取口供这一对刘涌有利的证据相比,其他的证据,仅从判处死刑立即执行的意义来说,似乎被“一揽子”过滤掉了。这验证了弗兰克洞见的“不为人所知的事实”所具有的价值,二审法官对这些事实给出了相当高的估价,尽管此后的变化再次使“事实”屈从于“民意”而在法官那里贬值。

4. 当事人的事实

诉讼被视为一场战斗,其主要的原因在于当事人在权利受到侵害时的愤怒,这种愤怒在初民时代极易导致复仇或战争。而在现在社会,所谓“诉诸法律”在很多时候,是指放弃私人战争而接受由社会选定的人所做出的那些关于权利的裁决,官方的争议裁决者就是法院,其效力来源在于裁决背后所附加的暴力,只不过是官方暴力取代了私人暴力,这一点从用剑和天平象征司法正义还是可以看得较为清楚。③ 当事人所投身的是一场“竞技主义”的虚拟的司法战争,其中的战术和战略始终围绕着胜利,即获得利益或惩罚对手。异化世界的当事人是理性的,从他们放弃决斗或复仇而走进法院的一刻起,理性的法律参与者的定位就异常清晰。因此,诉讼的展开,在很大的程度上不仅是手段证明目的合理的异化世界工具

---

① 参见陈兴良:《刘涌案改判的法律思考》,载游伟主编:《华东刑事司法评论》(第6卷),法律出版社2004年版,第187页。

② 参见陈兴良:《刘涌案改判的法律思考》,第189~190页。

③ 参见[美]杰罗姆·弗兰克:《初审法院——美国司法中的神话与现实》,第8页。

理性的展示,同时是个人理性的展示。但是,纠结于当事人受伤害的心灵与现实之间的中间地带,那些被用来支持各自有权获胜或免遭惩罚的种种事实,从这些事实被描述的一开始,就具有了相当的主观色彩,这些事实常常成为一种独白:当事人在描述事实的时候带有强烈的感情色彩,比如倾向于着重描述自己受到的伤害、夸大自己的伤害,或是削弱对方的损害感受。而究其根本,在于缺乏一种真实的自我意识的自觉。

这种自我意识缺乏的隐患并非是在法庭上形成,而是由来已久,需要追溯到孩童时代。我们可以从以下两个方面进行说明:

第一,世界的真实性是建立于意愿之上的。世界在孩子的视野中是完整而和谐的,理想化的思维贯穿着孩子真正成熟之前的几乎全部岁月。他会慢慢学会懂得他的欲望或意愿的实现,常常是不可能的或只在以付出改变外部世界为代价的努力时,才是可能的。因此,其常用的办法是自我蒙蔽这些现实给出的障碍并把现实扭曲,从而使得这些障碍消失。此时,他成为自己意愿的奴隶,整个外部世界的建构原则与其内心的欲望是一致的,如果有什么不一致,那么也是外部世界出了问题,只要用内心欲望加以转化就可以被修复。他的视野被他的理念所侵扰,目之所及是他臆想中的完整、和谐,从"我希望它如此"变为"它必当如此",再变为"它就是如此"。[①] 这种人所难免的童年记忆会带到成年,而在权利受损寻求司法帮助的时候,它的流露是自然而然的,这种对外部世界的单方篡改接近于一种本能的反应,而外部世界包含着引发讼争的各种事实。

第二,世界的真实性是建立在语言的描述之上的。这个角度是从语言的发生学,尤其是孩子在学习和运用语言的实践中切入的。既然孩子的思维是"意愿可以改变现实",那么他们对于语言的最初学习和掌握就不仅仅是对成年人的模仿,不是吞咽下成熟的语言咀嚼而是按照其自己的消化进程去消化它们。换言之,孩子的模仿是选择性的同时是创造性的。这似乎是个不错的结果,主导性的掌握语言似乎可以更好地运用它们。而事实是,这种语言的掌握方式从一开始就未在"词"与"物"之间做出一个分别,语言的描绘就是世界的图景。此时的语言成为外在的意愿

---

① 参见 Jerome Frank,"Are Judges Human? Part one:The Effect on Legal Thinking of the Assumption that Judges Behave Like Human Beings",*University of Pennsylvania Law Review and American Law Register*,Vol. 80,No. 1,p. 27。

的表述媒介，即便成年，孩子在童年的这种经验依然不时被重拾，运用麻痹自我的语言去追寻相似的孩提愿景。① 讼争世界的种种事实，很多就是建立在此种“词”与“物”不分的基础之上。

回顾“彭宇案”，②我们或许对“当事人的事实”中这种词与物的错乱有新的认识。在“彭宇案”中至少存在三种来自“当事人”的有关事实的描述，一是彭宇的描述，二是与彭宇相撞/没有相撞的徐寿兰的描述，三是从最宽泛的，也是推动此案从一个“案件”上升为“事件”的意义上不能剔除的关注此事的所有旁观者、批评者的“描述”。这三种事实描述在此后的“真相”（在此或许用带引号的真相更为稳妥）——彭宇表示，在2006年11月发生的意外中，徐寿兰确实与其发生了碰撞——被揭示之后，更显得意味深长。

从彭宇来说，通过2007年7月4日“主动打电话给一位网站论坛（西祠胡同）版主，表示自己因做好事被诬告，将一个老太扶起后反被起诉，希望媒体关注此事”的方式，用“为了做点好事”搀扶、送医、垫付等举动，不经意间激发了社会舆论中对所谓“道德滑坡”压抑已久的不满情绪。而实质上，在并不能确定可以摆脱责任的前提预判之下，他的行为策略是弗兰克提到的“我希望它如此”。

从徐寿兰来说，她可以确定的是，她于2006年11月20日上午9时30分左右在南京市水西门公交车站等83路车，两辆83路公交车进站，当她准备乘坐后面的83路公交车时，在行至前一辆公交车后门时，被从车内冲下的人撞倒，此人是彭宇。③ 在需要支付昂贵的髋关节置换手术费时，“她与彭宇相撞”这一事后得以确认的客观事实被置换为“彭宇撞倒

---

① 参见Jerome Frank，“Are Judges Human? Part one：The Effect on Legal Thinking of the Assumption that Judges Behave Like Human Beings”，pp. 95－99。

② 2007年1月4日，66岁的南京市民徐寿兰向南京市鼓楼区人民法院提起诉讼，以南京某通信公司员工彭宇将其撞倒在地致其受伤为由，索赔13.6万余元（以下简称彭宇案）。2007年9月3日，一审法院以公平责任原则判决被告彭宇赔偿原告4.5万余元。双方不服上诉。从一审程序的第三次庭审（2007年7月6日）开始，由于彭宇主动将该案案情透露给著名的网络论坛“西祠胡同”，该案迅即引起媒体舆论的广泛关注，并在一审宣判后达到高潮。汹汹民意最终惊动了江苏党政高层，在“建设和谐江苏”这一强烈的政治诉求的压力下，经二审法院南京市中级人民法院调解，双方当事人最终于2007年10月8日达成和解协议后撤诉。参见许可：《职权干涉与裁判突袭》，载《清华法学》2008年第6期。

③ 参见“彭宇案判决书”，载http://www.legaldaily.com.cn/index/content/2012－02/08/content_3338388.html，最后访问时间：2013年1月31日。

她”,按照弗兰克“描述自己受到的伤害、夸大自己的伤害”的当事人描述事实的固有倾向,彭宇成为与这些损失有着直接甚至是唯一的联系的人,因此由彭宇赔偿损失是“它必当如此”。

从旁观者、批评者来说,一审判决书中的“价值观”:“如果被告是见义勇为做好事,更符合实际的做法应是抓住撞倒原告的人,而不仅仅是好心相扶;如果被告是做好事,根据社会情理,在原告的家人到达后,其完全可以在言明事实经过并让原告的家人将原告送往医院,然后自行离开,但被告未作此等选择,其行为显然与情理相悖”,[①]显然是出了问题,这与举证责任、事实拟制或者是公平责任没有任何关系,与之有关的是这些围观者和评论者自己对这个世界的认知。在无法获悉真相之际,如果现实中的事实违背了那些由来已久且固化成型的价值预设,那么“肯定是”事实出了偏差。也因此,这些违背价值预设(其实质是个人的经过各种异化的欲望)的事实就成为一种障碍,它与那些“它就是如此”的事实差距如此之大,以至于肯定另有蹊跷而不再是事实。

当事人在描述事实的时候,同时也是一个以个体的独特性去争取普遍性的过程,而代表普遍性的法律或者更为直接的法官需要在两个以上的独立性中找到更具优势者。又是一种信息的不对称状态下的抉择,不仅对于法官,对于当事人同样如此:对他来说,他所提供的事实即便经过了他认为已经较为安全的“童年经验”的筛选,也不见得会必定得到法律或法官的青睐,但不经过这种筛选则失败的概率可能会更高。因此,当事人的事实是筛选过的现实与感受的混合物。

### (三)以承认确定事实

从上述论述的三种事实,法官之猜测的事实、律师之过滤的事实和当事人之筛选的事实,我们可以明显地发现一种张力,这种张力成为法权关系具象于一场诉讼时的推动力,它们在某种程度上都是三种主体对自我意识的放纵或不忠。然而在很多时候,即便是最终的终局性判决,这种张力的消解依然是不完善的。很多人依然在效仿苏格拉底(Socrates),至死虽遵从法律却从未在事实上心悦诚服,异化世界的事实之争似乎只有倒

---

① 参见“彭宇案判决书”,http://www. legaldaily. com. cn/index/content/2012 – 02/08/content_3338388. html。

向一种拟制性的语言决断。①

对于此种经验心理学的反驳可以用弗莱格的一个命题,我们与其说是思想的拥有者,不如说是表象的拥有者。② 表象的拥有即是要通过语言去展示这种表象,而仅仅是语言的展示在讼争中却不可避免的出现由于各自的前见、偏见所导致的视域融合或描述事实融合的困难。这些困难直接在规则、事实和判决的看似简单的关系中埋下了隐患,事实的有效性如何获得? 为此,需要找到一条确定事实之路,这在法官弗兰克的著述中可以概括的理解为两种方式:在本体论上,需要"格式塔";在方法论上,需要"以乐代言"。

1. 格式塔

在法官弗兰克看来,所谓"格式塔"是一种以"整体性"为原则看待事物和形式的眼光,所有思考的展开,都具有一定的形式、模式和结构。人对形势的反应是"整体性"的,这些反应并不是由那些看到的、听到的、尝到的和触觉到的琐碎片段构成的。这些反应是一个组织化的实体,它不同于而是大于分解形成的似乎是各个部分的总和。③ 这表明了弗兰克的三种态度:第一,需要从不同的部分搜集、整合事实,同时这些收集、整合可能仍然无法满足"整体性";第二,处理事实问题不能简单化;第三,某些"形式"的事实存在伪装成整体性事实的隐患。他指出这些简单化和隐患主要来自语言。于是,这种整体性在审判尤其是在与事实联系紧密的初审法院的审理中,要求对语言(准确地说是"言辞之争")保持一个审慎的态度。言语,在初审过程中几乎是压倒性的质证手段,但它不足以代表它所试图表述的事实,很多时候它是离散性的。话语的讲述与讲述者试图表达的意思出现了偏离和分散,那些包含了太多的关系的想法、包含了太多的事实片段的想法,并不能通过话语的讲述将事实"投影"在讲述者与听众之间。讲述者与听众对离散化的事实投影会产生不同的反应,即对

---

① 哈贝马斯指出:"19 世纪后期,康德关于本体界[Intelligible]和现象界[Phänomenale]之间的抽象对立的形而上学背景假设已不再令人信服,黑格尔对本质和现象这两个辩证运动的思辨说明更加失去可信性。……有效性关联被同化为意识过程"。哈贝马斯:《在事实与规范之间》,童世骏译,三联书店 2003 年版,第 13 页。

② 转引自[德]自哈贝马斯:《在事实与规范之间》,第 13 页。

③ Jerome Frank,"Say It with Music",*Harvard Law Review*,Vol. 61,No. 6(Jun. ,1948),pp. 928 –929.

于话语表达而言，始终存在着语言的内在缺陷，“它无法传达那些永不静止的模式，那些内在体验的矛盾心绪和错综纷繁，以及那些以想法和印象、记忆和回应相互作用的情感”。①

法官弗兰克从格式塔的视角洞察了语言在描述事实上的缺陷，为了使得讲述者描述的“事实投影”准确地被听众（讲述者和听众包括了以上论及的法官、律师和当事人）获知，对此他提出了五条措施，②而“以乐代言”才是法官弗兰克心仪的方法论意义上的救赎之策。

2. 以乐代言

“以乐代言”（Say it with Music）出自雨果（Victor Hugo），指的是音乐表达的妙处不可言传，但也不可能对其保持沉默，③因此，一个皆大欢喜的判决所要求的是法律与音乐之间的某种相似性。或者按照弗兰克的理解，法官在判案时与演奏者在表演时几乎是在做同样的事情，作曲家的曲子在演奏者的演绎下会以演奏者的理解和发挥表现出来，同样的曲谱在不同的演奏者那里有着不同的演奏效果。这与同样按照一部法典、相同的程序审理案件的法官何其相似，法官在审理的过程中就如同演奏者在表演，他肯定会用他认为适宜的方式理解并运用法条和法理，甚至有所发挥有所删减，因此，依照同样的法典不同的法官对同样的案件会有不同的判决。④ 但音乐演奏者与法官还是有所不同，演奏者总是极力表现其创造性的演奏技巧，而法官（至少在弗兰克看来的那个时代）却倾向于遮掩或抹除“法官造法”的举动。⑤ 但这已经显示出法官的演奏原则和技巧，必须要有一个主题，然后才能表演，因此法官的判决过程基本是一个倒果为因的过程。按照他对当事人和律师们陈述的事实，当然包括他们讲述时的音容笑貌、穿着举止，首先产生一个“直觉”；有了这个直觉，他会极为富

---

① Jerome Frank，“Say It with Music”，pp. 930 – 931.

② 弗兰克提出如下五条措施：第一，给予那些跟初审法官打交道的律师特殊的教育，使律师们清楚自己的前见与偏见；第二，为使证据的自由“发现”规则产生实际效果，政府尽更大的责任以使诉讼当事人能够支付审前调查或聘请专家的费用；第三，实行庭审录像，使此后的诉讼参加者明白如何去评估和应对法官；第四，特别裁决应被普遍采用；第五，由学院培养未来的陪审团。参见 Jerome Frank，“Say It with Music”，p. 955。

③ Jerome Frank，“Say It with Music”，p. 932.

④ Jerome Frank，“Words and Music：Some Remark on Statutory Interpretation”，*Columbia Law Review*，No. 8. p. 1272.

⑤ Jerome Frank，“Words and Music：Some Remark on Statutory Interpretation”，p. 1269.

有逻辑的找出大前提(依照的规则),和小前提(认定的事实),然后做出判决。[①] 这样的一个判决操作过程在弗兰克的语境中是现实而正确的,因此法官既然必须要在矛盾性的证据纷争中做出取舍,他就必须先入为主的给自己定下一个基调,一个主题,这种有限度的即兴发挥要远比一板一眼机械地按图索骥强:如同演奏者在他认为有可能荒腔走板或是平淡无奇的章节一带而过,法官有权力对事实的认定做出自由裁量。"以乐代言"旨在说明,完美地完成一场审判需要以"法律规则"为曲,以"事实"为词,二者相得益彰的融合为格式塔,由此维持一种整体性的事实选择。[②]

3. 以承认确定事实

法官弗兰克给出的格式塔和以乐代言,二者相加,事实上是一种认同,这需要从语言学的转向入手。我们要承认法庭上的某种语言决断,表明了"思想和事实不再能够被定位于可表象的对象世界之中;它们仅仅作为被表述的东西,因而作为在句子中表达的事态才能被把握"。[③] 也就是说,从三个方面认定的事实仅仅是作为各自陈述或思考的各种语境化态势下的一个片段,这些片段仅在其自我的叙述中难以与他者的叙述产生交集,但是无论法官、律师还是当事人,他们隐约都在追求一种"本真性"的理想,如查尔斯·泰勒所提及"我们或许可以论及一种个人化的认同,一种对我来说是特有的并且是从我自身发现的认同"。[④] 但是在异化世界之中,由于公共经验已经让位于私人经验,而每个个体的私人经验所追求的本真性并不相同,每一种本真性如果不放在一个相同的陈述语境中就谈不到可比性。因此,从哈贝马斯的交往行为理论看,需要一种可以证明的"有效性"。[⑤]

---

① 参见 Jerome Frank,"Say It with Music",p. 951。

② 参见 Jerome Frank,"Words and Music: Some Remark on Statutory Interpretation",p. 1277。

③ [德]哈贝马斯:《在事实与规范之间》,第 14 页。

④ Charles Taylor, *Multiculturalism: Examining the Politics of Recognition*, Edited and Introduced by Amy Gutmann, Princeton: Princeton University Press, 1994, p. 28.

⑤ 哈贝马斯指出:"'实在的',是在真的陈述中加以描述的东西,而'真实',则要参照一方通过断定该陈述而向另一方提出的主张而得到说明。说话者通过其陈述的肯定含义而为其所肯定之陈述的有效性提出具有可批判性的主张;而因为无人能够直接利用未经诠释的有效性条件,'有效性'就必须在认知方面被理解为'向我们证明了的有效性'"。[德]哈贝马斯:《在事实与规范之间》,第 18 页。

在此,查尔斯·泰勒的本真性与哈贝马斯的有效性成为消解上述三种事实认知之间张力(同时解救三种主体的自我意识的不忠与放纵)的第三条进路,即从主体的自觉和实际的语言决断两个方面去发掘并维护事实的有效性:

从主体自觉的方面,我们可以按照查尔斯·泰勒所主张的"忠实于自我意味着忠实于自我的独创性,这是某种只有我才能表达并发现的东西。在表达它时,我同时在界定自我"①的要求,去追求本真性去消解功利性的不忠,通过自我认同即自我承认使事实的陈述与自我的主体自觉耦合,从而以自我认同的本真性维护事实的有效性。

从实际的语言决断方面,我们可以借鉴皮尔斯(Peirce)建构的所谓内在超越,即"实在的东西就是那信息和推理迟早会导致的东西,因此它是独立于各种各样的我和你的。这样,实在这个观念的起源本身表明这个观念本质上包含共同体的概念,它没有确定的界限,但能够确定地增长",②为事实的主张者们提供一个"实在"的可以交流的语境空间,在其中有效性来源于合理的可接受性,同时这种可接受性具有可批判性。而一旦语境中的事实经过合理可接受性和批判性的确认,那么在语言决断的意义上它就具有了有效性。这是对由各种刺激引发的个性敏感性的放纵的消解,即在语境化的基础上事实的有效性来源于彼此对语境现实的承认,和彼此以言表意能力的相互承认。

---

① Charles Taylor, *Multiculturalism: Examining the Politics of Recognition*, p. 33.

② [德]哈贝马斯:《在事实与规范之间》,第 18 页。

# 第四章　平衡性法权：承认的区分性机制

规则与事实构成了法权关系运转的基础空间，在其中资源按照某种人为的正义观予以分配。但法权关系的建立，经历过程极为漫长、复杂，这可以体现在科耶夫论述的三个阶段中。科耶夫提到法权要经过三个阶段，它们分别是贵族的平等性法权、资产阶级的等价性法权，以及公民的平衡性法权。科耶夫要论证的是通过法权关系的依次转变，作为正题的平等性法权被作为反题的等价性法权取代，并最终以合题的形式引出平衡性法权。其论述的目的在于在平衡性法权的基础上论证同质化世界国家的可能性与必然性，但是，从当下的社会政治实践看，从平等性法权到等价性法权再到平衡性法权的发展，依然是未竟的事业，这样讲有两层意思：

第一层意思是指贵族的平等性法权与资产阶级的等价性法权同时共存于平衡性法权之中，平等的正义与等价的正义哪一方也没有完全被超越，无论是经济全球化还是多元文化的交融，以平等性和等价性为基础的占有、分配和交换仍然是这个当下世界的基调。

第二层意思是说，平衡性法权关系是为世界国家的合理性打基础，但其本身却遭遇了很多挑战，要求以平等或等价的原则去分配和交换的主张在当下的政治、经济生活中一直未曾停止，因此平衡性法权远未到其边际。

以下从平衡性法权切入，论述基于平等的正义和等价的正义两种意义上的分配和交换，同时存在于当下的现实中，并同时对法权的有效性产生了影响。究其根源，在于平衡性的法权关系采用了平等性法权的外部形式，其形式或者说其法权形式是平等的；同时平衡性法权也采用了等价性法权的内部内容，其法权实质是等价的。这对于资源的分配具有极为重要的意义，资源的分配必须要以等价性法权的外观形式为底线，而其分配的实际操作又不能仅仅局限于平等的要求，法权的有效性更多的是在追求一种效率，这种效率是一种由承认所提供的具有相当区分度的甄别机制。以德沃金的两种有关分配的平等模式，以及对此两种分配的平等模式的批判为资源，阐明承认所提供的这种区分度。

## 一、平衡性法权

如果从黑格尔的主奴斗争说起，人的自我意识的自觉过程与人类的进化过程有着某种相似性，都是从懵懂无知到自知自觉。这种发展的最初的动力是人的欲望，是人的欲望对一个相应的另一个欲望的征服或消费，而这种征服与消费的本初原因则不过在于找到自我意识的确定性，并由此种确定性的建立开始努力地把自我存在的独特性向普遍性转化。认为此种转化经历了城邦的黄金时代，在伦理世界因为人与神、家庭与城邦的矛盾崩溃后，法权世界开启帷幕。法权世界的进程历经了抽象法的客观法权阶段，道德的主观法权阶段，最后到达主客观融合的国家。人类历史的开启与谢幕，在黑格尔看来是人要求承认的欲望推进下的一个轮回，从伦理性存在回到伦理性存在，这个过程，科耶夫用法权关系的三种递进形式作出了诠释。

主奴生死斗争源于自我的不确定性，即自我要求从其自身之外找到一个可以证明自己的东西，为了证明一个个体的确定性的绝对真实，生死作为一个检验标准被放在那里。但结果并不尽如人意，这种斗争实现了某种意义上的一劳永逸，却没有终局的解决问题，或者说，自我意识的确定性被一种虚拟的承认所悬置，貌似尘埃落定，其实悬而未决。按照黑格尔的描述："通过生死的斗争无疑地获得了这样的确定性，即双方都拼过性命，对于自己的性命以及对于对方的性命都不重视；不过对于那场经历这场生死斗争的人说来却没有这样的确定性，"①之所以没有此种确定性是因为生死斗争的模式决定了，这场斗争就像永远不可能出现但却对现实产生实际影响的"机会成本"一样，永远打不起来。打起来就意味着必定要有至少一方死去，或者双方同时死去。这样一来，无论是一生一死还是双双死去，自我意识得到承认的动机，也是这场斗争得以展开的动机就被抛弃和背叛了。因此，生死斗争只是一个区分机制：它把那些不怕死的

---

① ［德］黑格尔：《精神现象学》（上卷），第143页。

人和怕死的人区别开来,这样就使自我意义至少在形式上维持着一种确定性。

因此换一个视角,这种斗争模式的预设,是为了引出人性化存在的出场,即对于这场生死斗争所预设的所有场景和要素,对于参与各方是平等的,最核心的平等因素是在战斗中对于生命冒险的平等。① 而通过冒险的考验,使自我的人性全面否定了动物性的人才真正具有了人性,也自此成为人。不怕死的人之间的关系于是只有一种可能,因为都罔顾了生死所以彼此是平等的。这种平等始终是双重意义上的平等,如果不怕死的人因为对方的怯懦而未能展开这场生死斗争,那么这些不怕死的人之间就存在一种潜在的平等;如果不怕死的人因为生死斗争的现实发生而死去,那么这些不怕死的人之间就存在一种现实的平等。潜在的平等与现实的平等构建出一种对于不怕死的人们之间的关系,一个一旦具备了不怕死资质的个体无论其采取何种存在方式,生存或是毁灭,都无损于其作为彼此平等者相视的这种承认。平等对于不怕死的人来说,不仅确实如此,同时应当如此。

不怕死的人成为主人,于是他只有权利而没有义务;怕死的人成为奴隶,于是他只有义务没有权利。这种区分是简单的,却也是有效地,因为主人超越了对死亡的恐惧,所以可以依靠对被死亡的恐惧所震慑的奴隶实施剥削而活着,这种局面的形成在科耶夫看来是正义的。这种权利与义务的分离来源于这样的逻辑:那些甘愿冒生命危险,宁可死去也不舍弃平等、不屈服的人,他这样做就是为了能够跟那些与他有着同样想法的人平等,在死亡和平等之间,他选择了平等;那些不愿意冒生命危险,宁可屈服、被奴役也要活着的人,他这样做从未考虑过平等,在死亡和屈服的活着之间,他选择了屈服地活着。因此主人产生的参数与奴隶是不同的,前者的参考项是死亡与平等,后者的参考项是死亡与屈服地活着,后者的预设中不存在平等因素。因此,一旦有法权关系被建立起来,那么是无法把奴隶考虑在内的,这在罗马法上被规定为奴隶所违反的法律责任要由其主人承担。因此,这种平等性的法权关系的正义性在于两个方面:

第一,死亡被当作一种成本同时给予了潜在的主人与奴隶,前者愿意

① [法]科耶夫:《法权现象学纲要》,邱立波译,华东师范大学出版社 2011 年版,第 296 页。

承担这种成本而后者不愿意承担，愿意承担成本成为一种争议的区分机制，把潜在的主人与潜在的奴隶区别开来。

第二，只享有权利而不承担义务是不怕死的人用接受死亡而交换来的收益，这种收益与付出的死亡风险是相当的。

这种通过生死斗所形成的法权类型即为平等性法权，它在本质上维持的是一种相对静态的身份关系格局，其惩罚理论是同态复仇，①在其中不存在契约意义的任何预设，所有的契约意义上的预设都可能被视为是对新一轮生死斗争的动议。

资产阶级的等价性法权或等价性正义也反映了这场有关人类起源的战斗，只是反应的主体不是主人，而是奴隶。② 奴隶的主体构成要比主人集团复杂，其中至少包含着两种人：一种是一开始就怕死就笃定屈服而只要求活下去的人，另一种是几乎要与对手开战甚至已经开战却开始怕死而未能坚持到底的人。这两种人与通过不怕死而验证了自我意识的确定性从而是以一种实在性存在的人比起来，只是一种潜在的人。但是这些潜在的人有着另外一种类型的实在性，从一开始他们就不再奢望平等，因为不愿意承担死亡的成本而屈服，承认自己只是主人的一个物品，这本身就是一种"不平等"的正义。这种不平等的正义置换成奴隶的正义就是等价性的正义：对于主人而言，平等是无法置换的，这犹如自我意识的确认即便是在死亡的威胁下依然要战斗，要舍生取义；对于奴隶而言，尊严一开始就可以被置换，在死亡的威胁下用屈服地活着置换尊严和平等。因此，所谓的等价性正义就是一种可以置换具有替代性的正义，屈服地活着与尊严和平等等价，虽然它永远不可能是尊严和平等。也因此，等价性正义并不拘泥于形式，在各种情形下，只要收益相等就可以使被视为是正当的。

科耶夫举出了两个实例反映平等性法权关系与等价性法权关系的不同：

按照等价性法权，a 情形：有两个人，其中一个已吃过午餐而另一个没吃，如果要在这两个人之间分配晚餐，如果后者得到的多一些，人们会说这个分配是正义的；b 情形：体弱的人比体壮的人少拿一点东西也是正

---

① 参见[法]科耶夫：《法权现象学纲要》，第 311 ~ 314 页。

② [法]科耶夫：《法权现象学纲要》，第 315 页。

义的。

按照平等性法权,a 情形:一个穷困却高傲的人会掩饰他没有吃过午饭这个事实;b 情形:体弱的人可能出于高傲或自尊(资产阶级会说这一文不值)而负担跟体壮者同样的重量。①

这两种法权关系的特质,依然是黑格尔意义上的特殊性与普遍性的区别,或者说资产阶级的等价性法权的出发点与异化世界的整体特征是吻合的,因为公共经验不再有效或根本不予考虑,因而私人经验要求个体所有判断的出发点必定是从利害关系人自己出发的。而依照平等性法权,人的行为模式还是依从于公共经验和舆论评价,还是在"我看人看我"的背景下捍卫或抵制着什么,这些捍卫或抵制很可能损害其个人利益,但在平等性正义的秉持者那里这些事根本不予考虑。因此与平等性正义不同,等价性正义"总趋向于将利害关系人自己认为是'正义'东西称为'正义'"。②

从等价性正义的建立开始,在奴隶的自我意识中从没有出现平等性正义所标榜的身份。因为奴隶生命的存在,是他用屈服地为主人劳动换来的,主人以获得奴隶提供的劳动为交换,给他们活着的机会并给予相应的安全。因此,在奴隶的眼中,生活的全部基础就是始于一个他跟主人签订的契约,只是这个契约是一个绝对静态化的契约,③毫无改变的机会和必要。而所谓从身份到契约在等价性法权的语境中,即是从一种不可替代性的永久契约到一种可替代性的多次契约。依照等价性的契约,刑罚也不再是同态复仇而是转向从犯罪者身上重建某种等价性——所谓判决与罪行相当或相称,犯罪者的负担必须要推翻其因为犯罪获得的所有收益。④ 如果说平等性正义主导下的刑罚是以客观性(比如他者的看法)和集体性(血亲复仇)为原则,那么到了等价性正义,犯罪的主观意图也要考虑进来,同时犯罪与惩罚成为一件个人的事情。

以平等性法权为正题,以等价性法权为反题,而终以平衡性法权的合题,是科耶夫的论证方式。合题性的平衡性正义,是把平等性正义要求的

---

① 参见[法]科耶夫:《法权现象学纲要》,第 319 ~ 320 页。
② [法]科耶夫:《法权现象学纲要》,第 319 页。
③ [法]科耶夫:《法权现象学纲要》,第 328 页。
④ 参见[法]科耶夫:《法权现象学纲要》,第 330 页。

平等和等价性正义的等价加以融合,以平等为形式,以等价为内容。在此,平等和等价两种法权正义得以融合的基础是什么就成为一个首先要解决的问题,换一种问法,即平等性法权中包含等价性因素吗?等价性法权中包含平等性因素吗?

平等性法权关系中包涵等价性因素,这可以从三个方面进行层进地阐释:

第一,主人因素是一种双重的意识,一方面通过生死斗争,奴隶的生命在主人的不怕死面前屈服,主人获得的是承认;另一方面,在主人的征服进程中,"生死斗争指向的对象是一个自然对象:一种食物,一个女人,另一个人必须承认这些东西是我独占的财产。因此,对象变成了财产。人进行斗争,力图证明他对这个对象公认的'合法的'占有,但不一定消费它",[①]主人获得是财产的占有。

第二,主人占有的财产,包括奴隶,只能是这个主人的财产,其他的主人对于这一主人的财产所处于的境地与奴隶几乎相同,"因此可以说,从法律的观点看,当问题涉及与其他人财产的关系时,每个主人也相当于奴隶"。[②]

第三,那些超越生死斗争层面的主人,即不把自己仅仅限制在战斗中的相互关系,而是进入经济领域并成为伙伴的主人,"不再是纯粹的主人,而变成了一个同样包含(或多或少是引申性的)奴性要素的公民。因此,他会很容易地将资产阶级的原则适用于这些经济性的相互作用"。[③]

因为最初的生死斗争导致的主人占有财产的独立性,那些不是这些财产的主人相对于其合法的占有者具有某种奴隶意味。如果不再针对某个主人的财产进行冒险,即为了占有其财产再次启动生死斗争,那么每个人就必须在自己的财产权上作出限制,所有财产权都包含一种对于他人财产权的"地役权":每个人都必须按照另一个人使用财产的方式使用自己的财产;因此,每个人都必须限制自己的财产权,以便让别人行使各自的财产权。[④] 一旦各自对各自的财产不再有生死斗争的争夺隐患,一旦主

---

① [法]科耶夫:《黑格尔导读》,姜志辉译,译林出版社 2005 年版,第 57 页。

② [法]科耶夫:《法权现象学纲要》,第 310 页。

③ [法]科耶夫:《法权现象学纲要》,第 310 页。

④ [法]科耶夫:《法权现象学纲要》,第 310 页。

人有着某些交换而成为商人,那么这样的发展结果最终导致没有奴隶的主人出现,也同时使没有主人的奴隶出现。

造就平衡性法权的主导因素仍在于等价性法权,“造就公民法权的不是贵族法权的进化。公民法权来自资产阶级法权的进化”。① 此种进化也表明,在等价性法权之中蕴含着平等性法权的因素,这源于奴隶有着要成为主人的强烈冲动。初民为了界定主奴身份的不同,有着一场生死斗争,成为奴隶的诸多个体的情况各不相同,有的未战先怯,有的未能坚持到底。因此,很多奴隶对自己在这次一劳永逸的生死博弈中的表现不满,这不是想象而是人的自我意识的欲望本能。奴隶从开始的潜在的人变成非人,这与其具有“人”的特征的事实并不相符。因此,从变成奴隶的那一刻起,奴隶们并未放弃救赎的机会。推动等价性法权试图拥有“主人”特征而包含平等性色彩的努力,主要可以从两个方面显现:一是基督教对上帝的信奉,二是资产阶级革命的兴起。

由斯多葛主义的怀疑首先引发的怀疑主义,是基督教诞生的思想根源,同时也是这种自我救赎的彼岸理念在此岸的显现,如科耶夫所指出:“基督教徒式的奴隶只有经过接受‘彼世’的存在和一个超验的上帝,才能确认他与主人平等。现在,上帝是必然的主人,同时是一位绝对的主人,如此基督徒就使自己从人类的主人那里解放出来,而只被神圣的主人所奴役。……他是一位没有主人的奴隶,是自己的奴隶。”②当这种救赎在异化世界逐渐成为常态,而启蒙加剧了这种异化的情形下,尽管革命从本初的意义上讲是回到开端,③但启蒙的异化依然导向了革命。资产阶级革命又使得这种对平等的追求进一步现实化。按照科耶夫的说法:“奴隶必须追求与主人平等,必须有成为主人的愿望。因此,他必须——至少潜在地——停止其为(仅满足于等价性)奴隶的存在,必须做一个革命者。”④

---

① [法]科耶夫:《法权现象学纲要》,第330页。

② Alexandre Kojève, *Introduction to the Reading of Hegel*, Translated by James H. Nichols JR, New York: Cornell University Press, 1980, p. 56.

③ “革命”一词,从其本源上说是一个天文学术语,并且保留了它精确的拉丁文意思,是指有规律的天体旋转运动。从某种意义上讲,革命非人力可及,亦非人力可拒,它不以求新亦不以暴力为特征。毋宁,它保守而高贵,应用于人间之事其隐喻在于一种为极少数人所知的政府形式,永恒轮回,周而复始。参见[美]汉娜·阿伦特:《论革命》,第31页。

④ [法]科耶夫:《法权现象学纲要》,第335页。

由此可见,平衡性法权更多是从等价性法权的不断发展中产生的。基督教对上帝的唯一信仰使现实中的主人的地位降低,直至在上帝面前与奴隶平等。资产阶级革命给了原本怕死但又不甘心屈服从而愿意再次参与一场生死斗争的奴隶一个机会,他们喊出的自由、平等和博爱的口号加快了这种平等性与等价性兼容的速度。因此立足于当下资本主义社会的历史现实,平衡性法权是兼容了平等性与等价性的两种正义模式的法权关系形式,并存着实在的平等原则和潜在的等价原则。[①] 平等原则之所以是实在存在的,其原因在于贵族的平等性法权关系的自我定位的完美性和永恒性,为了捍卫平等不惜战死的彻底性,使得平衡性法权要实在的体现它,平等犹如身份;等价原则之所以是潜在的,其原因在于资产阶级等价性法权关系的可替代性和易变性,等价犹如契约。而再作分析,会发现按照从身份到契约的发展进程,身份却是已经被潜在化,而契约的存在是一种实在化。也因此,所谓平衡性法权在本质内容上是一种等价性法权,而其采取的外观形式是平等的。

## 二、承认的区分性机制

资本主义世界的权利义务关系在科耶夫看来,是一种平衡性法权关系。平衡性法权关系要求:形式的平等性和内容的等价性要相得益彰,为具有主人与奴隶的合题性身份的公民提供行为准则。其中所谓平等,在很大程度上已经跟贵族时代的平等性法权的唯一性和机械性有了质的变化,而之所以将身为正题的平等性纳入合题性的平衡性法权,其目的主要在于框范资产阶级法权自有的等价性,这种框范可能出于三个目的:

首先,异化世界的公共经验与私人经验的冲突导致了个人主义的繁荣,个人主义的市场化践行者是趋利避害的理性人。为了使理性的个人与集体—社会共存,需要一种基础的体制形式,这只能是平等。如阿玛蒂亚·森(Amartya Sen)所言,近代以来,对于某种东西的平等的要求,看来已为所有有关社会正义的规范性理论所支持和拥戴。[②]

---

① [法]科耶夫:《法权现象学纲要》,第335页。

② Amartya Sen, *The Idea of Justice*, Cambridge: The Belknap Press of Harvard University Press, 2009, p. 291.

其次，等价性的价值诉求其实在于效率，亦即一种功利主义的追求，这很容易导致不平等。而不平等在某种意义上，无论是原则上还是形式上，几乎无法穷尽的列举其形式，亦如阿玛蒂亚·森所言，不平等的概念有着与众不同的面相，可能在不同的方面具有意义，而且常常是无法预期的一个完整的序列。①

最后，人类的社会性群体存在模式决定了不可能容忍无限度的不平等，因此等价性的平等不可能是诺齐克(Nozick)在批评罗尔斯的"契约式社会合作"时提到的无视处境不利者的平等，"拥有发报机的10个独立岛屿上的鲁滨逊·克鲁索"②的例子忽视了处境有利者始终存在的转变为不利者的潜在风险。

鉴于此，以下的论述和分析将以分配正义为线索，在问题的引出——简要阐述经济学、法经济学和道德哲学在处理分配正义时所面对的挑战——的基础上，以德沃金提出的两种平等原则，即福利平等主义和资源平等主义为资料，分析福利平等主义对于平等分配为何不可行，资源平等主义为何需要在承认理论的帮助下才可行，以及承认的区分性机制作为一种显示机制，如何解决现实问题——如何区分残障要求的补贴与昂贵偏好要求的补贴之间的本质不同。

### （一）问题的引出

在分配正义的问题上，德沃金的身份极为特殊，身为罗尔斯批判的继承者和波斯纳(Posner)的敌手，德沃金位于伦理学、法学、经济学、法经济学交汇的要冲之上。以德沃金的分配正义为主线，我们至少可以发现以下三种方式：从边沁到波斯纳，经济学、法经济学一脉所要解决的问题是要在市场建立的背景下实现效用最大化或财富最大化；罗尔斯要解决的是立足于对"基本善"的共识，并抽离掉在亚里士多德那里具有压倒性地位的美德之后，③通过假设的无知之幕之下的原始状态中的初始分配，以

---

① Amartya Sen, *On Economic Inequality*, Oxford: Oxford University Press, 1997, p. 48.

② 如果有10个鲁滨逊其中每一个都在不同的岛屿上工作两年，依靠20年前留下来的发报机彼此联系，了解其需要的事实、信息，同时各岛之间可以互相运送物资。那么，他们彼此之间能否相互提出要求呢？诺齐克认为不能。See Robert Nozick, Anarchy, State, and Utopia, Oxford: Blackwell Publishers Ltd., 1999, p. 185.

③ 参见 Samuel Fleischaker, *A short History of Distributive Justice*, Cambridge: Harvard University Press, 2005, p. 111。

两条正义原则①为指针，完成正义的分配；而德沃金要解决的问题是，要在考虑而不是根据偏好的前提下，在初始分配中实现平等。以上三种方式，都存在一个必须面对的问题：在资源的有限性前提下，如何在资源的分配中补助处境不利者，并把那些试图通过占有额外资源才能满足其昂贵偏好的人区分出来。因此，引出的问题包含以下三个方面：

第一，经济学内部自我批判式的发展历程表明，在资源的分配上，考虑或不考虑偏好，存在两难。依据边沁的“最大幸福或最大快乐”原理，②庇古（Pigou）的福利经济学要求在增加国民收入总量的基础上尽可能地把收入从富人转向穷人。③ 但基于帕累托最优（Pareto Optimality）和卡尔多—希克斯效率（Kaldor-Hicks efficiency），④新福利经济学认为，只要没有人因为某些人的财富增长而变得处境更差，那么就达到了一种经济效率和资源分配的帕累托效率；如果有人因为某些人的财富增长而变得处境更差，但财富增长者愿意提供补偿并且补偿之后整体的效益仍然是增长了，尽管这种补偿不是立即给予的比如可能在未来的某一个时间中兑现，那么就实现了卡尔多—希克斯效率。新福利经济学的产生使资源分配的维度和方式在本体论的层面上扩宽了，但同时引入了一种可能引发分配不平等和此后发展不平等的新风险。此后的科斯定理从产权的初始界定方面强调了初始产权的归属与效益的产出无关，这同样遭到新一轮的挑战：运用禀赋效应（Endowment Effect），可以证明产权的初始分配在成本基本为零或极为微小的条件下，会对资源的分配和效益产生影响，原因在于存在人的偏好，它使在初始分配中获得某种资源的持有者不愿意以同样的价格出售资源，同时又使没有获得资源的人通常只愿意出低价

---

① John Rawls, *A Theory of Justice*, Cambridge: The Belknap Press of Harvard University Press, 1999, p. 53。两个原则为：第一，每个人对于其他人所拥有的最广泛的基本自由体系相容的类似自由体系都有平等的权利；第二，社会与经济的不平等可如此安排，使之（a）可以被每个人的利益合理期望；（b）附属于地位和职务向所有开放。

② Jeremy Bentham, *An Introduction to the Principles of Morals and Legislation*, Oxford: The Clarendon Press, Note 1, p. 1.

③ 参见［英］庇古：《福利经济学》，金镝译，华夏出版社2007年版，第64～75页。

④ 参见 Nicholas Kaldor, “Welfare Propositions of Economics and Interpersonal Comparisons of Utility”, *The Economic Journal*, Vol. 49, No. 195 (Sep., 1939), pp. 549－552, and J. R. Hicks, “The Foundations of Welfare Economics”, *The Economic Journal*, Vol. 49, No. 196 (Dec., 1939), pp. 696－712。同时参见［美］波斯纳：《法律的经济分析》（上），蒋兆康译，中国大百科全书出版社1997年版，第15～16页。

购买。[①] 也就是说,如果不顾及偏好而只是依据科斯定理去完成初始分配,会导致某种低效率或不经济。而如果要考虑偏好,需要一种怎样的机制安排偏好,即如何为群体性存在中的偏好排序?换言之,在一个民主的资本主义社会中,如果运用民主的投票机制,在满足一系列合理的条件下,能否确定无疑地通过已知的各种个人偏好顺序推导出统一的社会偏好顺序,并按照此种排序分配资源呢?事实是不能够,这是阿罗不可能性定理(Arrow's Impossibility Theorem)的结论。[②]

第二,市场化背景下追求财富最大化有着对某种偏好显示机制的需求。波斯纳把资源的分配准则从边沁的实现"最大效用"修订为实现"最大财富",并依据科斯定理,强调追求财富最大化是实现分配正义的唯一选择。[③] 德沃金以一个"变幻无常的暴君"(the tyrant in change)[④]的例子,对波斯纳进行了批评,旨在表明,资源的初始分配的排序与资源的公平分配关系紧密,而排序的依据如果需要照顾到偏好,那么就需要一种机制使偏好的本身属性具有某种可见性,亦即需要一种偏好显示机制。于是,资源的公平而有效的分配需要的可能是一个"善意的具有偏好披露才能的暴君",仍然用德沃金的例子:如果德里克与阿玛蒂亚就彼此的交易需要拿出至少0.5美元当作交易成本,比如用来吃饭、喝咖啡或是一起唱KTV,以交换彼此的偏好从而促成交易顺利、快速地完成。在他们为成就交易而正准备启动这些公关措施之前,善意的具有偏好披露才能的暴君

---

① 参见Daniel. Kahneman, Jack L. Knetsch, Richard H. Thaler, "Experimental Tests of the Endowment Effect and the Coase Theorem", *Journal of Political Economy*, Vol. 98, No. 6 (Dec., 1990), pp. 1325 – 1348。

② 参见Kenneth J. Arrow, "A Difficulty in the Concept of Social Welfare", *Journal of Political Economy*, Vol. 58, No. 4 (Aug., 1950), pp. 328 – 346。

③ 参见Richard A. Posner, *The Economics of Justice*, Cambridge: Harvard University Press, 1983, pp. 66 – 71。

④ 德沃金设计的"变幻无常的暴君"的例子如此描述:德里克有一本阿玛蒂亚想得到的书,德里克愿意以2美元卖给阿玛蒂亚,阿玛蒂亚愿意出3美元买下它。T(变幻无常的暴君)从德里克那里得到这本书,并以较低的价格(低于3美元)把它卖给了阿玛蒂亚,或是与假设德里克和阿玛蒂亚就1美元剩余价值分配进行讨价还价而产生的交易成本相比,阿玛蒂亚花更少的钱得到了它。从德里克到阿玛蒂亚的强制交易产生了一个社会财富的增加额,尽管德里克丧失了他看重的某个东西而没有得到补偿。我们把这个强制交易发生前的状态称为"社会1",发生后的情景称为"社会2",社会2是否在各个方面都优越于社会1呢?德沃金认为社会2在任何方面都不会是一个好社会。See Ronald M. Dworkin, "Is Wealth a Value?", *The Journal of Legal Studies*, Vol. 9, No. 2, p. 191.

出现了,采取强制交易的方式,从德里克那里把书拿走并卖给阿玛蒂亚。但善意的具有偏好披露才能的暴君付给了德里克 2.1 美元,同时对阿玛蒂亚要价 2.9 美元,他自己获得 0.8 美元的收益(净收益可能会是 0.7 美元或是 0.6 美元,因为要去除他奔波操持交易的成本)。此时"善意的具有偏好披露才能的暴君"扮演着偏好显示机制的角色,他使交易双方以及他自己都获得收益,这对社会整体的分配正义并非坏事。如果把暴君的强制介入转变一种制度,并且依据德里克和阿玛蒂亚的各自实际情况在 2 美元与 3 美元之间协调成交价格,将可能更促进分配正义。这显示出资源分配和交易对某种偏好显示机制的需求。

第三,区分出处境不利者需要一个稳妥的方式,这是罗尔斯未曾周密考虑的问题。德沃金的资源平等与罗尔斯的"基本善的平等"有着继承关联,但是罗尔斯提出的原初状态下的第二条原则:只要例如财富和职务等社会和经济的不平等,给每个人尤其是给社会的最不利成员提供补偿利益,那么它就是正义的,[①]自始就面临着本体论和方法论上的双重挑战,这不仅遭到诺齐克所主张的"资格理论"[②]在本体论意义上的批评,同时更为重要的是如何把"最不利成员"找出来,罗尔斯并未给出解答。这使德沃金在他的资源平等主义中尝试运用"拍卖"和"保险"来完成这一任务,但事实证明德沃金的尝试存在对此两种方法的误解。

基于以上三个问题,本章试图论证,立足于德沃金的资源平等主义,资源的分配既然不得不要对处境不利者进行某种补偿或补贴,那么就需要一种机制把处境不利者找出来;既然资源的分配无法完全依据科斯定理而必须考虑个体的偏好,那么就需要一种机制来显示人们的偏好。因此,本文选择残障者作为处境不利者的代表,选择拥有昂贵偏好的人作为试图伪装成残障者而要求资源补贴的代表,论证德沃金在他的资源平等主义中存在两种误解,他所设计的"保险"计划无法实现残障与昂贵偏好的区分功能;同时论证,承认可以承担此种功能,是承认理论,立足于视野融合和风险验证,利用本质实践—非本质实践的新范式对昂贵偏好者的

---

① John Rawls, *A Theory of Justice*, p. 13.

② 参见 Robert Nozick, *Anarchy, State, and Utopia*, pp. 151 – 153。诺齐克的资格理论包含三种正义:第一,最初获取的持有正义;第二,转让行为中的转让正义;第三,对持有和转让中可能出现的不正义的矫正正义。

资质和要求本身进行分析甄别,从而为实践资源平等主义提供了支持。

### (二)福利平等主义

德沃金将福利平等划分成三种类型,分别是福利的成功理论,感觉状态理论,和客观的福利理论。所谓福利的成功理论是指"个人的福利就是他在实现其偏好、目标和抱负上的成功,因此把成功的平等,作为一种福利平等的观点,建议资源的分配和转移,应达到进一步的转移无法再减少人们在这些成功方面的差别的程度",[①]其中包含着政治偏好、非个人偏好和个人偏好等三个进一步细分的小项;[②]所谓感觉状态理论是指"与此种类型理论相关的福利平等,主张分配应该给予人们在其自觉生活的某些方面或质量上尽可能的平等";[③]所谓客观的福利理论是指"拒绝接受个人对福利的评判,并坚持他的福利至少是建立在他能够支配的确定种类的基础资源之上。就此来说,是一种客观理论"。[④] 前两种类型的福利平等主义以一种主观视角的阐述,第三种带有某些资源平等的气息,但最终倒向福利而没有在建立的基础上考虑资源,因此德沃金把它称为扭曲的资源平等理论。[⑤] 这三种类型的福利平等主义有着几乎共同的目标,即要求在对所有人都真正至关重要的事情上使人们达到平等。这样的诉求至少存在以下问题:

第一,在成功理论中无论是相对成功还是总体成功,都在一些根本的问题上产生了区分的混淆。对于相对成功而言,其荒谬在于"人们应当只在相对成功中寻找价值,不需要考虑他们相对成功的生活的内在价值或重要性";[⑥]对于总体成功,活着还是死去,如果按照福利平等主义的原则,将真正成为问题。由于对自我生命价值的判断来源于自我的成功,两种情形都可能导致自杀。有的人认为自己一出生就是悲剧,就是失败,因此希望结束生命;有的人觉着他的人生充满了太多的意义和荣耀,以至于如果不自杀而是任由韶华逝去,将无可避免地消损这种他自认为的美满,

---

① Ronald Dworkin, "What Is Equality? Part 1: Equality of Welfare", *Philosophy & Public Affairs*, Vol. 10, No. 3 (Summer, 1981), p. 191.

② 参见 Ronald Dworkin, "What Is Equality? Part 1: Equality of Welfare", pp. 197 – 220。

③ Ronald Dworkin, "What Is Equality? Part 1: Equality of Welfare", p. 192.

④ Ronald Dworkin, "What Is Equality? Part 1: Equality of Welfare", p. 226.

⑤ Ronald Dworkin, "What Is Equality? Part 1: Equality of Welfare", p. 226.

⑥ Ronald Dworkin, "What Is Equality? Part 1: Equality of Welfare", p. 208.

及时地自杀会使已经成功的人生更为成功。其问题在于,未能在自己人生价值的评价和他对生命对于他的价值的评价之间,作出区分。①

第二,偏好,无论是政治偏好还是个人偏好,无法成为一种评价平等或成为一个与平等有关的基础函数,因为确定的偏好是评价对象的一部分,而不是评价的标准。在"巨大的成功"和"非常巨大的成功"之间存在很多过渡性的阶段,而人们对于自己在这些阶段中的位置感、对于所处置的感觉描述以及其实际所处的阶段究竟是什么,实际上存在难以避免的误解。②

第三,感觉到的平等是感觉状态理论所关注的平等,是一种享受的平等。此种享受的平等常常面临抉择,即"你在两种生活之间有一个诚恳的选择,一种生活是你事实上取得了某些对你来说重要的目标,尽管你并非如此意识;另一不同的生活是你错误地相信你已经取得了那些目标,并从此种信念获得了享受和满足"。③ 因此,此种类型的福利平等在其自身的定位上存在的是其自身无法克服的悖论性错觉。

第四,昂贵偏好,即对高消费的嗜好在福利平等那里是一种合理常态。比如香槟酒的价格要远远高于啤酒,为了使有饮用香槟酒的昂贵偏好的人维持其福利水平,他必须要得到比有饮用啤酒嗜好的人更多的资源分配额度,也就是要得到一个昂贵偏好的补贴。如果给予这种补贴是合理的,那么实际上将会产生两种消极的后果:首先,资源将会从没有昂贵偏好即那些具有适当或节俭偏好的人那里转移到昂贵偏好者那里,以满足其福利水准,这造成一种对社会资源良性分配的反激励。④ 其次,任何对资源的额外占有其目的如果是维持奢侈偏好,并且以此为理由要求补贴就会损害其他人的平等,即每个人对于资源的合理占有的那一份;而且如果一个昂贵偏好者以福利平等为目标,他就必须要以福利平等体系之外的独立理论为依据,而这种理论会使他的福利平等观失效或失败。⑤

---

① 参见 Ronald Dworkin,"What Is Equality? Part 1:Equality of Welfare",pp. 210 – 212。

② 参见 Ronald Dworkin,"What Is Equality? Part 1:Equality of Welfare",p. 212。

③ Ronald Dworkin,"What Is Equality? Part 1:Equality of Welfare",pp. 222 – 223.

④ Joseph Heath,"Resource Egalitarianism and the Politics of Recognition",Edited by Kevin Olson,*Adding Insult to Injury:Nancy Fraser Debates Her Critics*,London & New York:Verso,2008,p. 206.

⑤ 参见 Ronald Dworkin,"What Is Equality? Part 1:Equality of Welfare",pp. 210 – 212。

第五,对残障人士的补贴,以使残障者不会因为他的残障而在福利水平与正常人不同,这样做在两个方面因福利本身的信息不对称性而产生"麻烦",比如德沃金提到的例子:为了使截瘫患者享有平等的福利,社会通过投票以征税的方式为他购置一台价格昂贵的设备来实现福利平等。但截瘫患者是一位杰出小提琴演奏者,他宁肯或更想得到的,是一把跟该设备价格相同的 Stradivarius 小提琴。从福利平等的初衷来说,小提琴对于截瘫患者的意义比特殊辅助设备要大,给他带来的福利帮助也要大,因此如果社会不同意其选择购买小提琴实际上是背叛了自己的最初立场和福利平等原则。但一旦允许截瘫患者用开征的特别税去购买小提琴,就立即会有其他的小提琴爱好者以自己的福利水平同样不高为理由,声称他们同样可以有这样的要求,这对于社会是个麻烦。[①]

从以上五个存在的问题,基本表明了福利平等主义在建立平等分配机制上的无能为力。其根本的原因在于市场化的个人主义的个体之间的互动和博弈,无论是成功、感受还是扭曲的客观理论,都无法提供一个基准,这个基准应该具有相当的广泛性和区分度,它可以成为鉴别"什么才是成功"以及"什么样的感受才是合理的感受"的一个机制,但是福利平等主义从它运转的机理就使得这种机制无法出现。福利平等主义存在道德风险[②]和单边主义即不合作性的缺陷:道德风险隐喻了福利平等主义可以被视为一个巨大的保险计划,保护那些有着不切实际偏好的人们可以抵御几乎任何可以发生在他们身上的风险,结果这种有恃无恐导致了他们偏好的无节制,并因此自觉地丧失保险应有的动力。这种消极的外部性不仅在于福利平等主义的实践者可以不计后果的行为,还因为他的行为导致其他人要为他行为的成本外部化负责,这些成本被转移到所有参

---

① 参见 Ronald Dworkin,"What Is Equality? Part 1:Equality of Welfare",pp. 243 – 244。

② "道德风险"这个词属于(英语国家)保险方面的词汇,从字面意义上看,它属于负面效应;从保险公司的观点看,它属于可能影响承保人行为的风险。事实上,在保险公司和承保人之间的关系是一种更为一般层次上的委托代理关系的典型形式,它与这种现象有关的经济理论中的道德风险术语——沿着一个古老的传统——被重新使用了。在现代经济学文献中有关道德风险这个主题的复兴,可以追溯到阿罗的《风险分担理论论文集》(1971)"……我们所熟知的委托代理的道德风险问题,可更为准确的称作是'隐蔽行为'问题"。参见罗杰·格斯奈里:《阿罗—德布鲁范式与现代契约理论:涉及信息和时间特定问题的讨论》,载[瑞典]拉斯·沃因、汉斯·韦坎德编:《契约经济学》,李风圣等译,经济科学出版社 1999 年版,第 19 页。

加了此种保险的人身上，尤其是那些节俭的人身上。① 单边主义的缺陷表明，福利平等主义罔顾了合作性关系的基础性，它推崇的是个人在合作关系框架中可以单边的设定相互作用的条件。②

因此，很难找到一种机制可以为福利平等主义辩护，从自我意识的欲望本源看，福利平等主义要求的是基于私人经验的自我决断，这表明了福利平等主义所要求的并不是形式的平等，也不是内容的等价性，而是一种欲望的平等，或者是偏好的平等。也因此，承认无法为以福利平等主义正义为基础的法权关系提供区分机制。

### （三）资源平等主义

资源平等主义是德沃金提出的可以与福利资源平等竞争并具有竞争优势的资源分配模式。同时，资源平等主义是一种出于主观设想的平等主义，其范围被限定于个人私有的任何资源的平等，而暂时搁置支配公共资源的平等和政治权力的平等。③ 当然，资源平等主义的论述语境依然是立足于商品市场的环境中（尽管商品市场与平等有着天生的对立性），这源于商品市场自 18 世纪以来为人们的生活提供的信心和动力，这些信心和动力来自商品市场的两个特质：

第一，作为一种机制，商品市场定义并取得了明确的整体社会的目标，这些目标多方面的被描述为繁荣、效率和总体效用；

第二，作为个体自由的必要条件，在此基础上自由的男男女女可以运用个人主动性并做出选择，由此掌握自己的命运。④

根据上述优势，德沃金把他的资源平等的初始演练依然放在商品市场的环境下。预设的条件是，假设一定数目的遇难船只的幸存者们被冲上一个荒岛，岛上资源丰富但是人迹罕至，救援只可能发生在多年之后。幸存者们接受的原则是没有谁可以预先占有岛上的资源，资源只能在大家中间平分。于是在选出的某一位移民的操持下，资源被平等地分掉了，虽然每一份都稍有不同但符合平等分配的原则。这种分配方式在德沃金

---

① 参见 Joseph Heath, "Resource Egalitarianism and the Politics of Recognition", pp. 206 - 207。

② Joseph Heath, "Resource Egalitarianism and the Politics of Recognition", p. 207.

③ 参见 Ronald Dworkin, "What Is Equality? Part 2: Equality of Resources", *Philosophy & Public Affairs*, Vol. 10, No. 4 (Autumn, 1981), p. 283。

④ Ronald Dworkin, "What Is Equality? Part 2: Equality of Resources", p. 284.

看来可能会引发移民的不满，因此他引入了一条名为“妒忌检验”（envy test）的规则，即一旦分配完毕，如果有任何一位移民愿意要别人的那一份而不要自己的那一份，那么分配就是不公平的。[①] 这种妒忌检测是合理的，但是即便是通过了妒忌检测也可能导致某种不平等，因为常规的平等分配在两个问题上考虑的还不够周全。

一种情况是资源分配的任意性。假设可以供分配者用来分配的资源只有凤头麦鸡下的蛋和葡萄根瘤蚜流行前产的葡萄酒，每个人将得到平等的一份鸡蛋和葡萄酒。但这对一个根本不喜欢这两样东西的人来说，就会产生没有被公平对待的感觉。[②]

另一种情况是可能的不公平。[③] 比如资源被分成平等的份数，但每一份有着不同的组合方式，比如 a 份、b 份以及 c 份是平等的，其中 a 份包括 10 个苹果和 20 个西红柿，b 份包括 30 个马铃薯和 5 个苹果，c 份包括 15 个西红柿和 15 个马铃薯，任何两种资源的组合都已被视为是平等的。但出现的问题是，一个有着西红柿偏好的移民认为最值得拥有的一份是 a，因为其中有他心仪的西红柿；而此时如果有一个苹果偏好者，同样会看好 a，因为其中的苹果数量最多。于是尽管 a、b、c 是平等的，对于能够如愿得到 a 和未能如愿的人之间，平等的分配就不存在了。

为了对上述两个纰漏加以修订，德沃金选择的方式是通过拍卖，一种几乎是现实中难以实际存在的理性化状态下的拟制的拍卖。利用岛上的贝壳作为竞拍的货币，每位移民得到了数量相同的贝壳。岛上的每一种资源全部被标价，每个人都可以用手中的贝壳参与拍卖。如果有人出到一个没有人再跟进的价格，他将得到此资源，一个清场价格可以决定一种资源的归属。这样一来，基本上解决了因为偏好不同带来的不公平感：分得的贝壳是平等的，竞拍的资格和机会是平等的，如果偏好某种资源只要出到清场价格就可以得到它，而且只要是你肯以最高价拍得的资源肯定是你最看重的，也就是没有人比你更“妒忌”它，因此拍卖也就经过了妒忌检测。[④] 这种拍卖的过程整体上是平等的，所有人平等地进入，平等地走出。

---

① 参见 Ronald Dworkin，“What Is Equality? Part 2: Equality of Resources”，p. 285。

② 参见 Ronald Dworkin，“What Is Equality? Part 2: Equality of Resources”，p. 285。

③ 参见 Ronald Dworkin，“What Is Equality? Part 2: Equality of Resources”，p. 286。

④ 参见 Ronald Dworkin，“What Is Equality? Part 2: Equality of Resources”，pp. 286 – 290。

但是随着时光的流逝,岛上居民的最初平等能够维持一个什么样的水准和程度,是一件难以预料的事,静态的平等如何通过一种机制能够使动态的平等得以维持就成为资源平等主义必须考虑的问题。资源的分配一旦按照资源平等主导下的拍卖完成,此后为了维持一个社会性存在的运转,生产、交易和再分配将势在必行。而这种势在必行一旦开始,就会出现与初始的资源平等不同的情况,有些人,比如生产技能高或擅长交易的人,会变得富有,不擅此道或志不在此的人会变得贫穷,同时妒忌检测也不再有效,懒惰或技能水平低的人都对勤奋或技能水平高的人的资源怀有嫉妒了。

这样的世界存在两种发展趋势,可能变成两个不同的世界。在第一个世界,对于一个他自己的生产才干由于其他人的才干和抱负而处于相对劣势的人,他已经事先知道并愿意承担这种劣势所有的后果;在第二个世界,具有同样的相对劣势模式,但是每个人都有主观预先遭受此种劣势的平等机会,并且由此通过购买保险,每个人都有平等的机会去减轻此种劣势。① 第一个世界是不存在补贴必要的世界,因为其中的劣势者的预期选择与实际结果并不存在偏差。资源平等主义主要在第二个世界存在,在其中所处的劣势更多是一种潜在的风险,并且可以通过保险抵御风险。

进一步分析,现实的劣势群体之内,可以理想化的划分出两种类型:一种是先天能力欠缺,比如残障或智力低下所导致的劣势群体;一种是先天能力并无不足,而是有着某种昂贵偏好致使其所占有的资源为了满足其偏好而呈现劣势。如果统一用“偏好”一词,把残障也视为一种并不想拥有的偏好,那么两种类型的偏好也可以用来描述上述两种类型的人群:前者是非自愿的偏好,比如残疾;后者是自愿的偏好,比如对奢侈品不计成本的追逐。如果资源平等主义要通过补贴来提高那些非自愿偏好的福利水平,并在同时把那些非自愿偏好者区别出来,按照德沃金的设计,此时可以通过一种虚拟的保险机制来实现。这种保险机制作为拍卖的补充,以固定保费的强制性保险为每个人保险,但选择险种的自由属于个人。② 此时,就可以把这种虚拟的保险机制当作自愿偏好与非自愿偏好的

① Ronald Dworkin,“What Is Equality? Part 2:Equality of Resources”,p. 331.

② Ronald Dworkin,“What Is Equality? Part 2:Equality of Resources”,p. 301.

区别机制：凡是那些有非自愿偏好或对非自愿偏好较为担心的人，基本上是那些由于残障或对未来残障风险顾忌较多的人，会选择一些固定的险种、保费和保额，比如失明险或跛脚险；那些有着自愿偏好比如昂贵偏好或古怪偏好的人，由于有着其他的预防机制比如寻找替代品或改变偏好，而不去购买与非自愿偏好同样险种、保费和保额的保险。在德沃金那里，虚拟的保险市场的主要任务，就是要把先天能力欠缺比如残障与声称残障实则是追求对其昂贵偏好予以补贴加以区分。

这样，虚拟的保险市场就成功的扮演了一种显示机制，它可以诱使那些残障者通过买某种保险而自我认同，同时不去诱使那些有着昂贵偏好的人声称是残障者。其原理在于保险市场诱使个人行为，而这些行为显示了个人认为的其对未来发生事件的掌控程度，于是一旦无力转化某种风险并认为其超出了自己的掌控能力就会购买保险。①

于是，资源平等主义在德沃金那里就建立了一种福利主义平等无法企及的资源与福利的更为合理的关系。按照福利资源平等，人们要以自己的偏好去要求占有资源；而按照资源平等，人们会以自己所得的资源去培养或改变偏好，因而在形式的平等和实质的等价两个方面都可胜任。事实果真如此吗？

### (四)德沃金的两个误解

德沃金强调资源平等主义比福利平等主义更具实现平等分配资源的竞争力，其中一个重要的原因在于资源平等主义不仅关注了选择—自愿的偏好与运气—非自愿的偏好的不同，而且关注了必须找到一种机制可以将这两种偏好有效地区分。按照这一实践要求，德沃金引入初始资源的拍卖和保险这两种制度以期在最初的平等和此后的有效区分上实现其理论预设。但是从拍卖的经济学机理和保险所能提供的区分性来说，德沃金存在着两种误解：第一，拍卖解决的是平等问题；第二，保险可以成为区分残障与昂贵偏好的机制。

事实并非如此。因此，以下的分析论述在于说明：1. 拍卖解决的是效率问题；2. 保险无法区分残障与昂贵偏好。

---

① 参见 Joseph Heath，"Resource Egalitarianism and the Politics of Recognition"，pp. 214－215。

1. 拍卖解决的是效率问题

遇难船只的幸存者们为了平等的分配岛上的资源，设计出了利用贝壳作为购买工具并将所有资源予以拍卖的想法，并且运用妒忌检测加以辅助。不考虑德沃金作出此种设计的现实可行性和实际效果，这里首先需要关注并引入的是一个公平原则问题：德沃金的分配是公平的吗？这似乎毋庸置疑，但德沃金试图达到的平等遵循的是一种什么样的公平原则呢？

我们可以把公平的分配原则分为两种：一种是公平原则，当且仅当相对于某人获得一份资源，没有人更喜欢他人的一份的时候，就实现了公平分配；另一种是超级公平原则，当且仅当相对于其他任何人获得的资源份额，每一参与者获得的份额确实是让他情有独钟的份额，就实现了超级公平。[①] 在公平原则下，参与分配的每个人可以不去关注他所获得份额与其他人获得份额的差别，所以完全可以接受一次再分配。在超级公平原则下，每位资源分配参与者对他获得的份额有着严格偏好，拒绝接受与他所得份额不同的任何再分配。也可以说，超级公平分配不仅要关注分配的资源种类，还要照顾个人偏好，因此超级公平分配是资源与偏好的不均匀性结果。[②]

在此引入公平原则与超级公平原则，并找出两者的不同，在于说明，不去嫉妒他人的获取份额与对自己的份额情有独钟是两回事。德沃金在分给了岛上居民贝壳之后让他们通过拍卖获取自己最想要的东西，是在运行一种超级公平：不去嫉妒他人是远远不够的，获得自己情有独钟的东西才是拍卖的目的。因此嫉妒免除（envy-freeness）并不足以保证德沃金预设的拍卖后分配结果。拍卖所实际遵照的原则是超级公平原则，它指向的是资源与偏好有效结合，是资源的效率配置结果。于是就可以对拍卖作出以下定位，拍卖对于创制平等没有作用，因为初始分配已经完美地实现了平等和嫉妒免除。完美平等和嫉妒免除是指，之所以是平等的，其原因在于每个人分配的贝壳数量是相等的；之所以是嫉妒免除的，是因为

---

① William J. Baumol, *Supperfairness: Application and Theory*, Cambridge: MIT Press, 1986, p. 19.

② 参见 Joseph Heath, "Dworkin's Auction", *Politics Philosophy Economics* 2004 (3), p. 316。

所有的贝壳都是同样的,既没有种类的差别,也没有质量的差别,可能会有人不喜欢自己的贝壳,但绝不会嫉妒他人的贝壳。初始分配只是不够有效率,因为没有完全的照顾个人的偏好。因此,拍卖取代了初始的嫉妒免除分配原则并将它转换为效率—嫉妒免除分配,即超级公平分配。也因此,约瑟夫·希斯(Joseph Heath)指出:"这些事实显示出某些相对琐细的有关福利经济学第二基本原理的暗示,即拍卖只是完美竞争市场的替代者,并且是在保持嫉妒免除的完美竞争条件下的交易。"①

这样的话我们就可以发现,拍卖所要追求的结果其实是福利经济学第二基本原理所提及的可能结果,是在完美竞争条件下第二基本原理的另一种表述。福利经济学第二基本原理是指在某一条件下,针对商品和资源的某种初始分配,每一帕累托最优分配可以获得一个竞争市场的均衡结果。② 这显示出在原则上,平等与市场和商品交换并不是势同水火:市场与平等没有内在的联系,市场促进的是效率,它与平等的关系是中立的。③ 因此,商品市场与平等无关,而与效率有关,德沃金所引入的拍卖解决的是效率问题而非平等问题。

2. 保险无法成为区分残障与昂贵偏好的机制

残障与昂贵偏好的良好区分是资源平等主义相对于福利平等主义的优势所在,德沃金采取的方式是虚拟的保险市场。它可以充当一种显示机制,引诱那些残障者认同自己而不去诱使那些有昂贵偏好的人声称自己有残疾。

可以想象一下其运作原理:如果把残障和昂贵偏好一样,都视为某种偏好,那么残障是一种非选择性的、运气消极的偏好,而昂贵偏好是一种选择性的积极的偏好。残障偏好者极为讨厌他的残障,极力想消除这种残障并试图不去承认它是偏好,而昂贵偏好者则极为赞赏他的偏好,极力试图保存这种昂贵嗜好并试图承认它是偏好。这样,凡是不承认自己偏好的人就可以得到一份补贴,而认同并鼓吹其偏好的人将得不到任何补贴。虚拟的保险市场设计的意图即在于,不满于自己残障的人会为抵御这种风险而买保险,满意于自己昂贵嗜好的人通常不会买保险,他们有抵

---

① Joseph Heath, "Dworkin's Auction", p. 326.
② Joseph Heath, "Dworkin's Auction", p. 322.
③ Joseph Heath, "Dworkin's Auction", p. 332.

御风险的替代方式或是就算买也不愿意与残障者花同样多的钱，这样买不买保险成为界定残障与昂贵偏好的显示机制。但事实上，这种情况是不现实的。

现实的情况是，个人常常在他们能够购买保险之前，就已经获得了昂贵偏好和残障，①而且这种获得是在某种确定的文化环境中获得的。这个预设的文化环境是每个人能够对自己的所有实践和行为作出评判的前提和基础，没有这个预设的环境，就连残障的消极性和昂贵偏好会对他人的福利水平产生消极的外部性影响这样的基础判断也无法获得。也就是说，个人只有在他完全社会化之后，才能作出这些判断。② 残障人士如果有着某种补贴需求，产生这种想法的前提是他需要对整个现实的文化环境进行反思，即反思哪些选择是在假设的条件下做出的。更为要紧的是，他还需要“不介入”他所拥有的那些偏好，才能在这些偏好之外评价它们，如此虚拟的保险市场才有存在的意义。因为如果无法做出评价，那么就不可能作出选择，也就无法决定购买还是不购买保险，甚至连购买保险的意义也无从谈起。换言之，保险作为显示机制之所以能够发挥显示作用，就在于个人能够跳出其所处的那个文化环境客观的评价自我以及未来的风险，而他之所以能够评价自我以及未来的风险却完全是由那个文化环境教会他的。

德沃金也意识到这个问题，那些天生残障或幼年残障的人当然会在规划未来的时候考虑这些状况，指出“如此一来，为了确定这个人假若没有残障的话会购买多少额度的保险，我们就必须确定他在那种情况下会如何计划自己的生活。然而从原则上讲，这个问题无法回答”。③ 而所谓原则上讲的“原则”，就是指据以判断的文化背景。保险要在不介入的条件下，由个人去评价他们的第二层次的欲望，④即由个人从超越文化背景预设的基础上去评估他们的偏好，这是无法贯通的，因为不存在任何“超

① Joseph Heath, “Resource Egalitarianism and the Politics of Recognition”, p. 215.

② Joseph Heath, “Resource Egalitarianism and the Politics of Recognition”, p. 215.

③ Ronald Dworkin, “What Is Equality? Part 2: Equality of Resources”, p. 298.

④ Joseph Heath, “Resource Egalitarianism and the Politics of Recognition”, p. 210. 所谓第二层次的欲望与第一层次的欲望相对而言，是指借助查尔斯·泰勒的个人等级制观念，把个人具有的偏好称为第一层次的欲望，把对第一层次欲望的有力评价称为第二层次的欲望。

脱”或“外在”于文化的东西可以被用来评估这些价值。[①] 因此,保险也就无法成为区分残障与昂贵偏好的机制。

**(五)承认成为一种区分机制**

福利平等主义无法为以偏好要求资源提供合理论证,因此无法涉及平等的分配;资源平等主义凭借拍卖和虚拟的保险市场试图在商品市场的语境中建立某种偏好与资源均匀的平等,这种平等经历了妒忌测试并实现了完美竞争。但依然无法胜任对残障和昂贵偏好的区分,原因如上文所述,拍卖解决的是超级公平原则意义上的效率问题,是对福利经济学第二基础原理的理想化表述。虚拟的保险市场无法成为区别残障和昂贵偏好的机制,因为保险机制本身处于基础界定价值规则的文化背景之内,却要以不介入的方式去评价这种文化的价值观,无法融贯因而难以奏效。

但是通过一种机制,或更为确切地说是以一种诱导机制,使残障人士主动认同自我而使有着昂贵偏好者无法搭便车,却为构建某种有效区分机制提供了启示性,从文化背景的视角,承认有了成为此种区分机制的可能。承认具有此种区分机制最初源于黑格尔的主奴生死斗争,经过承认的一元与多元之争,具备了在资源分配实践中得以施展的可能。

1.原初意义的承认区分性

再次回到德沃金描述的那座救了遇难船只幸存者的孤岛,在那里,每个人几乎要重新为以后的生活作打算。但有一点可以肯定:他们是一个集体化的存在,他们不是被纵容的囚徒。所谓被纵容的囚徒是埃里克·波斯纳(Eric A. Posner)想到的一种得不到承认而拥有资源的人:

> 一个人住在一栋大房子里,独自一人,而且永远不能离开。这栋房子有很多个房间,里面有发展任何一种技艺或能力所必需的资源。一个房间是健身房,另一个房间是大型图书馆,还有一个房间有成千上万种植物样本。这个人因此享有各种各样的宏伟生化计划的选择。他还得到食物供给(不过,当然,他可以拒绝接受食品供给并在庭院里种植自己的粮食和蔬菜,并在厨房烹饪)。[②]

---

① Joseph Heath,“Resource Egalitarianism and the Politics of Recognition”,p.215.

② [美]埃里克·A.波斯纳:《法律与社会规范》,沈明译,中国政法大学出版社2004年版,第313页。

被纵容的囚徒的处境与柏拉图的洞穴人不同,他在某种程度上是自由的甚至受人羡慕的,没有为生计奔波劳累之苦而且可以追求自己的爱好和理想。但被纵容的囚徒却是一个悲剧性的人物,他干的所有事都可以直截了当无所顾忌的依照他的真实偏好,不受任何人影响,但他并不值得羡慕。因为,我们(包括那些孤岛上的幸存者们)不羡慕被纵容的囚徒的原因在于,"我们的成就感和幸福感来自于我们对他人期待我们遵从的价值所作的受到的尊重或者拒绝"。① 这种被纵容的囚徒式的对承认的渴望,反映出获得承认是人在社会性存在中的本能。德沃金描述的荒岛余生也无法抛弃"我看人看我"式的自我确认,这种自我确认在原初意义的承认那里与生死斗争和科耶夫的主人/奴隶法权关系有关。

试图争当主人的人为满足他的偏好,不惜死战,通过他人的屈服验证其自我意识的确定性,成为主人;凡是为了能活着而惧怕战斗,通过其劳动供养征服者而丧失自我意识确定性的人,甘为奴隶。主体间通过(只是一种假设,不会真实发生)一场生死斗争把信息公开化,并至少造成两种关联的结果:自为存在的独立意识通过不怕死而从对方那里获得自我真实性的确认,从而成为主人;怕死而无法从对方那里获得自我真实性确认的是一种依赖意识,从而成为奴隶。于是承认完成了对一种信息不对称状态的重组:隐藏着的甲乙二人在投入战斗前的真实情况(如体能、力量、智力等因素)随着生死之争的开始而具有可见性,承认使甲乙双方的信息公开化了。

更为重要的是,"争当主人"与"甘为奴隶"在黑格尔的城邦政治语境中,其实可以分别被视为是一种昂贵偏好或残障。通过承认,不怕死的主人和怕死的奴隶,从此各自扮演各自的社会角色,并依据其角色的不同而享受或不享受补贴:"争当主人"是一种昂贵偏好,"甘为奴隶"是一种残障,从古典时期最为重要的事务——战争问题上,这一点看得很清楚。"争当主人"的昂贵偏好得不到补贴,主人们要为城邦或国家的安危从事战争,即便是死亡也不容推脱;"甘当奴隶"的残障会得到补贴,他们可以不参加战斗而保全生命。这与科耶夫论证的主人/奴隶法权关系说的是一回事:依据主人的平等性法权关系,"争当主人"的昂贵偏好得不到补贴,比如一个主人即便身体羸弱也要跟正常人一样负担同样的重量,即便

---

① ［美］埃里克·A. 波斯纳:《法律与社会规范》,第 315 页。

是没吃午饭也不能比吃了午饭的人在晚饭的时候要求更多的食物;依据奴隶的等价性法权关系,“甘当奴隶”的残障可以获得补贴,比如身体羸弱者可以要求减轻负重,没吃午饭的人可以在晚饭的时候要求更多的食物。①

2. 文化维度的承认区分性

现代意义的承认理论沿袭并拓展了黑格尔的论证领域,将黑格尔在耶拿时期之后已经不再视为核心理论的东西重新拾起,这构成了霍耐特与弗雷泽有关承认的一元性与多元性之争的知识背景。沿着黑格尔在耶拿时期对承认的最初理解,尤其在文化领域,霍耐特的一元性的“好生活”与弗雷泽的多元性的“正义的民间范式”之争,在某些问题上显示出承认的显示机制:在弗雷泽那里,因为她主张承认并不能“一揽子”的解决政治、经济、文化三个维度的问题,但至少在文化维度,承认可以提供一种区分机制,比如同性恋问题。

很多同性恋者的经济地位和政治地位并不差,他们/她们可能在政治上身居要位,或是在经济上处境不错;但有些,或者说是大多数同性恋者的经济地位和政治地位,因为某个国家或地区的人们对同性恋行为存在着歧视,而处境不利。性行为的非常规性使得劳动分工出现了文化维度的歧视,这些歧视又使劳动分工常常把同性恋者分配到一些处境恶劣的位置。而其根源,却并非在于试图剥削同性恋者,这与歧视黑人并剥削他们截然不同,歧视并使得同性恋者处境恶化的目的在于根除他们,彻底地在文化上表明,同性恋不被承认。② 于是如果从文化承认的视角分析,同性恋者的行为,其实存在被不同对待的可能。如果承认同性恋行为,那么相对于异性恋,它就可以被视为一种残障,于是为了能够使同性恋者们更好的交往或者说能够像异性恋者们一样的交往,就需要给他们/她们补贴;如果不承认同性恋行为,它实际上就成为一种昂贵的偏好,不仅没有补贴相反会采取措施限制,直至根除这种昂贵偏好。因此我们可以大概地说,同性恋行为是一种残障还是一种昂贵偏好的区分权,属于承认。

3. 承认作为资源平等分配的区分机制

事实上,承认的上述区分机制并没有被德沃金派上用场,原因在于德

---

① [法]科耶夫,《法权现象学》,第 320 页。

② Nancy Fraser and Axel Honneth, *Redistribution or Recognition? A Political-Philosophical Exchange*, p. 22.

沃金理解和定义的偏好分类似乎出了问题。回到德沃金的资源平等主义，如果我们按照德沃金的偏好分类标准，那么偏好将被分成自愿的偏好与非自愿的偏好两类。昂贵偏好被视为自愿偏好，残障被视为非自愿偏好。这种划分的标准其实是一种个人等级制观念，根据这种模式，个人具有的是两个层次的欲望。第一层次的欲望是偏好，第二层次的欲望是有力的评估。同时是第二种欲望决定了一个人想拥有什么种类的欲望，也就是说第二层次的欲望决定了一个人想成为什么样的人。① 这就是说，如果有人只试图拥有第一层的欲望即偏好，或认同这些偏好，那么这些偏好就被视为是自愿的偏好；如果在认同的基础上进一步的评价这些偏好，比如虽然极力想保持某种偏好但出于对自身资质和财力的考虑而不得不放弃或改变，或者虽然无法摆脱某种偏好（比如残障——在德沃金那里残障被视为一种负偏好）但始终不会追求或愿意保持这种偏好，那么这样的偏好就被视为非自愿偏好。

但是德沃金仅仅从第一层次和第二层次出发，却仍然无法实现对自愿—非自愿偏好的区分，原因在于他忽略了两个重要方面：一个是本体论意义上的，查尔斯·泰勒提到的第三个维度，即等级制的人的自我认识的维度；另一个是方法论意义上的风险验证。

本体论意义上等级制的自我认识，存在两个阶段：第一个阶段是以荣誉为基础的古代阶段，第二个阶段是以尊严为基础的现代阶段。第一阶段的等级制自我认识比较显见，人们把获得荣誉视为一种“优先权”，②优先权建立了一种可见性很强的等级制。也就是说在荣誉社会，人的社会地位以及其存在的价值是由社会的外在认同所决定的。基于此种可见的外在认同，结合其在社会中所处的位置，人们才有可能去认为什么东西对他是至关重要的。③ 第二个阶段是尊严为基础的现代阶段，从荣誉到尊严转向之后，等级制似乎被打破并抛弃了。但是这种等级制由外在转向了

---

① Joseph Heath，“Resource Egalitarianism and the Politics of Recognition”，p. 210.

② Charles Taylor，*Multiculturalism：Examining the Politics of Recognition*，p. 27.

③ 比如，如果有人被授予加拿大勋章（Order of Canada），那么此人就拥有了优先权，优先于此外的任何人获得荣誉。假如明天每个加拿大成年人都会获得一枚加拿大勋章，那么因为大家当中没有谁优先获奖而使此一奖项变的一文不值。这在人的身份上表现为对称呼的优先权：有的人必须要称其为老爷、太太，有的人则可以直呼其名，这与现代意义上的先生、小姐有着实质的不同。参见 Charles Taylor，*Multiculturalism：Examining the Politics of Recognition*，p. 31。

内在,并具有似乎只能自觉的不可见性。人开始在本真性理想的提醒下从自身存在的独特性发现自我的价值,并认同这一价值。就其实质而言,此种判断是内在发生的而不是由社会衍生的。同时内在的发生绝不能是一种独白式的理解,而必须以尊重意义非凡的他者的方式采取对话式的交流。即如查尔斯·泰勒指出的:

> 独白式的理念严重地低估了对话在人类生活中的地位。它试图把对话尽可能的限制在初始阶段。它忘记了通过与我们所爱的人们共同分享会改变我们对生命中美好事物如何理解;只有经由这些共同分享某些美好事物才可以归属于我们。正因如此,我们将要付出巨大的努力并有可能包括痛苦的分离,以组织我们所爱的人构建我们的认同。想想我们用认同的所表示的意思。我们是谁,"我们从何而来"。就此而言,我们的爱好、欲望、观点和抱负在这一背景下才产生意义。①

从非独白式的自我理解出发,现代的人仍然处于一种等级化的存在状态之下,这就是在德沃金的两个维度之外另外存在着的第三个维度:一个使德沃金意义上的两种欲望得以产生的文化背景维度。这个文化背景维度使个人的自我意识因为其身处其中而具有了意义,即任何的个人欲望以及对这些欲望的自我评估都无法超越第三种维度的最终评估。如果我们立足于这一前见式的文化背景,偏好一词,以及自愿偏好与非自愿偏好的概念就都需要反思。

基于泰勒文化背景层面的维度,德沃金的"自愿—非自愿偏好"模式必须做出转向,在承认的语境中,它必须转向一种"本质—非本质实践"的新模式。因为不再是独白,诸多价值的意义只有在共享中才有其价值和意义,那么偏好就应被视为一种实践,并且在其中有着本质实践与非本质实践的区别。所谓本质实践是指那些构建了个人或群体的认同的实践,而非本质实践则不具有此种特质。本质实践是那些无法抛弃的实践,一旦这些实践形式和实践内容丢失或损毁,将无可避免的导致群体或个人

---

① Charles Taylor, *Multiculturalism: Examining the Politics of Recognition*, pp. 33 – 34.

感到一种意味深重的手足无措或自我迷失。[①]

这些本质实践构成了一个人或者一个群体赖以维持自我认同的最基本的东西，而其形式渗透到政治世界和生活世界的各个角落，比如语言、生活化的宗教礼仪或者传统的婚姻形式。尤其在语言问题上，使用本质—非本质实践的划分标准明显要优于自愿—非自愿偏好的划分标准，并且不会导致理论与事实的悖反。这基于以下分析：如果按照德沃金提出的自愿—非自愿偏好标准，语言会被显示为一种自愿偏好。因为前文已论述，在德沃金看来，凡是要拥有其第一层次的欲望并认同这些偏好的行为，都是自愿行为，因此语言属于自愿偏好。但事实上并非如此，一种语言的掌握很难说是自愿的，因为某人能够说某种语言在初始意义上并非其自我的自愿选择，甚至掌握一种语言的意义并不是在于能说此种语言，而是他们只能这么做。语言作为一种实践常常夹杂着个人的非自愿因素，并且这些非自愿因素的不得不然受到了一套共同价值体系的支持，人身处其中就必须捍卫并实践这种价值观。这样，在语言问题上，语言如果被视为一种偏好，那么出现的情形是人们既认同其偏好，又无法自愿的选择此种偏好。此外，可能更为棘手的情况是，如果按照德沃金的非自愿偏好，很可能操持某种语言而并不喜欢它的人——比如一个美国人，极为欣赏法语并很向往能够熟练地用法语交流和生活，但他始终只能讲英语——是以一种残障状态生活的。

因此语言的问题必须被归结为一个本质—非本质实践问题，才是合理的，尤其对于少数群体所运用的语言，语言的使用被视为一种本质实践才不会出现上述矛盾。其原因在于个人的偏好是由其身处其中的文化背景造成的，让个人对由某种社会化过程造就的偏好负担成本，这是不合理的。所以，如果将语言视为某种本质实践而不是非自愿偏好，将会使文化背景的影响与个人选择的关系变的现实起来。[②] 这是德沃金忽视的第一点。

德沃金忽视的第二点是风险验证。所谓风险验证，是要求每一个提出要求的个体或群体必须做好被拒绝的准备。语言问题的悖论性表明，

---

① 参见 Joseph Heath，“Resource Egalitarianism and the Politics of Recognition”，p. 212。

② 参见 Joseph Heath，“Resource Egalitarianism and the Politics of Recognition”，pp. 211 – 212。

在掌握并实际地运用了某种语言之后,人们很难再对他们所使用的语言做出评估,只有那些操持外语者才有机会,或者只有母语者在掌握了另一种语言后,通过比较,才可以评估。换言之,一种语言接受外来评估的概率如同群体的文化实践接受外来评估一样,它需要经历"风险"验证,并追求尽可能大的视野融合。[①] 这样做的前提就在于存在一个不同文化群体都基本认同的基本人际状态,[②]它与非异化世界中的公共经验有着差不多相同的普适性品格。而风险验证中拒绝存在的原因在于以下两点,其拒绝的意味程度并不相同:第一,如果在双方差异明显的语言中找不出一个共相,那么要求者就会被拒绝,这是一种强烈意味的拒绝;第二,如果此种诉求给他人设置了本不该有的义务并因此负担了成本,那么要求者就可能被拒绝,这是一种温和意味的拒绝。

在第一种情况下,因为找不出共相,所以要求者被拒绝的就并非本质实践,在此情况下所产生的成本就不得不由要求者自己负担;在第二种情况下,虽然被拒绝的有可能涉及本质实践,但其原因在于一个人或一个群体提出的涉及本质实践的要求使其他人或全体负担了不必要的成本,那么如果不事先声明对此种损失作出补偿或说服对方接受此种实践方式,那么要求也可能被拒绝。这样做的目的只有一个:立足于互相承认的视野融合基础,没有哪一方可以单方的为双方的互动设置条件。其

---

① 泰勒指出:"发现并对那些具有'真实性'(authenticity)的东西提供校正和修复。这种对尊严的追求需要一种立足于个体主义的两个维度——个体自由和社会模式目标——之上的道德准则:个人主义必须要具有与他者共处的视野。" Charles Taylor, *The Ethics of Authenticity*, Cambridge: Harvard University Press, 1991, p. 45。

② 这可以从查尔斯·泰勒关于两种语言的彼此理解去分析。泰勒指出:"情形几乎总是如此,我们可以理解另一社会胜任的语言并非我们理解的语言或是他们的语言,毋宁是可被称为差异显著的语言。这会是如此一种语言,在其中我们相对于对双方都有效的基本人际状态(Human constant),我们将他们和我们的生活方式当作可供选择的可能性予以阐释;这会是如此一种语言,可能的人类多样性,即我们或他们的生活方式作为这些多样性可控选择的东西,被明了的阐释。如此一种差异的语言可能显示了他们所理解的语言在某些方面被扭曲了或是不恰当的或者可能显示了我们理解的语言也是如此(在此情形下,我们可能会发觉对他们的理解导致了我们自我理解的改变,并由此改变了我们的生活方式——一种在历史中屡见不鲜的进程);或者可能显示两者都是如此。" Charles Taylor, "Understanding and Ethnocentricity", Charles Taylor, *Philosophy and the Human Science: Philosophical Papers*, Volume 2, Cambridge: Cambridge University Press, 1985, pp. 125 – 126, Quoted from Joseph Heath, "Resource Egalitarianism and the Politics of Recognition", p. 217.

结果是,基于视野融合的相互承认或相互部分承认,开拓出了一个空间,它的上边际线是对某一整体的价值体系的无限尊重,它的下边际线是把人们所做的一切视为个人偏好。而事实上,处于两条边际线之上的临界状态都不够合理,因为处于上边际线之上会导致某一群体唯吾独尊而对其他群体的利益产生不合理的漠视,处于下边际线之上则没有认真地对待个人对群体从属的关系会强加给个人种种义务。[①] 只有在中间地带,才是视域融合的地带。在这一视域融合地带中,人们因为各自的文化背景而被归为不同的群体,规划的标准就是彼此的基于共相并维持独特性的承认。

依照承认提供的视域融合以及本质实践的共相性特征,再次回到残障与昂贵偏好的区分,同时根据上文的论证分析,我们已经决定了要给予残障以某种资源补贴而不给予昂贵偏好以资源补贴,并力争把实际上具有昂贵偏好的人与真正的残障者区分开,从而揭穿有昂贵偏好者冒充残障者诉求资源补贴的伪装。那么,这就包含对要求者身份和对要求本身的双重区分,而从资质要求和鉴别方式两个角度,我们会发现依照承认的区分性机制,区分变的可能:

从资质要求上说,亦即对要求者的身份而言,昂贵偏好者的成长历程所展开的空间是他背后的文化背景,他所有的包括对昂贵偏好的追逐也都是这个文化背景提供给他的,即是他归属于某一群体的资格赋予了他此种偏好。[②] 而属于哪一个群体并不是一个人可以临时决定的,也不是一个人可以随意改变的,他的归属来自于自我承认与由他人和由他人构成的群体给予的承认的交集。

从鉴别方式上说,亦即对要求的区分而言,昂贵偏好者一旦声称要像残障者一样得到社会的补贴,那么他实际上是在追求一种生活和一种价值观。在一个多元化的文化背景之下,他的这种诉求本身就是一种文化熏染之后的产物,或者说他代表了一种文化要求。这种要求在一开始并不能确定是被推崇还是被打压,因为这要在视域融合的平台上经历验证。于是,它要经过立足于视野融合基础上的风险验证,如果昂贵偏好不被视为一种本质实践,也就是说它并不存在类似于两种不同语言终归可以找

① Joseph Heath, "Resource Egalitarianism and the Politics of Recognition", p. 218.

② Joseph Heath, "Resource Egalitarianism and the Politics of Recognition", p. 218.

到的共相，那么它当然会被拒绝，并以此被归结为一种应由个人负责而不是由社会负责的偏好，那么就得不到补贴。

在德沃金提出的第一层次的愿望和第二层次的对这些欲望的评价之外，我们找到了一个基础（文化背景）和一种方法（风险验证），并通过对语言使用问题的分析论证出，由承认所主导的本质—非本质实践模式要比德沃金的自愿—非自愿偏好模式更具有区分的可行性。也因此，德沃金的资源平等主义在承认的区分性机制下变的可能，昂贵偏好因其文化背景打下的烙印被承认所洞察，并因无法抵御立足于视域融合基础上的风险验证而被定格为非本质实践，而无法再混迹于残障者之中。

## 三、可能的借鉴

残障与昂贵偏好代表了权利义务体制中应该得到补贴和不应得到补贴的两种典型情况，这在理想化的初始分配阶段至关重要，但德沃金提出福利平等主义和资源平等主义的初衷，也不见得是出于要为这两种情形获得其适当的位置出谋划策。但随着福利平等主义因其存在的道德风险和单边主义即不合作性的缺陷而早早出局，被德沃金寄予厚望的资源平等主义也在误解中犯错。拍卖所要追求的结果其实是福利经济学第二基本原理所提及的可能结果，是在完美竞争条件下第二基本原理的另一种表述，商品市场与平等无关，而与效率有关，德沃金所引入的拍卖解决的是效率问题而非平等问题；保险要以观望者的角色去评价人们的第二层次的欲望，即由个人从超越文化背景预设的基础上去评估他们的偏好，这是无法完成的任务，因为不存在任何“超脱”或“外在”于文化的东西可以被用来评估这些价值。由承认出场区分残障与昂贵偏好，其原因在于它既不是试图超越文化壁垒，也不是试图罔顾个体或群体向往黑格尔意义上好生活的冲动，毋宁是为了明确自愿偏好—非自愿偏好并非资源平等主义可以依仗的分析范式。从视野融合的风险验证角度入手，承认可以利用本质实践—非本质实践的新范式对昂贵偏好者的资质和要求本身进行分析，从而厘清由个人负责的偏好与由社会负责的偏好之间的区别与联系。这是承认对资源平等主义的贡献，它为资源分配的平等与偏好的有效结合提供了可能。

尽管德沃金的资源平等主义需要做出从自愿偏好—非自愿偏好向本质实践—非本质实践的范式转型，但从谋求平等并尽量消解扭曲的不平等来说，它对于当下中国的经济发展和社会公平依然具有借鉴意义。

我们可以把中国当下所进行的市场经济的最为晚近的一次资源分配，也是对当下中国影响最为重大的一次资源分配，定位在始于1992年中共"十四大"之后确立的，以国有企业改革为代表的经济体制改革。① 因为国有企业占据了国家经济总量优势地位，并且在2004年由"国企改革"具体发展为"国企改制"，在这个意义上说它可以被视为一次接近于整体性资源的再分配，并且与德沃金设想的孤岛的资源分配"极为相似"：既然要实现产权明确，并希望由此实现扭亏增盈，那么每一个国有企业的从业者都有机会参与改制，以自己手中的贝壳（例如资金、设备或知识），以一个清场的、足以满足自己偏好的价格在拍卖中买下你想要的东西（获得企业的产权）。但是这种分配模式虽然与德沃金的资源平等主义"极为相似"，但其中却有着本质的不同：第一，参与者的资质不是平等的，普通职工基本没有机会参与竞拍；第二，拍卖的清场价格并非以出价最高者的出价为准，很多非出价最高者获得产权，因为其中存在相当大比例的国有中小型企业低价出售，外资和私营企业低价购并国企，管理层持股（MBO）和收购。② 因此，国企改制式的资源分配模式按照德沃金的资源平等主义要求，是既无法实现完美平等，也无法实现嫉妒免除的分配模式。

同时，尽管德沃金的资源平等主义是一种范围被限定在个人私有的资源平等，但在当下中国对公共资源和政治权力的平等也同样具有借鉴意义：在国企改制式的资源分配完成后，医疗制度改革、住房制度改革和教育制度改革等有关公共资源分配的改革，接踵而至。这些改革是进一步完善中国社会主义市场经济体制的必要举措，但在承认的区分性视角

---

① 其中国有企业改革的步骤大致是：于1993年在中共十四届三中全会上提出要着力于制度创新，建立现代公司制度；1994～1995年提出"抓大放小"；1999年发展为"有进有退""有所为有所不为"。在形成的"既没有必要也没有可能"搞好搞活每一个国有企业的认识基础上，对部分国有企业采取了破产、兼并、收购、重组的措施，对部分国有企业职工采取了下岗分流的措施。参见张春霖：《国有企业改革与社会公平》，载梁治平编：《转型期的社会公正：问题与前景》，三联书店2010年版，第358页。

② 参见郑万青：《国企改制的法律缺位及其原因探究》，载《法学家》2005年第1期。

下,并没有恰当的实现本质实践—非本质实践的区分。

依照本质实践—非本质实践范式,在中国或者在大多数发展中国家,生存依然是最为基本和重要的本质实践,而中国民众有关生存的本质实践在市场经济不断深化的语境中似乎遭遇了极为严峻的挑战,医疗、住房和教育构成了生存资源的主体,但它们在很大程度上已经被市场化和货币化了。而更为严峻的结果是,这些"市场化、货币化"的模式模糊了本质实践与非本质实践的区别。比如,一个房地产开发商更愿意去开发高档住宅以获得最大的收益,而对于廉租房、经济适用房兴趣不大。而这似乎也无可厚非,因为在市场化、货币化的房地产交易中,愿意和能够购买高档住宅的买主是要通过支付货币来完成交易的,或者说购买高档住宅如果被视为一种昂贵偏好,那么此种偏好的消费者无可厚非,因为他们按照规定的价格购买了这些昂贵偏好;同样在医疗市场上,相当的货币就可以购买相当的医疗资源,并因此可以重获健康而继续不错的活着,使用价格昂贵的药品如果是一种昂贵偏好,那么此种偏好的消费者也无可厚非。于是按照这种模式和逻辑,没有钱买房和没有钱治病就算是属于某种"残障"(一种制约其本质实践的劣势)在市场化和货币化的语境中,几乎没有获得补助的可能了。

如果要对在当下中国的经济发展和社会公平作出智识上的贡献,仅仅基于"效率优先,兼顾公平"是不够的,我们至少应该对社会公平的起点和终点,亦即在民生和民主的两个节点上作出调整:

第一,从社会公平的起点也就是获得教育来说,要改变教育资源倾向于投向城市、投向名校,而对于农村教育投入不够、对于普通学校投入不足的现状。获得教育是与人的生存技能有直接关系的本质实践,这是个民生问题。

第二,从社会公平的终点也就是政治参与来说,要改变大部分人因为得不到政治资源而无法进行政治抉择的现状。政治参与是与人在群体化存在中的利益有关的本质实践,这是个民主问题。

如果说上述当下中国的问题,在诺齐克提及的"最初获取的持有正义"和"转让行为中的转让正义"存在瑕疵,那么是应该在"对持有和转让中可能出现的不正义的矫正正义"①上有所举动的时候了。而所谓民生

---

① 参见 Robert Nozick, *Anarchy, State, and Utopia*, pp. 151 – 153。

问题和民主问题，也正与承认所提供的文化背景和风险验证相呼应：任何的改革，民生问题都不能脱离“共同富裕”①的社会主义中国的文化背景。

① 邓小平：《邓小平文选》（第3卷），人民出版社1993年版，第364页。邓小平指出："共同致富，我们从改革一开始就讲，将来总有一天要成为中心课题。社会主义不是少数人富起来、大多数人穷，不是那个样子。"

# 结语:承认主导下的法权建设

在论述法权的有效性一章,曾提及异化,因为在黑格尔的承认语境中,现代性的整体展开都是在异化的基础之上。但黑格尔不甘心于此,其卓越的后继阐释们诸如科耶夫、查尔斯·泰勒以及霍耐特同样不甘心于此。黑格尔最终将法权安置于伦理性的国家,其最为紧要的目的就在于使普遍性与特殊性平和相容,以整体性的自我确认实现自由,从而重返那个曾经非异化的真实的伦理世界。但黑格尔的国家似乎并没有被完整而正确地理解,①因此艾维耐利(Shlomo Avineri)给出了如下的译文:"这就是神在世间的方式,即在此应为国家",黑格尔试图表明的并不是神在世间的行进,而是国家的存在是神圣策略的一部分,而非是一个人类任意的人造品。② 这或许是黑格尔在最为宏观的层面捍卫国家伦理性的崇高,而与之相呼应的是个人自由的完美实现,即个体的特殊性的权利必须要保持,个体的主观性的权利必须要发展。一言以蔽之,身为普遍性的国家与身为特殊性的个体不再分离。因此,伦理性的国家之所以不再是一个异化的存在,很大程度上依赖于整体与个体的关系:"我的实体性的和特殊性的利益包含和保存在把我当作单个的人来对待的他物(这里就是国家)的利益和目的中,因此这个他物对我来说就根本不是他物。我有了这种意识就自由了。"③

---

① 在黑格尔的《法哲学原理》德文版中,有着如下的叙述:"Es ist der Gang Gottes in der Welt, dass der Staat ist"。英文译本有着以下三种对应版本:第一,译为"国家是经由世界的神的行进",(Hegel, *Selections*, ed. J. Loewenberg, New York, 1929, p. 443);第二,译为"国家的存在是神在尘世的存在",(E. F. Carritt, "Hegel and Prussianism", reprinted in Kaufmann, *Hegel's Political Philosophy*, p. 36.);第三,译为"神在世间行进,这就是国家",(Knox's translation, p. 279)。以上参见 Shlomo Avineri, *Hegel's Theory of the Modern State*, Cambridge: Cambridge University Press 1972, p. 176。汉译本译为"神自身在地上行进,这就是国家",参见黑格尔:《法哲学原理》,范扬、张企泰译,商务印书馆 1997 年版,第 259 页。

② 参见 Shlomo Avineri, *Hegel's Theory of the Modern State*, p. 177。

③ [德]黑格尔:《法哲学原理》,第 267 页。

要实现黑格尔的法权已得到妥善安置的伦理性国家,承认可能提供的支持同样在于普遍性与特殊性两个方面,也可以说是在制度和个人两个方面。从制度上说,承认要提供一种“留白”式的竞技空间,使黑格尔元初意义的主奴生死斗争产生内容上的转变,即依然维持一种斗争,却已超越生死,其目的在于消除任何霸权并实践一种法权间的竞技;从个体来说,承认要提供一种“共和自由主义”(Republican Liberalism),使黑格尔元初意义上的主奴生死斗争产生博弈模式上的转变,即从囚徒困境转向确信博弈,其目的在于使共和的伦理性与自由的法权现实的融合。最终的结果,将实现一种入局性的法权间的彼此承认。

## 一、“留白”式的竞争空间

黑格尔的主奴生死斗争尽管从未真正的发生,但是自我意识的特殊性需要从他者,从自我认为的价值相当的他者那里获得确定的本能,从一开始就是消费性的。一个欲望对另一个欲望的消费构成了推动历史前行的原动力,但是这种消费从一开始就带有着强烈的外部性与悖论性:生死斗争的战斗一结束,主人和奴隶的身份一确定,那么随之而来是就是对奴隶、奴隶的财产以及其他战利品的自然占有,这种占有甚至慢慢地成为有没有发生主奴生死之战、谁是胜利者谁是失败者的最为直接的证据。于是,财产的附带性占有,一个本是获得承认的添头的东西逐渐喧宾夺主了,以至于获得了占有的财产才是获得了承认,这未尝不是进步,它使得争夺的标的物从人的生命转向了财物,使得权利尤其是财产权成为主导性的因素。再作发展,基于财产的权利演变为可以控制他者自由和利益的权力,并由这些并非完全具有合法性的权力催生出与之匹配的知识,以至于“真理的决定性”不过是诸多“权力的决定性”的一种。[①] 因此,在哈贝马斯以及商议民主的论述语境中,商谈更愿意发生在生活世界之内,同时在生活世界之中权力的影响应该降到最低。然而这似乎与民主的实际运转空间的现状不符,权力在宽泛的意义上属于权利,它们是从黑格尔意义上的生死斗争中繁衍出一种自我确认的方式,因此它们一直参与了社

---

① Jürgen Habermas, *The Philosophical Discourse of Modernity*, Translated by Frederick Lawrence, Cambridge: Polity Press, p. 270.

会、政治和文化的建设。尤其在民主政治的诉求中,民主政治的主要问题并不是要驱逐权力,而毋宁是驯化权力使之能够与民主的以自由为主导的价值观相契合,“认清存在的权力关系并试图去改造它,放弃我们可以完全的摆脱权力而自由的幻想”,①这是所谓“激进的复数民主”对哈贝马斯对权力理解的批判。

激进的复数民主其本质是在复兴并完善政治的古典含义,政治的世界中几乎没有对错、善恶,但始终存在一个对好秩序的追求,以及可能更为重要的是始终存在一个复数的敌友共存状态。从雅典城邦开始,“我是我们”的主体间性要求了“我”的群体化存在本质,但是“我们”与“他们”之间的分别一直未曾消弭,只有到了黑格尔才提及“我是他们”,即我不仅在我自身那里直观到独立的本质,我同时也在别人那里直观到我与别人自由的统一。多元民主的努力提供了两种承认范式:第一,权力与权利要互相承认,两者共存的基础是为了促进自由;第二,我们与他们的差异要得到承认,差异得以存在的基础是我们与他们不再是生死斗争意义上的敌手,我们与他们是互相承认的竞争者。

而所谓承认提供的“留白”式的竞争空间就立足于这两种承认范式之上,具体到民主政治及其所诉求的自由,是指在多元民主的博弈中不允许任何一种主张成为霸权式的主张,因为在确保自由的制度层面永远预留着一个空白的区域,留白的空间只为了不同法权的竞争,他们竞争最终在权利与权力的双重规制下分出胜负。动态的竞争性论证在承认的监督下产生合法性,把黑格尔的生死斗争从不会发生的机会成本转化为现实成本,并且使得承担此种成本成为一种最为经济而可行的成本。

## 二、共和自由主义引领下的确信博弈

与制度上的“留白”呼应,个体对于自由的理解也必须做出某种转变,即实现一种对共和主义和自由主义同时的双重承认,并整合出一种共和自由主义式的新的承认范式,既对追求自由的个体法权予以承认,同时也对追求共和的共同体法权予以承认。融合共和主义与自由主义,所谓共

---

① Chantal Mouffe, “Deliberative Democracy or Agonistic Pluralism?”, *Social Research*, Vol. 66, No. 3 (Fall 1999), p. 753.

和自由主义,是指作为群体化生存的公民而言,从法律和伦理两个维度确保一种德性①的联合,即使作为法律意义上的个体公民的自由得到尊重,与作为伦理意义的具有公共意识的公民的担当意识得到承认,联合起来。② 立足此种融合,共和自由主义式的承认提供了两个重要的转型:

第一,自由不再被或不再仅仅被理解为一种向往,一种"我要"或"我不要"式的理想,在共和自由主义的规制下自由成为一种能力,这种能力的掌握并在现实世界中以可见的方式显现出来,就是自治。而所谓自治是通过理性选择掌握自我生活的一种能力,此种能力源自我们的欲望与需求,源自我们的才具与局限,源自周遭世界提供给我们的机会与阻碍。③从自由到自治的转向,是从法律与伦理两个维度完成的自我完善和发展,所实现的是黑格尔的期许,即在终极的伦理性国家阶段,伦理与法律"不再是陌生的东西,相反地,主体的精神证明它们是它所特有的本质。在它的这种本质中主体感觉到自己的价值,并且像在自己的、同自己没有区别的要素中一样生活着。这是一种甚至比信仰和信任更其同一的直接关系"。④

第二,黑格尔意义上的主奴生死斗争不再是一种囚徒困境类型的博弈,共和自由主义式的承认使之转化为一种确信博弈。囚徒困境的博弈模型会得出如下结果,为了确认自我欲望,主体间通过一场生死斗争把信息公开化,并至少造成两种关联的结果:自为存在的独立意识通过不怕死而从对方那里获得自我真实性的确认,从而成为主人;怕死而无法从对方那里获得自我真实性确认的是一种依赖意识,从而成为奴隶。但是,主人的独立性和普遍性只是其欲望中的风险偏好帮他在博弈中侥幸胜出,同时奴隶的信息因为价值极低而被再次屏蔽甚至删除,于是主人的独立性与普遍性会重新回到一种孤芳自赏的虚空。这种对自由的追逐,从一开始就不带有合作的初衷,也不具备集体行动的任何特征,而是原子化的个

---

① 此种德性可被视为公民德性,它包含两种警觉与一种期望,它对腐败警觉,对依附警觉,而对独立性的自由怀有希望。参见 Richard Dagger, *Civic Virtues: Rights, Citizenship, and Republican Liberalism*, Oxford: Oxford University Press, 1997, pp. 14 – 15。

② 参见 Richard Dagger, *Civic Virtues: Rights, Citizenship, and Republican Liberalism*, p. 104。

③ Richard Dagger, *Civic Virtues: Rights, Citizenship, and Republican Liberalism*, p. 38.

④ [德]黑格尔:《法哲学原理》,第 166 页。

体在为自我主体性的确认所做的自我决断的尝试。但是一旦上升到集体行为,即便是在黑格尔那里最为原初的“我是我们”的古典希腊城邦式的集体行为,仅仅是原子式的追逐各自个体的自由是不可想象的。换言之,在共和自由主义的视野中,囚徒困境式的博弈模式丧失了存在的基础。即便是生死斗争得以继续,那么也不会再局限于个体之间,会必然的上升到部族对部族,城邦对城邦,或是国家对国家,是一群人对另一群人的斗争。那么,至少在这些部族、城邦、国家或群体内部,会主导性地存在另一种博弈模式,这在共和自由主义看来主要是确信博弈。所谓确信博弈,是指为了合作的产生和维系,博弈双方必须做出承诺与确信,在信息公开可见的前提下,使合作实现。而共和自由主义之所以在动机和信息(这是确信博弈与囚徒困境博弈最大的两点不同)上能够使集体行为的合作实现,其原因在于它已在法律和伦理两个方面做出了努力。它通过共和主义既有的对公众事务的公民性参与的热情,提供了某种利他性和信息的公开性;它通过自由主义既有的对私人事务的关心,提供了捍卫权利的正当性和必要性,而两种努力共同培养出一种新的类型的权利拥有者,他们是愿意并能够从事确信博弈的“有条件的利他者”。[①]

## 三、承认主导下的“入局性”法权建设

法权包含的或关联的因素中,权威、权力、权利和自由都有着在竞技性博弈活动普遍存在的共同特征,其隐喻意义可以做这样一个类比:在象棋或围棋对弈中,每一枚棋子都有权利和自由,按照规则可以攻杀,可以退守,可以放弃,被规则许可的棋子有权利和自由杀死其他棋子,也有权利和自由选择自杀;权力在对弈中不是规则,而是保障对弈进行的规制力量,它确保不能连走两步、不能悔棋也不能偷偷拿走对方的棋子,更不能宣称以自己认为的方式判定胜负,同时它不属于对局者任何一方;权威在对局时是一种“定式”,选择是经过诸多前辈高手反复研究并在实战中历经考验而下出的在此局部最为合理的下法,对于对局者双方意味着一种此时最为合理的选择。权威不具备强制性,这一如对局者可以选择定式

---

① 参见 Richard Dagger, *Civic Virtues: Rights, Citizenship, and Republican Liberalism*, pp. 113 – 114。

也可以不选择而走出自己的招法,尽管其不合理并可能招致失败。定式的下法获取了对局者的承认才被采纳,但从对弈活动的整体而言,上述棋子的自由与权利、对弈规则及其监督执行、定式的选择,则都建立于一个对局者对游戏规则承认和相互承认的前提之上。

实际上,本文就承认对于法权的意义而言,有关法权的所有论述不过是对弈类比在思想史和规范层面的另一套说辞而已。而且,这些论述并不具有一种对弈色彩的"入局性",一位优秀棋手或是一盘精彩的对局,仅靠知道"棋子的自由与权利、对弈规则及其监督执行、定式的选择"是远不足以成就的,它还需要棋盘内外双重的努力。从外在的规则和权力规制来说,首先要尽量公平,比如谁先走谁后走的决定方法(猜先)、先走者对后走者的补偿(围棋中的贴目)、对局时棋盘内外的禁忌(棋盘之外不能吵闹影响对手,棋盘之内不能"连将"—象棋或是"反复提劫"—围棋);同时要尽量合理,比如合理安排赛制和比赛时间,选择适宜的对弈地点,等等。从内在的棋盘上的对局来说,每一枚棋子要各安其分同时要据理(棋理)力争,明确真正的和现实的权利和自由对于每一枚棋子来说是获取对局的胜利,因此舍车保帅或是舍卒保车也并非是权利和自由的丧失,可以选择定式但也可以不选择而走出新的变化而成为新定式,成为一个新开端。棋局可能还可以隐喻出"我要"和"我能"的区别:"我要"只是对局者对未来招法的一种不可见的忖度,它不可能显示给对手而只能在思考中不露声色,"我能"却是对棋局形式做出判断并尽可能的穷尽了所有变化之后而在实战中选择的下法,是当时情形下对局者认为的最合理选择,并以行动的可见性在棋盘上显现。

如果再做进一步的引申,身为公器的权力更应导向一种理性,而秉持权利的自由更应导向一种德性,在政治的语境下,前者最为宏大的叙事是国家理性,后者最为现实的说法是公民德性。同时这种国家理性不能是马基雅维利初始意义上的"君主的国家"的国家理性,在其中国家理性与政治本身有着本质的分野:政治的目的是共和,国家理性的目的是国家本身而罔顾其渊源与合法性;确保政治目标的不得不是正义与理性,而国家理性的目标可以有任何手段完成。① 毋宁,此种国家理性讲述的是"'为

① Maurizio Viroli, *From Politics to Reason of State*, Cambridge: Cambridge University Press, 1992, p. 3.

何要有国家'（理由）与'国家应当为何'（理性）的二重禀赋"。[①] 公民德性则指向一种古希腊意义上的"卓越"，一种绝无柔弱之气的豪迈，它对腐败和依附深怀警惕，它所推崇的是一种独立且自治的共和自由主义。[②]

如果回到黑格尔层面的承认，制度层面"留白"式的竞技空间的永久预留，个体层面共和自由主义引领下的确信博弈，会使承认对法权的意义更具有现实性，并使得法权的运转具有某种入局性。这个时代征服方式已经改变，它从侵占转为了放牧，有关权利和权力的承认更多的导向一种确信博弈，生死斗争的逆反性变得极为罕见。虽然这种法权模式在大多数情形下已无关生死，却仍在其存在的群体性空间中留下了一个无法置若罔闻的词汇——风险；而我们在风险社会中的举手投足也不再仅仅是"我要"和"我能"，还有"我怕"。[③]

---

① 许章润教授认为，国家理性提供的是从"为何要有国家"到"如何才有国家"，而终归于"国家应当为何"的连续、绵密的致思进程。如果说"为何要有国家"与"如何才有国家"关涉治道，那么，"国家应当为何"则蔚为政道，它们合为一体才是完整的现代国家的心智和心性，一种阳刚坚卓、博大宏毅之国家精神人格，而共同讲述了民族国家创世历程的责任伦理和信念伦理的一致要求。许章润：《置身邦国，如何安顿我们的身心——从德国历史学家迈内克的"欢欣雀跃"论及邦国情思、政治理性、公民理性与国家理性》，载《政法论坛》2013 年第 1 期。

② Richard Dagger, *Civic Virtues: Rights, Citizenship, and Republican Liberalism*, pp. 13 – 24.

③ Ulrich Beck, *Risk Society: Toward a New Modernity*, London: Sage Publications Ltd., 1992, p. 49.

图书在版编目(CIP)数据

论承认与法权的关系 / 亓同惠著. -- 北京 : 法律出版社, 2019
(国家理性文丛)
ISBN 978-7-5197-4156-3

Ⅰ. ①论… Ⅱ. ①亓… Ⅲ. ①法哲学-研究 Ⅳ. ①D90

中国版本图书馆 CIP 数据核字(2019)第 279297 号

论承认与法权的关系
LUN CHENGREN YU FAQUAN DE GUANXI

亓同惠 著

责任编辑 韩满春
装帧设计 鲁 娟

出版 法律出版社
总发行 中国法律图书有限公司
经销 新华书店
印刷 中煤(北京)印务有限公司
责任校对 王晓萍
责任印制 陶 松

编辑统筹 学术·出版分社
开本 710 毫米×1000 毫米 1/16
印张 12
字数 186 千
版本 2019 年 12 月第 1 版
印次 2019 年 12 月第 1 次印刷

法律出版社/北京市丰台区莲花池西里 7 号(100073)
网址/www. lawpress. com. cn
投稿邮箱/info@ lawpress. com. cn
举报维权邮箱/jbwq@ lawpress. com. cn
销售热线/400-660-8393
咨询电话/010-63939796

中国法律图书有限公司/北京市丰台区莲花池西里 7 号(100073)
全国各地中法图分、子公司销售电话:
统一销售客服/400-660-8393/6393
第一法律书店/010-83938432/8433 西安分公司/029-85330678 重庆分公司/023-67453036
上海分公司/021-62071639/1636 深圳分公司/0755-83072995

书号:ISBN 978-7-5197-4156-3 定价:68.00 元